Cordula Nussbaum

300 Tipps für mehr Zeit

Inhalt

Schluss mit Selbstsabotage

Vorwort

Liebe Leserin, lieber Leser,

Stress und Zeitnot sind sowohl aus unserem beruflichen wie auch privaten Alltag leider nicht mehr wegzudenken. Doch Sie können das ändern! Auch wenn der Stress in unserer Gesellschaft stetig steigt – Sie haben es in der Hand, wieder mehr Muße und Zufriedenheit in Ihr Leben zu bringen.
Dieses Buch will Ihnen dabei helfen. Egal, ob Sie Zeitmanagement-Neuling sind – sich also noch nicht mit dem Thema beschäftigt haben – oder bereits Zeitmanagement-Profi: Hier erhalten Sie aktuelles Wissen, um Ihren Alltag zu entzerren. Auf einen Blick finden Sie die wichtigsten Methoden, um Ihre Tage entspannter zu organisieren und Beruf und Privatleben in Balance zu bringen, sowie viele Praxis-Tipps, die sofort für mehr Ruhe sorgen.
Freuen Sie sich auf zahlreiche Anregungen und überlegen Sie, wie Sie die Ideen am besten auf Ihre persönliche Situation übertragen können. Vielleicht werden Ihnen bei dem einen oder anderen Tipp sofort die Sätze »Das geht bei mir nicht« oder »Das habe ich doch alles schon probiert« einfallen. Lassen Sie sich von Ihren inneren Widersachern jedoch nicht entmutigen und fragen Sie sich stattdessen: »Was kann ich momentan tun, um meine Situation zumindest ein bisschen zu verbessern?«
Profitieren Sie von den Erfahrungen meiner zahlreichen Seminarteilnehmer, Coaching-Klienten und Leser, denen Sie in diesem Kompass begegnen werden. Und nehmen Sie die Botschaft mit, dass jeder seinen persönlichen Weg finden kann, um entspannter und zufriedener mit seiner wertvollen Lebenszeit umzugehen. Auch Sie!

Suchen Sie sich in diesem Kompass gezielt die Fragen heraus, die Ihnen momentan auf den Nägeln brennen, und setzen Sie maximal drei Anregungen auf einmal um. Wenden Sie diese neuen Strategien rund drei bis sechs Wochen an, bis sie Ihnen in Fleisch und Blut übergegangen sind. Erst dann greifen Sie die nächsten Ideen auf.
Warum? Viele Menschen packen nach der Lektüre eines Buches voller Tatendrang tausend Dinge auf einmal an – und ernten nichts als Stress. Denn Veränderungen kosten natürlich Zeit und Energie. Und wenn Sie zu viel auf einmal ändern wollen, dann müssen Sie mehr Zeit investieren, als Sie haben. Zudem besteht die Gefahr, dass Sie sich verzetteln und viele Ihrer »Baustellen« dann nicht mehr fertig bekommen. Und das hinterlässt den schalen Geschmack des Misserfolgs.
Machen Sie sich also keinen Stress und gehen Sie kleine Schritte – einen nach dem anderen.

Viel Spaß und Erfolg dabei wünscht Ihnen Ihre

Cordula Nussbaum

www.Erfolg-Reich-Frei.de

PS: Sie wollen weitere Erfahrungsberichte lesen oder selbst über Ihre Erfahrungen berichten? Dann nutzen Sie die Community auf www.Erfolg-Reich-Frei.de. Hier finden Sie auch weiterführende Informationen, Selbstanalysen sowie Muster und Checklisten.

Grundlagen und Chancen

»Ich möchte mich und meine Zeit besser organisieren!« Das wünschen sich viele Menschen. Sie sehnen sich danach, der Hektik des Alltags zu entfliehen und mehr Zeit für sich, Freunde oder die Familie zu haben. Aber STOPP: Lernen Sie zunächst einmal die Ursachen und Hintergründe dafür kennen, dass so viele Menschen unter Stress leiden. Denn schon dieses Wissen kann Ihnen viel Druck von den Schultern nehmen.

Alltagsphänomen Stress

Stress hat viele Ursachen. Erforschen Sie Ihre persönlichen Stressoren und entdecken Sie so Schritt für Schritt Ihren individuellen Weg zu mehr Zeit und Zufriedenheit.

1. Umgang mit Zeit: Warum schaffe ich in der mir zur Verfügung stehenden Zeit nie das, was ich schaffen muss?

Diese Frage ist einer der Hauptgründe, warum Menschen zu Zeitmanagement-Ratgebern greifen oder Seminare zu diesem Thema besuchen – und sie lässt sich nicht in einem Satz beantworten. Die Gründe für »Zeitmangel« sind so unterschiedlich wie die Menschen, die sich diese Frage stellen. Entsprechend gibt es auch keine 08/15-Lösung, die allen hilft, ihre Zeitprobleme in den Griff zu bekommen. Das mag für Sie, die Sie vielleicht nach schnellen Lösungen suchen, zunächst eine schlechte Nachricht sein. Aber bei genauerer Betrachtung zeigt sich, dass das Gegenteil der Fall ist: Denn am schnellsten lösen Sie Ihr Zeitproblem, indem Sie auf sich selbst hören und die Lösungen, die bereits in Ihnen sind, ans Tageslicht holen.
In diesem großen GU-Kompass finden Sie einen neuen Ansatz, bei dem Sie als Persönlichkeit im Mittelpunkt stehen und der es Ihnen ermöglicht, einen individuellen – und deshalb langfristig erfolgreichen – Weg zu einem besseren Umgang mit Zeit einzuschlagen.

2. Zeitmangel: Ich habe einfach zu wenig Zeit. Daran lässt sich wohl kaum etwas ändern, oder doch?

Genau genommen haben wir zu Beginn des 3. Jahrtausends so viel Zeit wie noch nie zu unserer freien Verfügung: Unsere Wochenarbeitszeit ist in den letzten Jahrzehnten drastisch gesunken. Selbst in Branchen, die ihre Tarifarbeitszeit auf bis zu 42 Wochenstunden angehoben haben, arbeiten die Menschen nur halb so lange wie unsere Vorfahren, die auch noch samstags und sonntags schuften mussten. Hinzu kommt, dass wir heute mit 7,3 Stunden im Schnitt eine Stunde weniger schlafen als noch vor 50 Jahren und damit eine Stunde zusätzliche Wachzeit haben.

Aber auch die Technik hilft uns, freie Zeit zu gewinnen: Spülmaschine, Waschmaschine, Trockner, Staubsauger, Elektroherd, Zentralheizung – all diese Errungenschaften erleichtern unseren Alltag. So hat sich beispielsweise bei Frauen der Zeitaufwand für unbezahlte Arbeit (Hausarbeit) in den vergangenen zehn Jahren um knapp zehn Prozent reduziert.

Für Freizeitaktivitäten wie Fernsehen, Hobbys, Spiel oder Sport bleiben uns damit rund ein Viertel unseres Tages – das sind immerhin sechs Stunden täglich, in denen wir uns den wirklich wichtigen Dingen unseres Lebens widmen könnten. Wenn – ja, wenn wir uns diese Zeitgeschenke nicht selbst wieder wegnehmen würden: durch zu viele Aktivitäten, die wir annehmen, durch einen zu hohen Anspruch an Sauberkeit, durch zu viel Hausrat, den wir verwalten und säubern müssen, oder durch unliebsame Aufgaben, die wir uns aufs Auge drücken lassen.

Zudem hören wir täglich, wie stressig alles ist, wie hektisch und überfordernd. Studien können hier sehr kontraproduktiv sein. Wer in sich die Botschaft trägt »Allen Menschen in diesem Land geht es schlecht, und Stress ist unvermeidlich«, der blockiert sich selbst. Wer immer davon redet, »zu wenig Zeit« zu haben, der manövriert sich in eine Sackgasse. Denn Fakt ist: Wenn wir immer nur auf den Mangel schauen, dann sehen wir auch nur noch das, was uns vermeintlich fehlt. Damit versperren wir uns den Blick auf die Möglichkeiten, die Chancen, die unsere Tage und Wochen bieten. Auf diese Weise zementiert sich eine negative Grundhaltung – und die ist Gift für jeden Zeitmanagement-Ansatz.

Lösen Sie sich deshalb von dem negativen Aspekt der Knappheit. Beginnen Sie positiv zu denken und entdecken Sie die Fülle der Zeit, die Sie haben.

3. Zeit sparen: Trotzdem würde mir nicht mal ein 25-Stunden-Tag reichen. Wie kann ich am besten Zeit sparen?

»Zeit sparen« kann schon rein physikalisch nicht funktionieren. Die Zeit ist einfach da, und sie tut nur eines: nämlich vergehen. Ob wir das wollen oder nicht. Dabei ist Zeit das einzige Gut auf Erden, das gerecht verteilt ist: Jeder von uns Menschen hat gleich viel davon. Jedem von uns rieseln pro Tag 24 Stunden, 1 440 Minuten oder 86 400 Sekunden unwiderruflich durch die Finger, und zwar immer gleich schnell. Wir können nicht eine Sekunde davon »horten« und – für schlechte Zeiten – auf ein Zeit-Konto legen. Jede Minute, die wir verstreichen lassen, ist weg. Für immer.

Leider haben viele von uns verlernt, die Zeit, die wir haben, sinnvoll zu nutzen und Zeitqualität zu erleben. Wir lassen uns hetzen – von Aufgaben, Aktivitäten und den Ansprüchen anderer. Nehmen Sie sich deshalb die Zeit, diese Hetz-Faktoren einmal genauer unter die Lupe zu nehmen. Denn die sind Ihr Schlüssel für »mehr« Zeit.

4. Stress im Beruf: Mein Job stresst mich jeden Tag mehr. Ich schaffe es einfach nicht, dieses Problem in den Griff zu bekommen. Bin ich deshalb ein Versager?

Viele Arbeitnehmer spüren heute einen wachsenden Druck im Job. Nach einer Studie der »Initiative Neue Qualität der Arbeit« kämpfen sich die Beschäftigten täglich durch einen viel zu großen Arbeitsstapel – immer in der Angst, ihr Pensum nicht zu schaffen. Sie müssen mehrere Aufgaben gleichzeitig erledigen, erhalten widersprüchliche Anweisungen und haben vor allem viel zu wenig Zeit. Eine wichtige Rolle spielt dabei auch, dass zahlreiche Mitarbeiter nicht ihren Fähigkeiten entsprechend eingesetzt werden oder Arbeiten durchführen, die deutlich unter ihrem Niveau liegen. So gehen viele Berufstätige Abend für Abend mit einem Gefühl der Leere und Frustration nach Hause.

Hinzu kommen die steigende Mobilität sowie die Möglichkeit, mit Handy, PDA und Laptop immer und überall zu arbeiten, was den Stress zusätzlich erhöht. Und zwar messbar: Wissenschaftler fanden heraus, dass seit den 60er-Jahren der Stresspegel in unserer Gesellschaft um 44 Prozent gestiegen ist. Sie sehen: Sie sind nicht allein. Suchen Sie die Schuld an Ihrem Druck also nicht bei sich, sondern versuchen Sie im schärfer gewordenen Wind der Berufstätigkeit Ihre Bedürfnisse rechtzeitig zu berücksichtigen, um Druck abzubauen.
Sorgen Sie dafür, dass Sie die positiven Aspekte Ihrer Arbeit erleben. Denn trotz des wachsenden gesellschaftlichen Drucks: Es zeigt sich ein Lichtstreif am Horizont. Noch 2004 gaben in einer häufig zitierten Studie 69 Prozent der Arbeitnehmer an, Dienst nach Vorschrift zu schieben. 18 Prozent hatten sogar innerlich gekündigt. Im Sommer 2007 sagten in einer Umfrage des IFAK-Instituts hingegen 60 Prozent der Beschäftigten, dass sie sich jeden Tag auf die Arbeit freuen. Zwei Drittel der Befragten würden ihren Job auch dann nicht aufgeben, wenn sie im Lotto gewinnen würden. Nehmen Sie solche positiven Berichte als Ansporn! Dann werden Sie Ihre »Versager«-Angst Schritt für Schritt durch Freude an der Arbeit ersetzen können.

5. Flexible Arbeitszeiten: Seit ich keine starren Arbeitszeiten mehr habe, hat der Druck eher zu- als abgenommen. Wie kommt das?

Home-Office, Telearbeit, Gleitzeit und unbezahlte Überstunden haben das einstige Korsett fester Arbeitszeiten aufgeweicht. Zum einen genießen damit viele Berufstätige mehr Freiheiten. Zum anderen sorgen aber diese aufgeweichten Grenzen zwischen Beruf und Privatleben für ein permanent schlechtes Gewissen. Viele glauben, eigentlich zu jeder Tages- und Nachtzeit arbeiten zu »müssen«.
Hinzu kommt, dass viele Berufstätige heute projektbezogen arbeiten. Sie wissen: Je schneller sie mit dieser Aufgabe fertig sind, desto eher erhalten sie eine neue. Das kann zu Aufschie-

beritis führen (▶ Nummer 242 ff.), bei ehrgeizigen Angestellten und Selbstständigen aber auch dazu, dass sie Tag und Nacht arbeiten, um Pluspunkte beim Chef zu sammeln beziehungsweise zusätzlichen Umsatz zu erwirtschaften.
Die Folge: Zerrissen zwischen dem Gefühl, ständig arbeiten zu können und zu müssen, und dem Wunsch nach entspannter Zeit für Freunde und Familie reiben wir uns auf.

Erfahrung

Wolfgang ist selbstständiger Programmierer, der bei seinen Kunden nach Stunden abrechnet. Seit Jahren arbeitet er rund 18 Stunden am Tag – ohne Urlaub, ohne Wochenendpause. »Ich kann nicht weniger arbeiten, denn jede Sekunde, die ich nichts tue, verschenke ich Geld«, sagt er. Zeit für seine Freunde hat er nur sehr selten, und wenn er sie trifft, ist er mit seinen Gedanken beim Job. Als Workaholic will er derzeit nichts an seinem Lebenswandel ändern. »Auch wenn ich weiß, dass es vernünftig wäre.«

6. Stress im Privatleben: Auch in meiner Freizeit fühle ich mich zunehmend gestresst. Was mache ich falsch?

Es fällt schwer, die Hochgeschwindigkeits-Gesellschaft an der Haustüre auszubremsen. Jeder Mensch will in seiner Freizeit so viel wie möglich »mitnehmen« – zum einen als Ausgleich für die Anstrengungen im Job, zum anderen, weil das Angebot an Aktivitäten so verlockend ist. Der Wunsch, auch in der Freizeit aktiv und gefordert zu sein, artet jedoch schnell in Freizeitstress aus, und die erhoffte Erholung bleibt auf der Strecke. Noch dazu, wenn zusätzliche Verpflichtungen aus Familie oder Ehrenämtern ihren Tribut fordern.
Stellen Sie deshalb ruhig Ihr Privatleben auf den Prüfstand und verabschieden Sie sich von Energieräubern. Mehr Tipps dazu finden Sie in ▶ Nummer 279.

7. Wenig Termine, aber trotzdem gestresst: Ich habe nur wenige Termine und bin dennoch überfordert. Was mache ich falsch?

Es gibt Menschen, die ein sehr hohes Lebenstempo haben und dabei so richtig aufblühen. Sie sausen von einem Termin zum anderen, engagieren sich ehrenamtlich, nehmen regelmäßig noch Freunde der Kinder mit nach Hause und sind das ganze Wochenende unterwegs. Andere Menschen dagegen fühlen sich nur wohl, wenn es eher ruhiger zugeht. Finden Sie heraus, welcher Typ Sie sind, und bringen Sie Ihren inneren Takt mit dem äußeren in Einklang. Gewöhnen Sie sich an, die Zahl Ihrer Aktivitäten so hoch oder niedrig zu halten, wie es Ihrem Lebensrhythmus entspricht.

> *»Wenn Du Dein Leben selbst in die Hand nimmst, was passiert dann? Etwas Schreckliches! Kein anderer ist mehr dafür verantwortlich zu machen.«*
>
> Erica Jong | amerikanische Autorin

8. Gesellschaftsproblem Stress: Wenn Stress ein Problem unserer Gesellschaft ist, dann kann ich selbst an meiner Situation doch gar nichts ändern!

Auch wenn unsere Gesellschaft schnelllebiger geworden ist und der Druck vor allem im beruflichen Bereich steigt – es ist Ihr Leben. Deshalb dürfen auch Sie allein entscheiden, mit welchen Aktivitäten und Terminen Sie Ihre Tage und Wochen füllen. Das funktioniert allerdings nur, wenn Sie die wichtigste Regel für mehr Zeit und Zufriedenheit beherzigen: Übernehmen Sie Verantwortung für Ihr Leben.

Natürlich spielen Anforderungen im Beruf und Belange anderer Menschen in Ihre Tagesplanung hinein. Aber lassen Sie sich davon nicht gängeln. Nehmen Sie sich und Ihre Bedürfnisse ernst und handeln Sie danach. Denn mehr Spaß im Leben werden Sie haben, wenn Sie den Taktstock selbst führen.

Wie gestresst sind Sie?

Stress ist ein sehr diffuses Gefühl. Oft können wir nicht einmal genau sagen, wodurch es eigentlich ausgelöst wird. Kein Wunder, denn Stress entsteht aus einer Vielzahl verschiedener Faktoren. Gewinnen Sie mit der folgenden Analyse einen Überblick über Ihren aktuellen Stresspegel.

Frage	Ja	Nein
Haben Sie häufig das Gefühl, dass Ihr Tag viel zu kurz ist, um alles zu erledigen, was Sie erledigen wollen?	☐	☐
Arbeiten Sie regelmäßig mehr als neun Stunden pro Tag?	☐	☐
Haben Sie weniger als zwei Stunden am Tag für sich oder entspannende Stunden mit anderen?	☐	☐
Leben Sie allein und ohne feste Beziehung?	☐	☐
Nehmen Sie sich abends oder am Wochenende Arbeit mit nach Hause, um sie »in Ruhe« erledigen zu können?	☐	☐
Kreisen Ihre Gedanken nach dem Aufwachen sofort um die Dinge, die Sie zu tun haben?	☐	☐
Arbeiten Sie häufig nach Feierabend, wenn die Kollegen weg sind, weil Sie dann endlich Ruhe haben?	☐	☐
Gehen Ihnen vor dem Einschlafen die Dinge durch den Kopf, die Sie nicht geschafft haben?	☐	☐
Trinken Sie regelmäßig abends ein Schlückchen Alkohol, um abzuschalten?	☐	☐

SELBSTTEST: STRESS

Frage	Ja	Nein
Fühlen Sie sich an einigen Tagen von den Aufgaben, die Sie noch zu erledigen haben, überfordert?	☐	☐
Haben Sie den Eindruck, dass die Dinge nur dann gut laufen, wenn Sie sich selbst darum kümmern?	☐	☐
Haben Sie das Gefühl, Sie müssten sich um alles selbst kümmern, weil Sie in Ihrem Umfeld niemanden haben, der Ihnen hilft und auf den Sie sich verlassen können?	☐	☐
Unterbrechen Sie Ihre Gesprächspartner häufig oder vollenden Sie ihre Sätze?	☐	☐
Lesen Sie Bücher oft quer, um sie schnell »abzuhaken«?	☐	☐
Vergleichen Sie sich häufig mit anderen?	☐	☐
Kümmern Sie sich um Kinder oder ältere Verwandte?	☐	☐
Sind Sie mit Ihrer beruflichen beziehungsweise Ihrer familiären Situation unzufrieden?	☐	☐
Haben Sie Angst, Ihren Job zu verlieren?	☐	☐
Beißen Sie häufig die Zähne zusammen oder knirschen Sie (im Schlaf) mit den Zähnen?	☐	☐
Schlafen Sie in letzter Zeit schlecht ein oder durch?	☐	☐
Sind Sie unaufmerksam, vergesslich oder können sich schlecht konzentrieren?	☐	☐
Verzichten Sie derzeit auf Sex, weil Ihnen einfach nicht danach ist?	☐	☐

Frage	Ja	Nein
Sind Sie oft müde und antriebslos?	☐	☐
Haben Sie öfter das Gefühl, etwas zu übersehen oder zu vergessen?	☐	☐
Fühlen Sie sich in Ihrem beruflichen Umfeld (Kollegen) unwohl?	☐	☐
Sind Sie tagsüber getrieben von einem Dauer-Adrenalinstoß?	☐	☐
Leiden Sie unter irrationalen Ängsten?	☐	☐
Haben Sie im Moment übermäßigen oder kaum Appetit?	☐	☐
Haben Sie in der jüngeren Vergangenheit einschneidende Veränderungen erlebt (Trennung, Jobwechsel, Umzug, Todesfall o. Ä.)?	☐	☐

Auswertung

Zählen Sie nun bitte, wie oft Sie mit »Ja« geantwortet haben:

0-mal Ja: Gratuliere, Sie sind völlig entspannt. Weiter so!

1–5-mal Ja: Sie sollten sich in Ihrem Alltag mehr Entspannungsphasen gönnen. Nutzen Sie Mini-Pausen (▸ Seite 191) und nehmen Sie sich mehr Auszeiten (▸ Nummer 228).

5–8-mal Ja: Vorsicht, Sie muten sich zu viel zu! Entlarven Sie Ihre Zeitdiebe und bringen Sie mit ein wenig Planung mehr Ruhe in Ihren Alltag. Lernen Sie, Nein zu sagen, und legen Sie Auszeiten für sich und Ihren Partner fest.

9-mal Ja oder öfter: Sie leiden eindeutig unter akutem Stress. Ziehen Sie die Notbremse, sonst droht ein totaler Burn-out. Nehmen Sie sich Zeit für sich selbst und wenden Sie Schritt für Schritt die hier vorgeschlagenen Strategien an. Übernehmen Sie wieder die Verantwortung für Ihr Leben. Sie haben nur dieses eine!

9. Änderungswille: Ich weiß, dass ich eigentlich etwas ändern müsste. Aber mir fehlt der rechte Impuls dazu.

Der Wunsch, etwas zu verändern, muss unbedingt in Ihnen selbst sein. Es nützt nichts, wenn Ihr Partner oder Ihre Freunde Ihnen sagen: Tu was, sonst ist dein Leben vorbei, bevor du wirklich gelebt hast! Denn Sie werden diesen Ratschlag nicht annehmen, solange Sie nicht wirklich davon überzeugt sind und selbst aktiv werden wollen. Manchmal sind einschneidende Erlebnisse wie Todesfälle oder Krankheit der Punkt, an dem Menschen ihr Leben ändern. Manche kommen auch nach einer kleinen Auszeit (Seminar, Klostertage) zur Besinnung. Wenn Sie also ein vages Unbehagen an Ihrer derzeitigen Situation empfinden, versuchen Sie es einmal mit einer solchen Besinnungsphase.
Auch die folgende Übung (bitte schriftlich machen!) kann Ihnen den nötigen Impuls geben, Ihr Leben ab heute anders zu gestalten:
Stellen Sie sich vor, Sie sind heute 80 Jahre alt geworden. Herzlichen Glückwunsch! Sie feiern diesen Ehrentag mit zahlreichen Gästen, und natürlich dürfen auch Geburtstagsreden nicht fehlen. Fragen Sie sich: **Wenn ich mein Leben so weiterlebe wie bisher,**

- wer wird an meinem 80. Geburtstag bei mir sein, um mit mir zu feiern?
- wer wird eine Rede halten?
- was wird er/sie über mich und mein Leben sagen?

Und nun beantworten Sie die Fragen noch einmal: **Wenn ich ab heute so lebe, wie ich es mir eigentlich wünsche,**

- wer wird an meinem 80. Geburtstag bei mir sein, um mit mir zu feiern?
- wer wird eine Rede halten?
- was wird er/sie über mich und mein Leben sagen?

Liegen die beiden Vorstellungen weit auseinander? Dann stellen Sie noch heute die ersten Weichen in Richtung Wunschvorstellung. Fragen Sie sich:

- Was kann ich heute tun, damit diese Gedanken Wirklichkeit werden?
- Was ist der kleinste mögliche Schritt?

Beispiel: Sie möchten gern einen Freund sagen hören, dass Sie immer für andere da waren und wie schön es ist, einen so lustigen Freund zu haben. Momentan haben Sie aber vor lauter Arbeit gar keine Zeit für Freunde. Was ist der kleinste mögliche Schritt? Vereinbaren Sie sofort ein Treffen mit einem Menschen, der Ihnen wichtig ist. Sie haben in den kommenden Tagen keine Zeit? Dann schreiben Sie ihm ein paar nette Worte und planen Sie mittelfristig ein Treffen. Aufwand: 3 Minuten. Wenn Sie sich heute nicht die Zeit dazu nehmen, dann wird dieser Freund an Ihrem 80. Geburtstag vielleicht auch keine Zeit haben. Es ist Ihre Entscheidung.

Sie sehen, Sie müssen nicht unbedingt gleich alles über Bord werfen, was Sie sich über Jahre hinweg aufgebaut haben. Manchmal reichen schon kleine Kurskorrekturen, um so zu leben, wie Sie es sich wünschen.

10. Zeit- versus Selbstmanagement: Wie manage ich meine Zeit am besten?

Leider: Zeit lässt sich nicht managen. Sie ist einfach da, als nicht greifbare Größe. Und sie vergeht – egal ob Sie das wollen oder nicht. Deshalb ist es sinnvoll, sich auf das zu konzentrieren, was Sie tatsächlich beeinflussen können:

- Sie können Aktivitäten und Aufgaben organisieren.
- Sie können Ihren Besitz besser organisieren.
- Sie können den Umgang mit anderen Menschen verbessern.
- Sie können sich auf die Dinge konzentrieren, die Ihnen in Ihrem Leben wichtig sind.
- Sie können entscheiden, wo Ihre Energie hinfließen soll.
- Sie können sich und Ihre Einstellung verändern.

In der Fachsprache hat es sich deshalb durchgesetzt, eher von Selbstmanagement zu sprechen und die Methoden des »Zeitmanagements« als Elemente eines bewussteren Umgangs mit sich selbst zu betrachten.

Zeitmanagement im Wandel

Die Einstellung zum Thema »Zeit« und die Methoden des Zeitmanagements haben sich in den letzten Jahren stark verändert. Oftmals durchlaufen wir in unserem persönlichen Zeitmanagement die gleichen Etappen: Erst wollen wir schneller arbeiten, dann besinnen wir uns auf unsere Prioritäten, und schließlich wollen wir unsere Persönlichkeit ausleben.

Effizienz

In den 80er-Jahren versuchten die Berufstätigen vor allem effizienter zu arbeiten. Ein hohes Arbeitstempo war das Ziel. Die Menschen beschäftigten sich mit Fragen wie:

- Wie schaffe ich mehr in der gleichen Zeit?
- Wie plane ich so, dass ich eine »goldene Stunde« pro Tag gewinne?
- Mit welchem Kalender plane ich am effektivsten?

Die Antwort lautete meist: Mit der richtigen Technik wird Ihr Leben besser! Effizienz um jeden Preis ist möglich!

Prioritäten

Doch Effizienz führte nicht zu langfristigem Erfolg. Zwar stieg der Output, doch kaum einer sagte: »Ich lebe ein erfülltes Leben!« Deshalb propagierten Autoren und Trainer wenige Jahre später die »Konzentration auf das Wesentliche«. Dabei ging es eher um die Fragen:

- Was will ich mit einer bestimmten Tätigkeit erreichen?
- Welches ist mein Ziel?
- Wie kann ich dieses Ziel mit einem gesunden Energie-Aufwand erreichen?
- Tue ich eigentlich die richtigen Dinge?

Talente

Doch es reicht nicht, nur schöne Ziele zu haben. Wir brauchen auch die nötigen Ressourcen, um diese Ziele tatsächlich erreichen zu können. Die Fragen, die ich von Anfang an in meinen Ansatz integriert habe, lauten daher:

- Was habe ich/kann ich schon, um mein Ziel zu erreichen?
- Was brauche ich noch, um mein Ziel zu erreichen? (Zum Beispiel Wissen, Geld, Unterstützung durch Dritte ...)

Eine der wichtigsten Ressourcen schlummert in uns selbst – unsere Talente. Das Geheimnis des modernen Managements heißt also: Selbstmanagement, das auf unseren Potenzialen aufbaut.

Privatleben

Bei meinem Ansatz schließt Zeitmanagement – das die meisten Menschen vor allem mit ihrem Job in Verbindung bringen – auch das Privatleben mit ein. Denn es ist wenig sinnvoll, sein Berufsleben zu organisieren, wenn gleichzeitig im privaten Bereich alle Baustellen offenbleiben. Deshalb lernen meine Seminarteilnehmer, auch ihre privaten Wünsche als Ziele zu formulieren und eine gesunde Balance zwischen privaten und beruflichen Anforderungen zu schaffen. Vielen ist das unter dem Begriff »Work-Life-Balance« bekannt (▸ Nummer 12).

Fazit: Jeder der genannten Ansätze leistet seinen Beitrag zu einem erfüllten und zufriedenen Leben. Berücksichtigen Sie bei Ihrem neuen Umgang mit der Zeit deshalb all diese Aspekte und dehnen Sie Ihre Verbesserungen auch auf den privaten Bereich aus. Denn private Zufriedenheit ist die Basis für berufliche Zufriedenheit. Und freuen Sie sich: Es ist nicht egoistisch, die eigenen Talente auszuleben und störende Umstände umzukrempeln – auch wenn viele Menschen das befürchten. Im Gegenteil. Denn oftmals leiden die Menschen in Ihrem Umfeld (Kollegen, Familie) an den gleichen Zeitfressern, aber ihnen fehlt das Wissen, wie sie diese am besten in den Griff bekommen.

11. Ziel von Zeitmanagement: Wenn ich Zeit gar nicht managen kann, worum geht es dann eigentlich bei Zeitmanagement?

Beim erfolgreichen Selbst- und Zeitmanagement geht es nicht darum, noch schneller und effizienter zu arbeiten. Der Ansatz zu einem zufriedenen Leben heißt, bewusster zu handeln. Also zu leben, statt sich leben zu lassen, und den Aufwand, mit dem Sie ein Ziel erreichen wollen, an der gewünschten Qualität zu orientieren. Zusätzlich helfen Ihnen aber zahlreiche Kniffe, mühsame Arbeitsabläufe und Zeitfresser besser in den Griff zu bekommen (▸ Kapitel »Gewusst wie – nicht nur im Job«). Die fünf wichtigsten Punkte beim Zeit- und Selbstmanagement sind:

1. Bewusst leben
2. Bewusst auf Zeitqualität achten
3. Bewusst entscheiden
4. Bewusst »Ja« sagen
5. Bewusst das Umfeld miteinbeziehen

Job und Privatleben im Einklang

Zeitmanagement ist heute eher eine Art Lebensmanagement, bei dem es darum geht, beruflichen Erfolg und ein erfülltes Privatleben in eine Balance zu bringen, die all Ihren Wünschen, Bedürfnissen und Ansprüchen gerecht wird.

12. Work-Life-Balance: Was bedeutet dieser Begriff eigentlich genau?

Work-Life-Balance heißt, dass Sie allen Bereichen Ihres Lebens Aufmerksamkeit schenken und daraus wie aus einem Speicher Lebensenergie ziehen (▸ Nummer 26). Dahinter steckt der Gedanke, dass wir, wenn ein Bereich komplett »leer« ist, auch in den anderen Bereichen nicht so gut und zufrieden sind, wie wir gern wären.

13. Alle Lebensbereiche ansehen: Mir ist erst einmal wichtig, meinen Arbeitsalltag in den Griff zu bekommen. Kann der private Bereich da nicht etwas warten?

Den meisten Menschen gelingt es zwar, ihren beruflichen Erfolg zu planen, doch privat bleibt vieles auf der Strecke. Ersatzlos streichen sie private Termine und Verabredungen, wenn es im Büro mal wieder eng wird. Doch spätestens, wenn es beruflich knirscht oder wenn ein Schicksalsschlag die gewohnte Routine durchbricht, stellen sie sich die Frage nach dem Sinn ihres Tuns.

Erschreckt merken die meisten dann: Was war ich früher doch aktiv, vielseitig interessiert und offen für Neues! Jetzt funktioniere ich nur noch. Ich treibe durch die fest ummauerten Gassen meiner Karriere, meine Kinder werden ohne mich groß, mein Lebenspartner wird mir immer fremder. Deshalb sollten Sie frühzeitig alle Bereiche Ihres Lebens in Ihre Lebensplanung einbeziehen und immer wieder neue Ziele für alle Bereiche aufstellen – auch für die privaten.

14. Ansprüche an Männer: Jeder erwartet von mir, top im Job zu sein und darüber hinaus ein perfekter Ehemann und Vater. Wie kann ich diesem gesellschaftlichen Druck entkommen?

Früher war es leichter: Die Väter waren die Ernährer, brachten das Geld nach Hause und fertig. Zwischen Mann und Frau gab es eine klare Rollenverteilung, und Feierabend war Feierabend – ohne Kinder wickeln oder Spülmaschine ausräumen. Heute verschieben sich die Rollen, denn die »neuen Väter« wollen mehr. Etwa zwei Drittel, so ein wissenschaftlicher Befund, sehen sich auch als »Erzieher«.

Die Folge: Rund 40 Prozent der Väter sind laut aktuellen Studien unzufrieden mit ihrer Situation zwischen Büro und Babybett und wünschen sich mehr Zeit für die Kinder. Doch der neue »Multimann« muss ranklotzen wie nie zuvor und reibt sich in dieser Zwickmühle auf.

Die Lösung: Entscheiden Sie ganz bewusst, was Ihnen im Leben wichtig ist, und akzeptieren Sie, dass andere Bereiche dafür (zumindest eine Zeit lang) zu kurz kommen. Es ist Ihr Leben – und es kann Ihnen egal sein, was andere davon halten, wie Sie und Ihre Familie sich organisieren. Sprechen Sie mit Ihrer Partnerin über Ihre Gefühle, stärken Sie sich gegenseitig den Rücken.

Atlas-Syndrom

Manche Väter werden krank vor Stress und leiden unter der Depressionserkrankung Atlas-Syndrom. Symptome: Lustlosigkeit und Ermattung. Betroffen sind Männer, die sich neben dem Job um die Kindererziehung und den Haushalt kümmern – und sich fühlen wie der Titan Atlas aus der griechischen Mythologie, dem buchstäblich die ganze Welt auf den Schultern lastete.

15. Ansprüche an Frauen: Die moderne Frau hat nicht nur einen Job, sondern ist selbstverständlich auch perfekt als Ehefrau, Geliebte und Mutter. Das stresst mich enorm. Ich mag einfach nicht mehr.

Es ist schwer, sich den Vorbildern aus den Medien sowie den Vorstellungen unserer Gesellschaft zu widersetzen. Da hilft nur eines: Lassen Sie diese »falschen Vorbilder« nicht mehr an sich heran, sondern konzentrieren Sie sich auf Ihre persönlichen Wertmaßstäbe. Machen Sie sich – gemeinsam mit Ihrem Partner – immer wieder klar, was für Sie persönlich wichtig ist, wie Sie leben wollen.

Versuchen Sie darüber hinaus, sich eine dickere Haut zuzulegen, an der die Kommentare und Blicke der anderen abprallen, und schauen Sie sich gegebenenfalls nach einem neuen Umfeld um. Einem Umfeld, in dem man Sie so mag, wie Sie sind, und in dem Sie nicht das Gefühl haben, »Normen« entsprechen zu müssen.

16. Aufgabenteilung bei Eltern: Wir werden bald Eltern und haben vereinbart, dass mein Mann ebenfalls kürzer tritt und sich mit um das Baby kümmert. Wie schaffen wir das am besten?

Obwohl viele Väter sich stärker an der Erziehung beteiligen wollen (▶ Nummer 14), arbeiten sie gerade nach der Geburt eines Kindes am meisten – aus psychologischen Gründen:

- Der Vater spürt mehr Verantwortung für seine Familie.
- Es wird für ihn wichtiger, den Arbeitsplatz zu behalten.
- Weil das Gehalt der Partnerin häufig wegfällt, fühlt sich der Mann erst recht als Versorger.

All das überfordert manche Männer. Zwei Jahre nach der Geburt fühlt sich jeder dritte Vater ausgebrannt.

Dann tritt häufig genau die Situation ein, die viele junge Paare bei der Familienplanung eigentlich vermeiden wollten: Die gewünschte partnerschaftliche Aufgabenteilung wird nicht gelebt, stattdessen siegt das traditionelle Elternmodell.

Doch was tun? Nach Einschätzung der Wissenschaftler hängt das elterliche Wohlbefinden entscheidend von der Qualität der Beziehung ab. Arbeiten Sie also an Ihrer Partnerschaft: Reden Sie miteinander über Ihre Ängste und Sorgen und zeigen Sie Verständnis für die Situation des anderen.

Ihr persönliches Zeitmanagement

Bevor Sie jetzt in blinden Aktionismus verfallen und sofort Ihren Alltag umkrempeln – STOPP. Schauen Sie zunächst, wo genau Sie der Schuh drückt, und entwickeln Sie dann Ihre ganz persönliche Strategie.

17. Motivation ergründen: Was habe ich davon, wenn ich mich und meine Zeit besser organisiere?

Gut, dass Sie diese Frage stellen. Denn wenn Sie keinen Sinn darin sehen, effektiver mit Ihrer Zeit hauszuhalten, dann werden Sie an Ihrem Leben und Ihrem Tagesablauf auch nichts ändern. Und noch mehr: Wenn Sie es nämlich schaffen, wertvolle Minuten freizubekommen, und andere Menschen nehmen Ihnen diese Zeit gleich wieder weg (»Wie, du bist heute schon fertig mit deiner Arbeit? Dann übernimm doch bitte noch dieses brandeilige Projekt …«), dann macht es für Sie überhaupt keinen Sinn, schneller oder zielgerichteter zu arbeiten.

Machen Sie sich also zunächst klar, was Sie mit der »gewonnenen« Zeit anfangen werden. Denn sicherlich geht es Ihnen nicht darum, einfach nur Minuten zu schinden, oder?

Nehmen Sie sich an dieser Stelle einen Moment Zeit und beantworten Sie die folgenden Fragen:

- Wie viel »mehr« Zeit wünschen Sie sich?
- Was machen Sie mit der »geschenkten« Zeit?
- Wenn Sie diese Zeit in Ihrem Sinne nutzen, wie verändert sich dann Ihr Umfeld?

18. Individueller Ansatz: Wie finde ich heraus, welche Methoden und Strategien am besten für mich geeignet sind?

Zeit- und Selbstmanagement ist eine ganz persönliche Angelegenheit. Deshalb helfen Ihnen auch keine 08/15-Lösungen. Je nach Lebenssituation, nach individuellen Talenten und Stärken führen ganz unterschiedliche Methoden zum Ziel. Das beginnt schon damit, dass sich jeder von anderen Dingen, Menschen und Aktivitäten »gestresst« fühlt. So empfinden beispielsweise viele Bügeln als notwendiges Übel, während es andere als meditative Entspannung erleben. Den einen »kostet« es viel »Zeit« – sprich Energie –, seine Steuererklärung zu machen, während es anderen so viel Spaß macht, dass sie sogar ihren Lebensunterhalt damit verdienen.

Um zu sehen, wo Sie anfangen sollten, gehen Sie am besten in 5 Schritten vor:

1. Schritt: Die Sicht des Adlers

Machen Sie es wie ein Adler, erheben Sie sich über den alltäglichen Kleinkram und betrachten Sie Ihre Situation aus der Vogelperspektive: In welchen Situationen entsteht bei Ihnen häufig Stress, und wo schlagen die Zeitdiebe (▸ Nummer 160) bevorzugt zu? Nach diesem Check-up konnten die meisten meiner Seminarteilnehmer sofort etwas in ihrem Alltag ändern und erlebten eine spürbare Entlastung.

2. Schritt: Einstellung ändern

Verändern Sie Ihre innere Einstellung zum Thema »Zeit« (▸ Seite 22 f.).

3. Schritt: Arbeitspräferenzen entdecken

Welche Aktivitäten oder Störungen Stress verursachen, ist bei jedem Menschen anders. Entdecken Sie, bei welchen Tätigkeiten Sie aufblühen und bei welchen Sie sich unendlich anstrengen müssen, um ein gutes Resultat zu erzielen. Letztere sind die größten Energieräuber, die Sie als Erstes dingfest machen können (▸ Seite 43 ff.).

4. Schritt: Werte entdecken

Entdecken Sie, welche Werte für Sie im Leben wichtig sind. Immer mehr Menschen wollen ein sinnvolles Leben führen, soziale Verantwortung übernehmen und einen Beitrag zu Größerem leisten. Beschäftigen Sie sich mit Ihren persönlichen Werten – dann können Sie Ihre Zeit besser entsprechend einteilen (▸ Nummer 27).

5. Schritt: Das eigene Denken entschlüsseln

Wie wir uns und unsere Aufgaben organisieren, hängt stark davon ab, welche Gehirnhälfte uns steuert. Aus diesem Grund brauchen »Chaoten« und »Systematiker« unterschiedliche Ansätze, um langfristig mehr Zeit für das wirklich Wichtige zu haben (▸ Nummer 30).

19. Überblick gewinnen: Wie bekomme ich einen Überblick über meine derzeitige Stress-Situation?

Einen klaren Blick auf Ihren Alltag gewinnen Sie, wenn Sie eine Woche lang in Stichpunkten notieren, welche Aufgaben Sie täglich stemmen, wo Ihre Zeit hinfließt und welche Momente Sie als vergeudet empfinden. Dazu haben Sie folgende Möglichkeiten:

Möglichkeit 1: Tagesprotokoll

Notieren Sie in einem Zeitprotokoll im Viertelstunden-Takt, was Sie so tun, welche Störungen dabei auftreten und wie Sie sich fühlen. Wählen Sie dafür eine ganz »normale« Arbeitswoche – auch wenn die dann nicht normal verläuft, Sie also krank werden, Ihre Kinder krank werden oder sonstige »Katastrophen« passieren. Das ist dann eben so! Auf dieser Grundlage können Sie anschließend gezielt gegen Zeitfallen (▸ Seite 32 f.) und Zeitdiebe (▸ Nummer 160) vorgehen. Sie können diese Übersicht als Tabelle anlegen oder als Mind-Map (▸ Seite 118 f.).

Dieses Zeitprotokoll ist eine Momentaufnahme Ihres Alltags, die saisonale Arbeiten (Frühjahrsputz, Jahresabschluss, Inventur) und andere unregelmäßig wiederkehrende Tätigkeiten nicht zeigt. Das soll sie auch nicht, denn dass es manchmal hoch hergeht, ist normal. Vorübergehende Stress-Phasen stecken wir auch gut weg. Vielmehr geht es darum, den normalen Alltag so zu gestalten, dass Sie Zeit für das finden, was Ihnen wichtig ist.

Möglichkeit 2: Tagebuch

Sie fühlen sich von standardisierten Vorlagen zu sehr eingeengt? Dann gönnen Sie sich ein schönes Buch (eine Kladde oder ein Ringbuch) und führen Sie eine Woche lang – so ausführlich Sie möchten – Tagebuch. Denken Sie dabei an folgende Punkte:

- Was habe ich zu dieser Tageszeit getan?
- Was hat mich dabei gestört oder unterbrochen?
- Wie habe ich mich dabei gefühlt?

Diese Aufzeichnungen sind zwar nicht so genau wie ein Protokoll, aber sie erfüllen den gleichen Zweck: Sie bekommen ein Gefühl dafür, was mit Ihrer Zeit passiert, und können gezielt Maßnahmen ergreifen.

Möglichkeit 3: Fragen beantworten

Sie wollen jetzt sofort einen ersten Eindruck gewinnen, wo der Schuh Sie drückt? Dann beantworten Sie spontan folgende Fragen:

- Womit vergeude ich im Alltag am meisten Zeit?
- Wo könnte ich am ehesten Zeit »einsparen«?
- Wo fühle ich mich fremdbestimmt?
- Was kommt meistens zu kurz?

Erfahrung

Ich habe mich erst gegen diese Art der Ist-Analyse gesträubt, weil ich dachte, sie sei sehr aufwendig. Doch ich habe mich überwunden. Gott sei Dank! Denn dadurch erkannte ich, dass häufig Kleinigkeiten meinen Tagesablauf störten, und dass ich mit geringem Aufwand bereits einen Großteil meines Drucks abbauen konnte.

Sandra aus München

(Einen Auszug aus Sandras Ist-Analyse finden Sie im Anhang, Seite 244 ff.)

20. Zeitaufwand für das Protokoll: Ich habe ohnehin schon kaum Zeit, und jetzt soll ich auch noch ein Zeitprotokoll schreiben – ist das denn wirklich notwendig?

Das Zeitprotokoll ist Ihr Schlüssel zum Erfolg. Ohne genauen Blick auf Ihre persönliche Situation verfallen Sie vielleicht in blinden Aktionismus und doktern mal an der einen, mal an der anderen Zeit-Baustelle herum. All das ist nicht zielgerichtet und kostet unnötig Energie. Sobald Sie jedoch schwarz auf weiß sehen, womit Sie Ihre wertvollen Lebensminuten verbringen, können Sie aktiv werden und entsprechende Maßnahmen ergreifen und Veränderungen vornehmen:

- Aufgaben streichen, delegieren oder mit mehr Freude erledigen.
- Störungen besser orten und gezielt dagegen vorgehen.
- sich für das loben, was Sie ohnehin schon schaffen.
- Ihre Einstellung verändern.
- Ihrem Kernproblem auf den Grund gehen (▸ Nummer 21).

Das kostet Zeit

Zwar sind wir alle sehr unterschiedlich, aber im Laufe meiner Beratungs- und Seminartätigkeit konnte ich eine kleine Hit-Liste der häufigsten Zeitfallen erstellen. Erkennen Sie sich wieder?

Die Billigkram-Falle

Billiges und schlechtes Handwerkszeug kostet Sie unnötig Zeit und Nerven. Kaufen Sie lieber wenige, aber dafür qualitativ hochwertige Utensilien, die zuverlässig ihren Dienst verrichten. Drücken Sie mit gutem Werkzeug Wertschätzung gegenüber Ihrer Arbeit und sich selbst aus und schaffen Sie die Grundlage für erfolgreiches Arbeiten: Gutes Gerät führt zu guten Ergebnissen. Wer keine Lust zum Bügeln hat, der kaufe sich die beste Dampfbügelstation. Wer nicht gern Schuhe putzt, schaffe sich eine Schuhputzmaschine an. Angenehmer Nebeneffekt: Ist ein solches »Wundergerät« vorhanden, finden sich plötzlich auch alle anderen bereit, damit zu »arbeiten«.

Die Verschleiß-Falle

In jedem Haushalt und an jedem Arbeitsplatz gehen nach und nach Dinge kaputt. Griffe an Schubladen brechen ab, Messer werden stumpf, Glühbirnen brennen aus. In nur wenigen Minuten wäre jeder einzelne dieser Missstände behoben, aber lieber leben wir über Wochen mit einer Notlösung und ärgern uns. Setzen Sie solche Aufgaben sofort auf Ihre To-do-Liste oder – wenn sie innerhalb von 30 Sekunden zu erledigen sind – machen Sie sich sofort daran.

Die Verzettelungs-Falle

Sie wollten eigentlich nur kurz die E-Mails checken oder schnell Petersilie im Garten pflücken. Und nach zwei Stunden finden Sie sich in den Tiefen des Internets wieder oder beim Umgraben des Gemüsebeetes. Sie haben sich verzettelt. Ihre Rettung: Stellen Sie auf einem Küchenwecker die gewünschte Minutenzahl ein (5 Minuten E-Mails, 3 Minuten Petersilie holen) und folgen Sie dem Klingeln.

Die Marathon-Falle

Ein Marathon geht über 42,125 Kilometer, und viele von uns legen pro Woche mindestens diese Distanz in der Wohnung oder im Büro zurück. Je bewusster Sie mit Ihren Sachen umgehen und je durchdachter Ihre Arbeitsplätze eingerichtet sind, desto mehr Wege und damit Zeit sparen Sie. Entschärfen Sie die Marathon-Falle, indem Sie wichtige Utensilien an jedem Arbeitsplatz deponieren (zum Beispiel Locher, Hefter, Papier und Stifte, Telefon) und »Notfall-Utensilien« an geeigneten Orten bereitlegen (Ersatz-Strumpfhose in der Schreibtischschublade, Ersatz-Klamotten für den Sohn im Kindergarten, Zweitschlüssel bei den Nachbarn).

Die Wo-hab-ich-nur-Falle

Im Schnitt suchen wir pro Tag eine Stunde nach Dingen oder Informationen. Wappnen Sie sich gegen die Wo-hab-ich-nur-Falle, indem Sie sich feste Gewohnheiten antrainieren und für alles einen eigenen Platz schaffen.

Die Dreckspatz-Falle

Vereinfachen Sie Ihr Leben, indem Sie bewusster konsumieren. Technische Hilfsmittel wie Wasch- oder Spülmaschine verführen uns dazu, Sachen zu »verbrauchen« (jedes Mal zum Trinken ein frisches Glas). Wenn Sie jedoch weniger verbrauchen, müssen Sie seltener abspülen, Wäsche waschen, trocknen, falten und in die Schränke räumen.

Die Schnäppchen-Falle

Der Discounter hat Kinderhausschuhe im Angebot, das Möbelhaus feiert Pasta-Wochen. Bereits frühmorgens beginnen Sie Ihre Schnäppchentour und nach vier Stunden kommen Sie abgekämpft nach Hause. Das Ergebnis: Sie haben insgesamt 4,45 Euro gespart, dafür aber noch hübsche Servietten, Kerzenleuchter und eine Vase gekauft, was Sie eigentlich gar nicht vorhatten. Zugegeben, Einkaufen macht Spaß, und die Jagd nach Schnäppchen ist populärer denn je. Aber rechnen Sie bitte immer (!) Ihren Zeitaufwand und die Zusatzkosten (Benzin) gegen die mögliche Ersparnis auf.

21. Kernprobleme erkennen: Das Zeitprotokoll zeigt aber doch nur die Symptome. Wie bekomme ich heraus, was wirklich mein Problem ist?

Hinter vielen Zeitfallen, in die wir tappen, stecken tiefere Gründe. Nehmen wir zum Beispiel an, Sie benötigen morgens sehr viel Zeit, um »warmzulaufen«, und schaffen deshalb nicht, was Sie schaffen wollen. Schreiben Sie Ihr Problem auf einen Zettel und hinterfragen Sie es.

Problem: Ich komme in der Früh nicht aus den Federn.
 Was ist der Grund dafür?
 Ich bin einfach noch zu müde.
  Was ist der Grund dafür?
  1. möglicher Grund: Mir graut es vor dem Aufstehen.
   Was ist der Grund dafür?
   Die Kollegen mobben mich.
  2. möglicher Grund: Ich bekomme zu wenig Schlaf, weil mein Kind dauernd weint.
   Was ist der Grund dafür?
  3. möglicher Grund: Ich gehe immer zu spät ins Bett.
   Was ist der Grund dafür?
   …

Auf diese Art finden Sie in den meisten Fällen sehr schnell den echten Grund dafür, warum Sie in der Früh so müde sind. Und können dann gezielt etwas gegen die Ursache tun. Denn es ist ein Unterschied, ob Sie wegen Schlafmangel oder wegen mobbender Kollegen antriebslos sind.

22. Eigene Leistung anerkennen: Mein Zeitprotokoll zeigt mir, dass ich objektiv betrachtet eine ganze Menge wegarbeite. Trotzdem habe ich immer das Gefühl, dass es noch zu wenig ist.

Sehr häufig haben wir das Gefühl, wenig zu schaffen, obwohl das gar nicht stimmt. Viele Menschen, die ein Zeitprotokoll führten, waren erstaunt und erfreut, endlich schwarz auf weiß zu sehen, was sie alles an einem Tag stemmen. Obwohl wir uns nicht mit anderen vergleichen sollen (▸ Nummer 258), kann es in diesem Fall sehr heilsam sein, zu sehen, was andere Menschen in ihrer Zeit so schaffen.

Wichtig: Solche Vergleiche helfen Ihnen nur, wenn Sie sich davor klargemacht haben, was Ihnen im Leben wirklich wichtig ist (▸ Seite 91 ff.). Denn natürlich gibt es immer Menschen, die aufgrund anderer Prioritäten mehr (oder weniger) Zeit in eine bestimmte Tätigkeit investieren als Sie.

23. Zeitbudgets: Was hilft mir denn, ein realistisches Bild davon zu bekommen, wie viel Zeit für welche Tätigkeit »normal« ist?

Laut amtlicher Statistik verbringen wir täglich

- 494 Minuten mit Schlafen (alle Personen ab 10 Jahren)
- 340 Minuten mit Arbeiten, Lernen, Weiterbildung (Vollzeiterwerbstätige über die Woche von Montag bis Sonntag)
- 156 Minuten mit unbezahlter Arbeit (Haushalt)
- 116 Minuten mit Unterhaltung, Kontaktpflege, Veranstaltungen
- 113 Minuten mit Fernsehen/Video
- 105 Minuten mit Essen
- 90 Minuten unterwegs (zu Fuß, mit dem Rad, Auto oder den öffentlichen Verkehrsmitteln)

Erfahrung

Ich habe mich immer total geärgert, dass ich jeden Tag rund eine halbe Stunde zum Aufräumen brauche. Dann las ich in einer Statistik, dass die Deutschen rund 36 Minuten mit Putzen und Aufräumen verbringen. Da habe ich mich gefreut: Ich bin schneller als der Schnitt, und dieser Zeitaufwand ist normal. Jetzt ärgere ich mich nicht mehr – und schon macht mir Aufräumen nichts mehr aus.

Sigrun aus Hannover

- 68 Minuten mit Körperpflege
- 37 Minuten mit Lesen
- 36 Minuten mit Putzen und Aufräumen
- 21 Minuten mit Kinderbetreuung (Frauen; Männer: 9 Minuten)
- 8 Minuten mit Helfen
- 7 Minuten im Ehrenamt
- 6 Minuten mit Lachen (vor 40 Jahren waren es noch 18 Minuten täglich!)

(Quelle: Statistisches Jahrbuch; Bundesministerium für Familie, Senioren, Frauen und Jugend sowie eigene Berechnungen.)

Nehmen Sie solche Statistiken als das, was sie sind: einen Durchschnitt aller Menschen. Hier finden sich die Gewohnheiten von Rentnern, Arbeitslosen, berufstätigen Müttern und Vätern, Singles und Studenten in einem bunten Aufguss. Solche Zahlen geben Ihnen einen Anhaltspunkt, sagen aber nichts über den persönlichen Umgang mit der Zeit aus.

24. Protokolle auswerten: Wie kann ich denn nun mithilfe des Zeitprotokolls meine Arbeitsweise verbessern?

Ein deutliches Bild Ihrer persönlichen Lage gewinnen Sie, wenn Sie Ihre Tagesprotokolle auswerten. Notieren Sie dazu bitte, wie viel Zeit Sie in bestimmte Tätigkeiten investiert haben. Und bewerten Sie, was Sie dabei empfunden haben:

☺ Zeitaufwand in Ordnung
☺☺ kostet weniger Zeit als erwartet
☹ kostet mich zu viel Zeit

Einen Ausriss aus der Auswertung von Sandra finden Sie im Anhang auf Seite 246 f.

Viele Ihrer Stress-Situationen können Sie mit kleinen, sofort umsetzbaren Tipps verbessern. Andere entschärfen Sie, indem Sie grundlegend etwas in Ihrem Alltag, Ihrer Kommunikation oder in Ihrem Umgang mit den Dingen verändern. Bewerten Sie aufgrund Ihrer Notizen:

- Welche Aktivitäten beanspruchen die meiste Zeit?
- Welche Aufgaben mögen Sie, welche nicht?
- Bei welchen Aufgaben können Sie den Zeitaufwand schnell und unkompliziert reduzieren?

Erfahrung

Nach der Auswertung meiner Zeitprotokolle habe ich sofort die Zeit fürs Aufräumen der Küche reduziert und gleichzeitig die gemeinsame Zeit mit meiner Tochter aufgestockt. Mein Kniff: Ich habe Laura motiviert, mir abends in der Küche zur Hand zu gehen, und wir sprechen nicht von »in der Küche arbeiten« sondern von »gemeinsamer Zeit«, in der wir uns unterhalten können. Zusätzlich gewinnen wir dadurch mehr freie Zeit, um gemeinsam etwas Schönes zu tun.

Sandra aus München

- Gemeinsam mit wem können Sie Lösungen für größere »Zeitfresser« entwickeln?
- Welche unwichtigen Aufgaben können Sie sofort abstellen (zum Beispiel Werbepost lesen)?
- Welche Aufgaben sind zwar wichtig, bereiten Ihnen aber viel Mühe?
- Welche Routinen haben Sie sich angewöhnt? Überprüfen Sie: Helfen Ihnen diese wirklich, den Alltag schneller und besser zu bewältigen?
- Welche Zeitdiebe (▸ Nummer 160) schlagen bei Ihnen am häufigsten zu?

Passen Sie den Zeitaufwand an die Wichtigkeit der jeweiligen Aufgabe an (▸ Nummer 103) und hinterfragen Sie Ihre »normalen« Abläufe. Nur weil Sie es schon immer so gemacht haben, muss es heute nicht mehr unbedingt zu Ihren Umständen passen. Wir verändern uns, und dementsprechend sollten wir auch unsere Gewohnheiten immer wieder einmal überprüfen.

25. Zeitfresser entlarven: Wie finde ich heraus, welche Zeitfresser mir das Leben schwer machen?

Anhand des Zeitprotokolls (▸ Nummer 21) erkennen Sie meist sehr schnell, wer oder was Sie immer wieder aus Ihrem Arbeitsablauf reißt. Diesen Angreifern können Sie nun zu Leibe rücken. Unterscheiden Sie dabei zwischen

- **Zeitfallen:** Umstände und Verhaltensmuster, die Sie unnötig Zeit kosten (▸ Seite 32 f.).
- **Zeitdieben:** andere Menschen, denen Sie zu viel Zeit widmen (▸ Nummer 160).

Zwar werden Sie nie alle Zeitfresser dingfest machen können, aber das müssen Sie auch nicht. Fangen Sie zwei bis drei Zeitdiebe und entschärfen Sie ein oder zwei Zeitfallen – schon ist ein Großteil Ihres Stresses weg.

26. Fremdbestimmtes Leben: Ich bin recht gut organisiert und unternehme auch schöne Dinge. Dennoch habe ich eher das Gefühl »gelebt zu werden« als »zu leben«.

Es reicht uns heutzutage nicht mehr, einfach zu arbeiten, unsere Freizeit zu gestalten oder Freunde zu treffen. Immer mehr Menschen möchten ein erfülltes Leben leben – statt eines »gefüllten«. Das schaffen wir in dem Moment, in dem wir anfangen zu genießen, was wir haben.

Ziele sind ein wichtiger Motor für ein zufriedenes Leben (▸ Nummer 31). Ebenso wichtig ist jedoch auch, dass Sie das Erreichte schätzen und lieben lernen. Der persönliche Erfolg misst sich nicht daran, wer Sie sind, wie viel Geld Sie auf der hohen Kante haben oder welches Auto Sie fahren. Entscheidend ist, wie zufrieden Sie persönlich mit dem sind, was Sie erreicht haben (▸ Seite 52).

Wenn Sie unzufrieden sind, dann kann es sein, dass Sie einen wesentlichen Aspekt Ihres Lebens vernachlässigen, und deshalb die anderen – schönen – Seiten gar nicht schätzen können. Wir alle sehnen uns nach Liebe, Zuneigung sowie Anerkennung. Und zwar in den Bereichen

- Beruf und Karriere
- Kernfamilie
- Freizeit und Hobbys
- Freunde und Großfamilie
- Gesundheit
- Sinn und Werte

Stellen Sie sich diese sechs Bereiche als Teile einer Glasorgel vor: Hat jedes Glas die richtige Füllhöhe, harmonieren ihre Tonhöhen, und Sie können eine wunderschöne Melodie darauf spielen. Ist ein Glas jedoch zu leer oder auch zu voll, wird die Melodie schief.

Sorgen Sie also dafür, dass alle Bereiche Ihres Lebens zu ihrem Recht kommen, und investieren Sie in jeden Bereich angemessen Zeit. Sehr wahrscheinlich werden sich Ihre Prioritäten im Laufe der Jahre verschieben. Lassen Sie diese Veränderungen zu – auch Melodien gehen mit der Zeit!

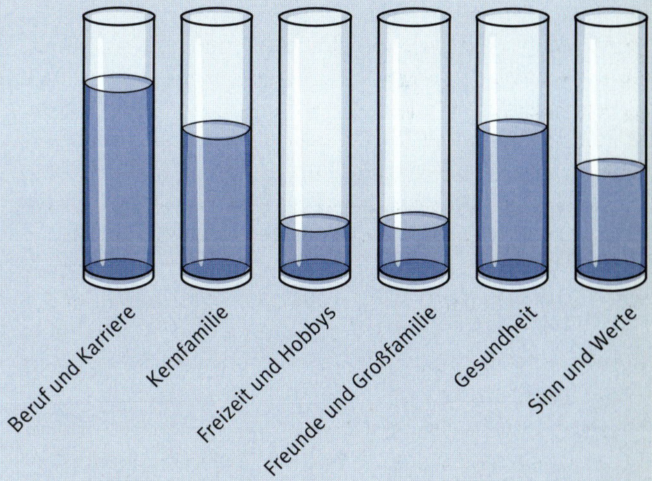

Die Gewichtung der Lebensbereiche sollte harmonieren wie die Töne einer Glasorgel

Den eigenen Weg finden

Zeitmanagement bedeutet mehr, als schneller zu arbeiten und mehr zu schaffen. In diesem Kapitel lernen Sie die Grundlagen eines neuen, individuellen Ansatzes kennen, mit dem Sie ganz nebenbei »mehr Zeit« gewinnen.

27. Werte entdecken: Was heißt das – »Ich darf meinen individuellen Weg finden«?

Jeder Mensch hat andere Werte und Normen, die ihn leiten, ihn motivieren und ihm Zufriedenheit bringen: Pünktlichkeit, Mitgefühl, Umweltbewusstsein, Lebensfreude, Fleiß, Gerechtigkeit etc. Diese Werte haben viel mit unserem Zeitmanagement zu tun, denn am liebsten widmen wir uns doch den Dingen, die uns wichtig und wertvoll sind. Alles andere empfinden wir als Zeitverschwendung.

Deshalb lohnt es sich, die eigenen Werte zu entdecken und das Leben danach auszurichten. Wer nämlich keinen Sinn in seinen täglichen Aktivitäten sieht, den werden auch perfekte To-do-Listen oder ein tipptopp aufgeräumtes Haus nicht zufriedenstellen oder motivieren. Menschen mit sinnstiftenden Lebenszielen, die nach ihren Wertmaßstäben leben, haben hingegen ein glückliches und erfülltes Leben.

Die Übung auf Seite 248 im Anhang hilft Ihnen, Ihre persönlichen Werte zu entdecken und ein Gespür dafür zu entwickeln, wie Sie sie im Alltag ausleben können.

28. Talente nutzen: Manches geht mir einfach und schnell von der Hand, während ich für anderes ewig brauche. Hilft mir diese Erkenntnis weiter?

Wie Sie sich organisieren und was Ihnen im Leben wirklich wichtig ist, hängt von Ihren Talenten ab. Wenn Sie Ihr Zeit- und Selbstmanagement daher auf Ihren Talenten aufbauen, bringen Sie garantiert langfristig Ruhe und Zufriedenheit in Ihr Leben.

Wer nach seinen Talenten lebt,

- erlebt Freude bei der Arbeit – und hat niemals das Gefühl, seine Zeit zu vergeuden;
- erwirbt schneller und mühelos Wissen;
- wird auf diesem Gebiet schnell zum Experten – und Experten verdienen mehr.

Doch was ist ein Talent eigentlich? Ein Talent ist etwas, das man besonders gern tut und gut kann oder etwas, das man gern tun würde beziehungsweise an anderen bewundert (verborgenes Talent). Leider kennen und nutzen wir viele unserer Talente nicht, weil wir in einem Schulsystem aufgewachsen sind, das alle über einen Kamm schert und sich um individuelle Begabungen nicht besonders bemüht. Aber auch unsere Eltern haben oftmals dazu beigetragen, dass unsere Stärken nicht gefördert wurden. Meist wurde uns als Kind Bescheidenheit gepredigt oder das Gefühl vermittelt: So toll bist du gar nicht.

Bei Erwachsenen kann es deshalb ein wenig dauern, bis sie ihre Talente wieder entdecken und für sich annehmen können. Persönlichkeitsanalysen wie das Team Management System (TMS) (▶ Seite 43 ff.) können Ihnen für Ihre persönlichen Stärken und Gaben die Augen öffnen.

29. Vorlieben berücksichtigen: Aber ich kann mir doch nicht immer die Rosinen rauspicken, nur um das Gefühl zu haben, meine Zeit wertvoll zu nutzen?

Doch, Sie können auf Ihre Präferenzen setzen. Denn wir alle haben nicht nur unterschiedliche Talente, sondern auch Vorlieben dafür, wie wir bestimmte Aufgaben erledigen. Und auch hier gilt: Es gibt kein »gut« oder »schlecht«, es gibt nur »anders«. Untersuchungen haben ergeben, dass jeder von uns eine bestimmte Art und Weise hat,

- wie er mit anderen umgeht;
- wie er Informationen sammelt und nutzt;
- wie er Entscheidungen trifft;
- wie er sich und andere organisiert.

Aus dieser Erkenntnis heraus haben Experten eine Persönlichkeitsanalyse entwickelt, die unsere Vorlieben ermittelt. Ihre These: Jeder von uns hat eine »Arbeitspräferenz«, und wenn wir diese ausleben können, dann erleben wir Glück bei der Arbeit (▸ Seite 43 ff.).

30. Links- und Rechtshirner: Ich habe schon zahlreiche Zeitmanagement-Bücher gelesen, aber nichts hat gefruchtet. Bin ich einfach zu chaotisch?

Aus der Gehirnforschung wissen wir heute, dass manche Menschen eher von der linken Hirnhälfte (Fakten, Zahlen, Systematik) gesteuert werden, andere von der rechten Hirnhälfte (Bilder, Gefühle, Spontaneität). Diese »Denke« beeinflusst auch, wie Sie mit Ihrer Zeit und Ihren Aufgaben umgehen. Deshalb lohnt es sich gerade für »Chaoten«, die mit den Tipps des klassischen Zeitmanagements nicht klarkommen, sich selbst besser kennenzulernen und neue Wege zu entdecken. Eine Kurzanalyse finden Sie auf Seite 249 f.

Tatsache ist, dass das traditionelle Zeitmanagement von systematischen Menschen entwickelt wurde und demnach wunderbar bei systematischen, linkshirnig dominanten Menschen funktioniert. Sie setzen die klassischen Tipps »mit links« um und profitieren doppelt: Sie gewinnen Zeit und haben auch noch Spaß dabei. Rechtsdenker sträuben sich jedoch gegen starre Vorgaben, Listen und Routinen. Ihr Gehirn verlangt nach einem eher spielerischen und kreativen Ansatz. Deshalb finden Sie in diesem Buch Tipps, die beiden Hirn-Dominanzen gerecht werden: Sie lernen neben der klassischen auch ganzheitliche Varianten kennen – schauen Sie einfach, welche Sie persönlich am meisten anspricht. Viele Lösungen sind so aufbereitet, dass beide Typen damit gut zum Ziel kommen.

Extra-Tipp: Chaotisch oder systematisch – das ist auch ein kulturelles Phänomen. Denken Sie daran, wenn Sie das nächste Mal mit Menschen aus Südeuropa, dem romanischen, hispanischen, russischen oder arabischen Kulturraum zusammenarbeiten – sie alle sind eher Rechtsdenker.

Tätigkeiten typgerecht

Nach den Prinzipien der Team-Management-Forschung existieren acht Rollentypen, die zeigen, bei welchen Aufgaben wir aufblühen und welche wir überhaupt nicht mögen.

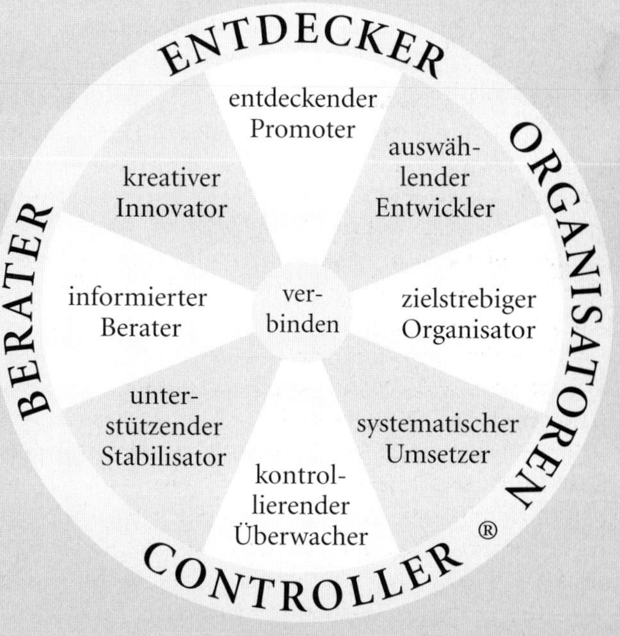

Das Team-Management-Rad (nach Margerison-McCann)
Das Team-Management-Rad ist ein geschütztes Warenzeichen.

Die Management-Experten Charles Margerison und Dick McCann kamen bereits vor mehr als 20 Jahren auf die Idee, in breit angelegten empirischen Feldforschungen und Interviews zu erforschen, warum einige Teams extrem erfolgreich arbeiten und auch noch Spaß bei der Arbeit haben, während andere Teams nur Misserfolge und schlechte Laune hervorbringen. Sie kamen darauf, dass jeder Mensch eine bestimmte Vorliebe hat, wie er Arbeiten am liebsten erledigt. Wenn er diese Präferenz in seinem Beruf ausleben kann, dann ist er zu Höchstleistungen motiviert. Muss er hingegen ständig Tätigkeiten ausführen, die absolut nicht seiner Art entsprechen, dann entstehen Frust, Stress und Misserfolg.

Es lohnt sich also – sowohl für Einzelkämpfer als auch für Teams –, die eigenen Präferenzen zu bestimmen. Denn Sie werden mehr persönlichen und unternehmerischen Erfolg haben, wenn Sie gemäß Ihren Talenten und Stärken arbeiten.

Informierter Berater

Der informierte Berater ist ein Profi, wenn es darum geht, Informationen zu beschaffen. Zudem kann er sie auf leicht verständliche Weise weitervermitteln. Mit Geduld und Ausdauer trägt er alles Wichtige zusammen. Eine Entscheidung oder einen Rat gibt er erst, wenn er »alles« weiß. Eine Entscheidung umzusetzen überlässt er lieber anderen.

Kreativer Innovator

Der kreative Innovator sprudelt vor Ideen über und benötigt ausreichend Freiraum, um mit ihnen experimentieren und sie vorantreiben zu können. Damit stört er im Augenblick zwar das Tagesgeschäft, dennoch gehört er unverzichtbar zu jedem guten Team.

Entdeckender Promoter

Der entdeckende Promoter kann hervorragend Ideen aufgreifen und andere dafür begeistern. Er knüpft schnell Kontakte, erschließt neue Quellen und bringt auf diese Weise Innovationen voran. Er kontrolliert keine Details, sondern hat einen Blick für das große Ganze. Er verhilft Ideen zum Durchbruch. Realisieren sollen sie die anderen.

Auswählender Entwickler

Der auswählende Entwickler übernimmt die Idee und sucht Mittel und Wege, um sie umzusetzen. Er prüft anhand praktischer Kriterien, ob der Markt die Innovation verlangt, stellt den Prototyp her oder führt Marktstudien durch. Ihm gefällt es, das Produkt bis zur Marktreife voranzutreiben. Die routinemäßige Herstellung des Produkts langweilt ihn jedoch.

Zielstrebiger Organisator

Der zielstrebige Organisator ist ein Macher. Einmal überzeugt von einer Idee schafft er die Rahmenbedingungen, um sie zu realisieren. Er setzt gern klare Ziele und sorgt dafür, dass alle die Erwartungen an ihre Rolle kennen. Er macht Dampf, dass Termine eingehalten werden und dass Aufgaben zielkonform erfüllt werden.

Systematischer Umsetzer

Dem systematischen Umsetzer macht es Spaß, nach einem festen Schema zu arbeiten – das ein anderer entwickelt hat. Seine Aufgabe sieht er erfüllt, wenn seine Quoten und Ziele erreicht sind. Er liebt klar definierte Verfahren, Routine und Regelmäßigkeit. Änderungen (zum Beispiel in der Arbeitsweise) lehnt er ab.

Kontrollierender Überwacher

Der kontrollierende Überwacher liebt Detailaufgaben. Er sorgt dafür, dass Zahlen und Fakten stimmen und dass Arbeiten exakt und nach Plan erledigt werden. Er arbeitet sorgfältig und kann sich lange auf eine einzelne Aufgabe konzentrieren.

Unterstützender Stabilisator

Der unterstützende Stabilisator ist quasi der Dolmetscher für alle Beteiligten. Er verbindet die einzelnen Mitglieder, indem er sowohl die physische als auch die soziale Seite der Arbeit unterstützt. Meist hat er eine ganz klare Vorstellung davon, wie das Team geführt werden sollte – geleitet von seinen Werten und Überzeugungen –, und kann, wenn er von der Aufgabe des Teams überzeugt ist, zu einer ungeheuren Kraftquelle werden. Darüber hinaus ist er ein ausgezeichneter Verhandler.

Haben Sie sich wiedererkannt? Dann nutzen Sie dieses neue Selbst-Bewusst-Sein (= Sie sind sich jetzt bewusst, wer und wie Sie sind), um besser Prioritäten zu setzen und Ihre Aufgaben leichter zu bewältigen.

Dem Leben Richtung geben

Lassen Sie sich nicht mehr von dem, »was kommt«, überrollen, sondern setzen Sie Ihre Zeit bewusst ein. Die Grundlage dafür: Ihre Wünsche und Träume. Nehmen Sie sich einen Tag Zeit, und Sie gewinnen 1 000 Tage Glück und Zufriedenheit.

31. Lebensziele: Ich will doch nur mein Zeitmanagement verbessern. Warum soll ich jetzt auf einmal über meine Lebensziele nachdenken?

Viele Menschen stellen nach dem Schulabschluss die Weichen für das, was sie beruflich in Zukunft tun wollen. Dabei bleibt es dann häufig – auch wenn die Berufswahl eigentlich die Entscheidung der Eltern war. Auch privat stellen sie auf Autopilot und lassen sich treiben. Sie leben in den Tag hinein und geben sich damit zufrieden, was das Leben ihnen zuteilt. Entweder weil sie – gefangen in ihrer täglichen Routine – »keine Zeit« haben, sich über ihre Zukunft und ihre Wünsche Gedanken zu machen. Oder aber sie haben gar keine Ziele, weil sie genügsam sagen: »Hauptsache, meiner Familie geht es gut.«

Erfahrungsgemäß sind jedoch die meisten Menschen, die ziellos umhertreiben, eher unzufrieden. Ergebnis: Nach Jahren des »Dahinlebens« sind sie frustriert, weil sie kaum Höhepunkte und schöne Momente erlebt oder sich im falschen Beruf aufgerieben haben. Alles, was sie machen, erfordert einen großen Energieaufwand, und sie empfinden ihre Tage als vergeudete Zeit.

Menschen, die sich regelmäßig über ihre Lebensziele Gedanken machen, haben dagegen frühzeitig die Chance, ihr Leben in die richtigen Bahnen zu lenken, um Spaß und Zufriedenheit zu finden. Darüber hinaus sorgen Lebensziele dafür, dass uns der Alltagskram nicht mehr so viel Energie raubt. Wer beflügelt ist von einem größeren Ziel, der richtet sein Tun und Denken auf etwas Schönes und Positives.

32. Planbarkeit des Lebens: Ist es sinnvoll, über langfristige Ziele nachzudenken, wenn es doch ohnehin immer anders kommt, als man denkt?

Natürlich ist unser Leben nicht en detail planbar. Gott sei Dank, denn dann wäre es ja langweilig und keine Herausforderung mehr. Es werden immer wieder Dinge geschehen, die Sie auf den ersten Blick vom Weg abbringen. Doch viele der Veränderungen bergen auch Chancen und bringen Sie auf Ideen, nach denen Sie sich dann nur noch bücken müssen.
Zudem hilft Ihnen ein klares Ziel, nicht mehr ständig mit sich zu hadern: »Was soll ich tun?« Oder: »Ist das, wofür ich mich entschieden habe, auch richtig?«
Leben Sie Ihren Traum und verträumen Sie nicht Ihr Leben. Wer es versteht, seine vagen Wünsche und unklaren Visionen in konkrete Ziele zu verwandeln, der erlebt die ungeheuren Kräfte, die Ziele freisetzen können.

Erfahrung

Hans besuchte das Seminar »Marketing für Kleinunternehmer und Freiberufler«. Er erzählte, dass er als Vermögensberater sehr viel Zeit mit Kundenakquise vergeude und doch keinen nennenswerten Erfolg habe. Er fühlte sich leer, ausgebrannt und nutzlos. Bei der Übung »Lebensziele« schrieb er Ziele wie »Ausland« und »Tauchen« auf. Langsam wurde ihm klar, dass er überhaupt keine Lust hatte, als »normaler« Vermögensberater zu arbeiten. Er erkannte, dass seine potenziellen Kunden diese Unlust gespürt hatten und deshalb nicht von ihm beraten werden wollten. Einige Monate später hatte sich Hans auf die Vermögensberatung von Tauchbasen spezialisiert und verband so sein Hobby mit seinem Beruf. Seine Leidenschaft flammte wieder auf, und er erlebte: Wer einer Tätigkeit nachgeht, die ihm Spaß macht und Freude bereitet, dem fliegen die Kunden – und der Erfolg – fast automatisch zu.

33. Blockaden bei Zielfindung: Ich scheue mich davor, meine Lebensziele zu formulieren. Irgendwie fühle ich mich blockiert. Warum?

Es gibt verschiedene Gründe, warum Menschen Schwierigkeiten damit haben, ihre Lebensziele zu formulieren. Hier die wichtigsten im Überblick:

- **Erziehung:** Häufig sind wir dazu erzogen worden, uns selbst »nicht so wichtig zu nehmen«, »bescheiden zu sein« und »keine Ansprüche zu stellen«. Jetzt aber sind wir erwachsen, und wenn wir uns selbst nicht ernst nehmen, wer soll es dann tun?
- **Schlechte Erfahrung:** Viele Menschen berichten, sie hätten sich schon einmal Ziele gesetzt, die sich aber nicht verwirklichen ließen. Deshalb wollen sie jetzt nicht mehr. Doch Ziele haben bedeutet nicht automatisch, sie auch zu erreichen! Denn auf dem Weg zum Erfolg lauern einige Fallen, in die manche Menschen nur allzu gern tappen. Mehr dazu in Nummer 43 ff.
- **Angst vor dem Erfolg:** Ja, Sie haben richtig gelesen. Manchmal fürchten wir uns so sehr davor, dass uns etwas gelingen könnte, dass wir es gar nicht erst anpacken. Weil wir Angst vor der eigenen Courage haben. Weil wir Angst haben, dass wir danach kein neues Ziel mehr finden. Da hilft nur eines: sich kleine Ziele setzen und sich langsam an den süßen Rausch des Erfolgs gewöhnen.
- **Angst vor dem Misserfolg:** Die Angst zu scheitern ist bei vielen Menschen das K.o.-Kriterium schlechthin. Sie denken: Wenn ich keine Ziele habe, dann kann ich auch nicht scheitern. Das ist natürlich richtig, aber Sie bringen sich damit um wertvolle Erfahrungen und Erlebnisse. Überlegen Sie: Was bedeutet scheitern? Ist einmal durch die Prüfung fallen wirklich gleichbedeutend mit »gescheitert«? Oder ist es nicht vielmehr nur eine Etappe auf dem Weg zum Erfolg? Ändern Sie Ihre Einstellung zum »Scheitern« – jeder Versuch, den Sie wagen, ist eine Lebenserfahrung, die Sie zu dem macht, was Sie sind.

34. Flexible Ziele: Wie kann ich meine Lebensziele planen, wenn ich doch gar nicht weiß, was mir in fünf Jahren wichtig ist?

Sich über seine Lebensziele klar zu werden heißt nicht, sie auch sklavisch umsetzen zu müssen. Vor allem Rechtshirner (▸ Nummer 30) wollen spontan leben. Und dennoch: Wer nicht wenigstens ein bisschen vorausdenkt, der muss immer nehmen, was kommt. Und das kann unter Umständen sehr wenig sein! Deshalb träumen und planen Sie, legen Sie die grobe Richtung fest, in der Sie Ihr Glück vermuten, und seien Sie offen für die Chancen und Erlebnisse auf diesem Weg.

35. Ausdauer haben: Ich habe früher schon einmal Ziele definiert, und es hat nichts gebracht. Warum also sollte ich es heute wieder tun?

Vielleicht haben Sie damals einige wichtige Eckpunkte nicht berücksichtigt (▸ Nummer 43 ff.), oder eine Blockade hat Sie daran gehindert zu bekommen, was Sie wollten (▸ Nummer 33). Aber geben Sie nicht auf! Lernen Sie, wie Sie Ziele richtig formulieren (▸ Nummer 48 ff.), welche »Fallen« dabei lauern und wie Sie die umgehen (▸ Nummer 50). Vor allem: Zeigen Sie Biss. Wenn Sie etwas wirklich wollen, dann müssen Sie auch bereit sein, dafür zu kämpfen!
Bei erfolgreichen Menschen denken wir oft, der Erfolg sei ihnen »in den Schoß gefallen«. Aber ich versichere Ihnen, das ist nie der Fall. Denn diese Menschen haben immer etwas dafür getan: sich weitergebildet, Netzwerke geschaffen, mit anderen diskutiert, Geld investiert. Und sie haben zugegriffen, wenn sich ihnen Chancen boten.

36. Gesunder Egoismus: Aber meine Familie braucht mich doch. Ist es da nicht sehr egoistisch, Ziele nur für mich zu definieren?

Viele Menschen stellen das Wohl der Familie über das eigene. Aber geht es Ihrer Familie auch dann noch gut, wenn Sie mit 40 oder 50 die Midlife-Crisis bekommen und sich über kurz

oder lang aus dem Staub machen, weil »das noch nicht alles im Leben gewesen sein kann«?
Ihre persönlichen Ziele laufen dem Wohl der Familie ja nicht zuwider, oder? Ist es wirklich schlecht für Ihre Kinder, wenn Sie berufstätig sind, abends noch Sport treiben oder hin und wieder ein Wochenende allein mit dem Partner verbringen wollen? Im Gegenteil! Wenn Sie regelmäßig etwas tun, das Ihnen Kraft und Energie schenkt, profitiert natürlich auch Ihre Familie davon.

37. Realitätsferne Zielsuche: Ich bin momentan arbeitslos und wäre froh, wenn ich überhaupt einen Job hätte. Dieses Gerede von Lebenszielen finde ich ziemlich abgehoben.

Auch wenn Ihre derzeitige Situation schwierig ist: Begreifen Sie Ihre Arbeitslosigkeit als Chance. Denn Sie haben jetzt die Möglichkeit, Ihr künftiges Leben so zu gestalten, dass Sie Ihre Talente und Fähigkeiten ausleben können.
Überlegen Sie also:

- Welche Tätigkeit wollten Sie schon immer einmal ausüben?
- Welches Wissen benötigen Sie (noch) dazu?
- Wo oder von wem können Sie sich dieses Wissen holen?
- Wer kann diese Fähigkeiten und dieses Wissen brauchen?
- Wem nutzen Ihr Wissen und Ihre Fähigkeiten?

Und dann bewerben Sie sich mit den Worten: »Weil ich schon immer als XYZ arbeiten wollte und ich gesehen habe, dass Ihre Firma …«

38. Ziele herausfinden: Wie finde ich heraus, welches meine Lebensziele sind?

Kommen Sie mit auf eine kleine Reise: Nehmen Sie sich eine Stunde Zeit, kochen Sie sich einen Tee oder öffnen Sie einen guten Rotwein und machen Sie es sich bequem. Dann nehmen Sie ein Blatt Papier und einige farbige Stifte zur Hand und schreiben in die Mitte des Blattes »Ich will«. Kreisen Sie die Wörter ein und lassen Sie Ihren Gedanken freien Lauf.

Überlegen Sie: Was wollen Sie

- kurzfristig (in den nächsten sechs Monaten),
- mittelfristig (in den nächsten ein bis zwei Jahren),
- und langfristig (in den nächsten drei bis zehn Jahren)

machen, sein oder erreichen? Notieren Sie Ihre Einfälle wie Sonnenstrahlen um Ihren »Ich will«-Kreis. Alle! Werfen Sie die Schere in Ihrem Kopf weg und ignorieren Sie die innere Stimme, die sofort flüstert: »Das geht doch nicht!«.

39. Ziele für alle Bereiche: Reicht es, wenn ich Ziele für meinen Beruf formuliere?

Ein zu einseitiges Leben macht traurig. Deshalb gehen Sie bei Ihrer Gedankenreise alle Bereiche durch, die Sie bereits aus Nummer 38 kennen, und notieren Ihre persönlichen Ideen dazu:

- **Beruf und Karriere:** Erfolg, Geld, Beziehungen, Fähigkeiten, Ehrenamt, Statussymbole, etwas entdecken
- **Kernfamilie:** Familie, Partnerschaft, Kinder
- **Freizeit und Hobbys:** Aktivitäten, Menschen, Natur
- **Freunde und Großfamilie:** Beziehung, Anerkennung, Zuwendung
- **Gesundheit:** Körper, Ernährung, Erholung, Fitness, Lebenserwartung, Urlaub
- **Sinn und Werte:** Religion, Liebe, Werte, Berufung, Selbstverwirklichung, Freiheit, soziales Engagement, etwas Sinnvolles tun etc.

Extra-Tipp: Lassen Sie sich dabei von Ihren Erlebnissen aus der Werte-Übung (▸ Nummer 27), von Ihren Talenten (▸ Nummer 28) und Ihren Präferenzen (▸ Seite 48 ff.) inspirieren. Und stecken Sie Ihre Ziele ruhig hoch – hohe Ziele motivieren, kleine Ziele schränken ein.

40. Mission Statements: Was ist ein Mission Statement, und was bringt es mir?

Erfolgreiche Firmen haben immer auch eine Vision, sozusagen einen hell leuchtenden Leitstern, nach dem sich alle

Aktivitäten ausrichten. Dieses Mission Statement ist die »Mission«, mit der das Unternehmen unterwegs ist, und der Motor, der die Mitarbeiter antreibt.
Missionen sind der Sinn des unternehmerischen Tuns. Auch Staaten haben solche Mission Statements, zum Beispiel in Form von Verfassungen und Grundgesetzen, in denen die wesentlichen Kernsätze festgehalten sind. Auch Sie als Privatperson können für sich und Ihre verschiedenen Lebensbereiche ein Mission Statement formulieren. So kann in Ihrem Privatleben Ihre Mission sein: »Ich behandle meinen Partner, als ob ich mich gerade frisch in ihn verliebt hätte.« Für den Beruf: »Ich gehöre auf meinem Fachgebiet zu den führenden Experten und unterstütze damit andere Menschen und Unternehmen, ihre Wünsche und Ziele zu erreichen.«

41. Mission Statement formulieren: Wie formuliere ich ein gutes Mission Statement, das wirkt?

Ein gutes und motivierendes Mission Statement hat fünf Eigenschaften:

1. Es ist persönlich formuliert.
2. Es ist positiv formuliert.
3. Es ist in der Gegenwartsform verfasst.
4. Sie können es bildhaft darstellen.
5. Es berührt Sie und macht Sie stolz.

42. Ziele versus Sicherheit: Diese Zielplanung ist doch weltfremd. Heutzutage muss man doch schon froh sein, überhaupt einen Job zu haben.

Wenn Ihnen – wie vielen anderen Menschen auch – ein sicherer Arbeitsplatz wichtiger ist als Freude bei der Arbeit, dann scheint es wirklich sinnlos, über Lebensziele nachzudenken. Andererseits: Welche Stelle ist heute schon wirklich sicher? Sich der eigenen Ziele bewusst zu sein lohnt sich im Fall der Fälle immer. Außerdem verbringen wir rund ein Drittel unserer Zeit bei der Arbeit. Wäre es da nicht schön, etwas zu tun, das Erfüllung bringt?

Was bedeutet Erfolg für Sie?

Stelle ich die Frage »Was ist Erfolg?« in meinen Seminaren, bekomme ich in der Regel zunächst Antworten wie »Wertschätzung«, »Anerkennung« oder »Freiheit«, bis sich jemand traut, auch einmal »Geld«, »ein schickes Auto« oder »ein eigenes Haus« zu sagen. Was Erfolg für jeden Einzelnen bedeutet, hängt eng mit dessen Wünschen und Visionen zusammen. Für den einen manifestiert sich Erfolg in fünf Villen in fünf verschiedenen Ländern, während es dem anderen erfolgreich erscheint, ein kleines Häuschen mit Garten zu besitzen. Der eine fühlt sich erfolgreich, wenn er 500 000 Euro im Jahr verdient und dafür rund um die Uhr arbeitet, ein anderer betrachtet sich mit einem Jahreseinkommen von 30 000 Euro und viel freier Zeit als erfolgreich. Es gibt also keine »richtige« Antwort. Es gibt lediglich Ihr Gefühl. Und das ist ausschlaggebend. Schön, oder?

ÜBUNG: Finden Sie Ihre persönliche Definition von Erfolg

Nehmen Sie sich jetzt einen Moment Zeit und notieren Sie für sich: Wann fühle ich mich erfolgreich? Schreiben Sie Ihre Gedanken so konkret wie möglich nieder. Also nicht: »Wenn ich ein Haus habe.« Sondern: »Wenn ich ein 5-Zimmer-Haus mit einem 300-m²-Garten in einer Kleinstadt in Süddeutschland habe und weit und breit kein Verkehrslärm zu hören ist.«

Genießen Sie Ihren Erfolg

Klettern Sie auf der Karriereleiter nach oben – und zwar solange es Ihnen Spaß macht, den privaten Beziehungen guttut und Ihnen ein Gefühl der Sicherheit gibt. Nehmen Sie aber Beförderungen nicht einfach aus Eitelkeit an, wenn diese Ihren Zielen in anderen Lebensbereichen zuwiderlaufen. Lernen Sie Erfolge zu feiern und dankbar dafür zu sein.

Vom Traum zum Ziel

Träume sind ein Lebenselixier und lassen Sie aufblühen – aber nur, wenn Sie daraus handfeste Ziele machen. In diesem Abschnitt erfahren Sie, wie Sie Ihre Visionen in Ziele verwandeln, die Ihnen ein echter Kompass sein können und zum Handeln motivieren.

43. Ziele formulieren: Ich habe eine Gedankenreise gemacht (▸ Nummer 38) und meine Träume notiert. Wie formuliere ich daraus nun konkrete Ziele?

Überlegen Sie, welche zwei bis drei Träume Ihnen wirklich am Herzen liegen, und verfeinern Sie diese Schritt für Schritt nach der **PIDEWaWa**-Methode:

- **P – Positiv:** Formulieren Sie positiv (▸ Nummer 44).
- **I – Ist-Zustand:** Formulieren Sie in der Gegenwart (▸ Nummer 45).
- **D – Detailliert:** Formulieren Sie konkret und messbar (▸ Nummer 46).
- **E – Erreichbar:** Achten Sie darauf, sich realistische Ziele zu stecken (▸ Nummer 48).
- **Wa – Wann:** Legen Sie einen Zeitrahmen fest (▸ Nummer 49).
- **Wa – Warum:** Begründen Sie, warum Sie dieses Ziel erreichen wollen (▸ Nummer 50).

44. Positiv formulieren: Ich weiß nicht genau, was ich will. Viel schneller fällt mir ein, was ich nicht will. Kann ich nicht lieber das aufschreiben?

Unser Unterbewusstsein kennt kein »Nein« oder »nicht«. Denken Sie jetzt bitte nicht an einen rosa Elefanten. Und? Was sehen Sie vor Ihrem inneren Auge?

Aber manchmal wissen wir tatsächlich besser, was wir nicht mehr wollen (zum Beispiel nicht mehr so viel arbeiten). Fragen Sie dann: »Was stattdessen?« Und notieren Sie das als Ihr neues Ziel.

45. Ist-Zustand beschreiben: Wie soll ich diese positiven Zustände exakt ausdrücken?

Formulieren Sie klar und in der Gegenwart. »Ich werde…«, »Ich würde…«, »Ich versuche…« sind unsichere Worte, die Sie nicht zum Handeln motivieren. Sagen Sie sich »Ich bin …« oder »Ich tue…«, dann haben Sie das erreichte Ziel bereits vor Augen. Vermeiden Sie zudem Einschränkungen wie »manchmal«, »vielleicht« oder »eigentlich«. Das sind Erfolgskiller, die sofort Ihre inneren Widersacher aktivieren (▸ Nummer 239 ff.).

Methodenkoffer: SMART-Methode

Die SMART-Methode, die unter anderem auch in der Mitarbeiterführung eingesetzt wird, hilft Ihnen ebenfalls bei der Formulierung Ihrer Ziele und Werte:

- **S** wie **spezifisch:** Benennen Sie Ihr Ziel so konkret wie möglich.
- **M** wie **messbar:** Machen Sie Ihr Ziel an Fakten fest. Woran erkennen Sie, dass Sie das Ziel erreicht haben?
- **A** wie **aktionsorientiert:** Formulieren Sie so, dass Sie Lust haben, dem Wunsch auch Taten folgen zu lassen. Überlegen Sie, mit welchen Schritten Sie anfangen wollen/können.
- **R** wie **realistisch:** Setzen Sie sich Ziele, die Sie wirklich erreichen können. Unrealistische Ziele streichen Sie – die setzen Sie nur unnötig unter Druck.
- **T** wie **terminiert:** Setzen Sie sich ein (realistisches!) Datum, bis zu dem Sie Ihr Ziel beziehungsweise einzelne Etappenziele erreicht haben wollen.

Beispiel: Ich verdiene ab 1. April 2009 als kaufmännische Angestellte 4 250 Euro brutto im Monat. Das schaffe ich, weil ich aufgrund meiner Englisch-Kenntnisse einen internationalen Kunden betreue und diese Aufgabe meiner Firma mehr Gehalt wert ist.

46. Konkret und messbar: Wieso reichen ungefähre Vorstellungen nicht aus? Dann bin ich doch nicht so festgelegt und offener für andere Chancen.

Wenn Sie vage in Ihrer Formulierung bleiben, dann spüren Sie keine echte Motivation und bekommen auch nicht das, was Sie wirklich wollen.

Sie notieren zum Beispiel: »Ich möchte mehr Geld verdienen.« Kein Problem. Stellen Sie sich einfach an die nächste Straßenecke und betteln Sie jeden Monat einen Euro dazu. Dann haben Sie Ihr Ziel erreicht und verdienen mehr Geld als jetzt. Ein Euro reicht Ihnen nicht? Und betteln wollen Sie auch nicht? Ach so. Gut, dann vertrauen Sie darauf, dass in zwei Jahren, wenn die nächste Tarifrunde kommt, Ihnen netto 20 Euro mehr bleiben.

Das macht Sie auch nicht zufrieden? Dann drücken Sie sich so konkret wie möglich aus, und machen Sie Ihr Ziel messbar: »Ich verdiene ab kommendem März 1 000 Euro netto mehr im Monat.« Je konkreter Sie formulieren, desto genauer können Sie Ihre Schritte planen und Erfolge messen.

47. Detaillierte Ziele: Wie detailliert soll ich meine Ziele formulieren?

Malen Sie sich Ihre Ziele so genau wie möglich aus. Sie möchten gern ein eigenes Haus haben? Wie sieht es aus? Wie viele Stockwerke hat es? Soll es ein Reihenhaus oder lieber ein frei stehendes Einfamilienhaus sein? Ist es umgeben von einem großen Garten mit alten Bäumen, oder liegt es ganz zentral in der Innenstadt? Wie alt ist es? Wie renovierungsbedürftig? Und wo liegt es genau? In welcher Stadt, in welcher Region? Wie sieht die Landschaft dort aus?

Je detaillierter Sie sich vorstellen, was Sie wollen, desto besser prägt es sich in Ihr Unterbewusstsein ein. Und desto eher finden Sie, was Sie suchen. Je weniger Sie vorgeben, desto größer ist die Enttäuschung, wenn Sie Ihr Ziel »eigenes Haus« zwar erreichen, es sich aber als Vogelhäuschen entpuppt – ein Geschenk von Ihren Freunden.

48. Realistische Ziele: Woran erkenne ich, ob ein Ziel realistisch ist oder nicht?

Leben Sie nach dem Motto: »Geht nicht, gibt's nicht!« Denn theoretisch ist alles möglich. Gut, für einige Ziele brauchen Sie vielleicht einen entsprechend großen Zeitrahmen und kreative Ideen, wie Sie es trotz aller vermeintlichen Widersprüche schaffen können. Aber Sie werden Ihr Ziel erreichen – wenn es Ihr Herzenswunsch ist und Sie das nicht nur behaupten, um mit einem Ziel auftrumpfen zu können.

Wenn Sie etwas wirklich wollen, dann werden Sie einen Weg finden, der Sie zum Ziel bringt. Und wenn Sie es nicht schaffen sollten, dann haben Sie immerhin die Gewissheit und das gute Gefühl, dass Sie alles dafür getan haben. Denn nichts ist schlimmer, als im Alter über verpasste Chancen zu jammern.

49. Zeitrahmen festlegen: Wozu soll ich einen verbindlichen Zeitrahmen festlegen? Mir ist es nicht so wichtig, ob ich mein Ziel in drei oder in acht Jahren erreiche.

Eine Zeitvorgabe bestimmt maßgeblich, wie motiviert Sie Ihr Ziel in Angriff zu nehmen. Ohne Endtermin denkt Ihr Unterbewusstsein »Alles nicht so eilig«, und Sie werden sich weiterhin treiben lassen, bis Sie Ihren Stichtag verschlafen haben. Dieser Stichtag ist auch wichtig für Ihre Erfolgskontrolle. Das heißt, gegen Ablauf der selbst gewählten Frist kontrollieren Sie, wie weit Sie bereits gekommen sind: Müssen Sie Gas geben, um Ihr Ziel zu erreichen? Brauchen Sie bewusst eine Fristverlängerung?

Wichtig: Ein großes Ziel braucht natürlich einen großen Zeitrahmen, um realistisch zu sein. Zerlegen Sie es deshalb in Teilziele, die Sie schneller erreichen können. Beispiel »1 000 Euro mehr verdienen«: »Ich handle im anstehenden Jahresgespräch ein Gehaltserhöhung um 300 Euro aus und lege mit meinem Chef die Bedingungen fest, unter denen ich eine besser dotierte Stelle im Haus erhalte. In einem Jahr habe ich die neue Position, auf der ich 1 000 Euro mehr verdiene.«

Methodenkoffer: Salami-Taktik

Kleine Schritte sind enorm wichtig, damit Sie voller Selbstvertrauen Ihre Ziele überhaupt anpacken. Denken Sie dabei an eine Salami: Zerlegen Sie Ihre Ziele in kleine Scheibchen und genießen Sie Ihren Erfolg ebenfalls scheibchenweise. Die Salami-Taktik soll auf den Philosophen René Descartes (1596–1650) zurückgehen.
Er schrieb 1637: »Zergliedere deine Ziele und Projekte in überschaubare Teilaufgaben und konkrete Aktivitäten, und du wirst Erfolg haben.« Seine Methode:

- Formulieren Sie das Problem (Ziel, Projekt) schriftlich.
- Zerlegen Sie die Gesamtaufgabe in Teilaufgaben.
- Ordnen Sie die Teilaufgaben nach Priorität und Termin.
- Erledigen Sie alle Aktivitäten, und kontrollieren Sie das Ergebnis.

50. Ziele hinterfragen: Warum soll ich meine Ziele hinterfragen? Ich habe mich noch nie gefragt, warum ich etwas erreichen wollte.

Wenn Ihnen klar ist, warum Sie eine Idee umsetzen wollen, gibt Ihnen das mehr Entschlossenheit und Energie.
Und schon hier können Sie Saboteure entlarven, die Sie von vornherein daran hindern, jemals anzukommen. Es gibt nämlich Ziele, die kaum zu erreichen sind, und die Sie deshalb am besten sofort streichen:

- **50:50-Ziele:** Es ist Ihnen genauso lieb, das Ziel zu erreichen, wie es nicht zu erreichen (»Ich will Skifahren lernen – irgendwann einmal«).
- **Alibi-Ziele:** Sie setzen sich dieses Ziel nur, weil jeder Mensch irgendein Ziel braucht. Ein Herzenswunsch ist es jedoch nicht.
- **Konkurrierende Ziele:** Das Erreichen von Ziel A geht zu Lasten von Ziel B (»Ich will mit öffentlichen Verkehrsmitteln zur Arbeit fahren« – »Ich will morgens keine fremden Leute sehen«). Lösung: a) Sie entscheiden sich für das klei-

nere Übel. b) Sie überlegen, wie Sie die Widersprüche kreativ auflösen können. c) Sie schließen einen Kompromiss.

- **Fremde Ziele:** Vorsicht, wenn da steht: »… weil die Eltern wollen, dass wir in der Nähe sind«. Was wollen Sie? Ein Haus in der Nähe der Eltern oder ein gehorsames Mädchen sein?

Vom Ziel zum Tun

Sie haben Ihre Ziele (schriftlich) geplant. Jetzt geht es darum, Ihre Wünsche Wirklichkeit werden zu lassen. Das schaffen Sie, indem Sie für eine hohe Verbindlichkeit sorgen und kleine Schritte gehen.

51. Motiviert zum Ziel: Wie kann ich mich motivieren, meine Ziele wirklich zu erreichen?

Je klarer Sie Ihr Ziel vor Augen haben und je verbindlicher Sie es machen, desto eher erreichen Sie es. Schaffen Sie eine hohe Verbindlichkeit mit folgenden Ideen:

1. Übertragen Sie Ihre nach der PIDEWaWa-Methode verfeinerten Ziele (▸ Nummer 43) in ein Zielblatt, das Sie (mit Datum und Unterschrift versehen) gut sichtbar in Ihrer Wohnung aufhängen: am Badspiegel, über dem Schreibtisch, am Küchenschrank. Immer wenn Sie Ihre Ziele sehen, spornt Sie das an, am Ball zu bleiben.
2. Basteln Sie eine Ziel-Collage: Sammeln Sie dazu Bilder, Fotos oder Zeichnungen, die Ihre Ziele abbilden – ein Haus, das wie Ihr Traumhaus aussieht, eine Blumenwiese für das Ziel, öfter mal in die Natur zu gehen … Auch dieses Kunstwerk hängen Sie gut sichtbar auf.
3. Malen Sie sich in Gedanken aus, wie es sein wird, wenn Sie Ihr Ziel erreicht haben. Stellen Sie sich zum Beispiel vor, wie Sie im Garten Ihres neuen Hauses stehen und den Blick über Ihr Heim schweifen lassen. Welche Farbe hat es? Wie ist es eingerichtet? Was hören Sie? Was riechen Sie? Was fühlen Sie? Nehmen Sie die Situation mit allen Sinnen wahr.

4. Sprechen Sie mit anderen – die Ihnen wohlgesinnt sind – über Ihre Ziele. Ihre Gesprächspartner können Sie ermuntern, am Ball zu bleiben, und die Gespräche erhöhen zugleich die Verbindlichkeit für Sie, Ihre Ziele zu erreichen.
5. Notieren Sie die Vorteile Ihres Zieles. Schreiben Sie alles auf, was Sie gewinnen, wenn Sie das Ziel erreichen. Das spornt unglaublich an.
6. Probieren Sie einmal aus, Ihre Wünsche beim Universum zu bestellen. Viele Menschen schwören mittlerweile darauf, sich etwas konkret vorzustellen und diesen Wunsch loszulassen – im Vertrauen darauf, dass das Universum liefert.

52. Wege zum Ziel: Wie erreiche ich das von mir gewünschte Ziel?

Sie können jedes Ziel auf mehreren Wegen erreichen. Werden Sie kreativ und spielen Sie verschiedene Möglichkeiten durch. Sie werden sehen, dass viele Ziele gar nicht so unerreichbar sind, wie sie scheinen, wenn Sie die ausgefahrenen »Denk-Autobahnen« Ihres Gehirns verlassen und anfangen querzudenken (▸ Nummer 53).

53. Kreative Lösungen: Wie finde ich solche Querdenker-Lösungen?

Ein gute Hilfe bei der Suche nach kreativen Lösungen sind Kreativitätstechniken. Besonders schön finde ich dabei die Kopfstand-Methode, bei der Sie Ihr ursprüngliches Problem ins Gegenteil verkehren und dafür eine Lösung suchen. Sie fragen sich zum Beispiel:

- Wie können wir unsere Teamarbeit verbessern?
- Wie können wir neue Zielgruppen erschließen?
- Was kann ich tun, um beruflich voranzukommen?

Machen Sie (allein oder mit anderen) ein Brainstorming und notieren Sie Ihre Ideen.
Und dann drehen Sie den Spieß um. Fragen Sie sich:

- Was können wir tun, damit wir nichts als Zoff in unserem Team haben?

- Was können wir tun, um unsere Kunden zu verprellen?
- Was kann ich tun, um beruflich auf der Strecke zu bleiben?

Indem Sie sich das Gegenteil ausmalen, fallen Ihnen gleichzeitig viele Antworten auf Ihre eigentliche Frage ein. Garantiert! Und wenn Sie dabei über die skurrilsten Ideen lachen – umso besser. Denn Lachen ist der beste Kreativitätsmotor.

54. Zweifel an Zielen: Trotz einer klaren Vorstellung von meinen Zielen kommen mir immer wieder »Ja, aber«-Einwände.

Es ist völlig normal, dass wir nach absoluter Sicherheit suchen, wenn wir etwas in unserem Leben verändern wollen, und uns fragen: Tue ich wirklich das Richtige? Doch hundertprozentige Sicherheit gibt es nicht!

Sie können nicht beurteilen, ob etwas wirklich richtig war, bevor Sie es nicht getan haben. Nehmen Sie deshalb aufkommende Zweifel als Inspiration:

- Was hat dieser Zweifel mit mir und meiner konkreten Situation zu tun?
- Inwiefern kann ich diesen Zweifel bei der Umsetzung meines Zieles berücksichtigen?
- Was ist der Vorteil dieses Zweifels?

Es gibt Menschen, die vor lauter »Ja, aber…« nie irgendwelche Wünsche und Ziele in Angriff nehmen, weil es natürlich immer einen »Haken« gibt. Entscheiden Sie, ob Sie an diesem Haken Ihren Traum endgültig aufhängen wollen oder ob er hilft, Ihren roten Lebensfaden in die richtige Richtung zu lenken.

55. Ziel testen: Gibt es nicht doch eine Möglichkeit herauszufinden, ob mein Wunschziel tatsächlich das Richtige für mich ist?

Versuchen Sie Folgendes: Packen Sie Ihr Ziel an und geben Sie sich einen klaren Zeitraum vor, in dem Sie Ihr Ziel leben. Claudia beispielsweise (▸ Kasten Seite 62) hat sich vorgenommen, wieder in ihren Beruf als Lehrerin einzusteigen –

zunächst für ein Jahr. Dann entscheidet sie, ob es ihr wirklich Spaß macht und ob sie noch genügend Zeit und Energie für ihre Kinder und ihre anderen Interessen hat. Ein Jahr lang setzt sie jetzt einfach ihren Traum um. Wenn alles prima klappt – super! Und wenn sie feststellt, dass die Belastung zu groß ist oder Lehrerin doch nicht (mehr) das Richtige für sie ist, dann kann sie sich mit gutem Gewissen von dieser Etappe ihres Lebens trennen und auf dieser Erfahrung aufbauend neue Ziele in Angriff nehmen.

Lösen Sie sich von der Vorstellung, dass Ziele ein Ewigkeitswerk sind. Viele Ziele brauchen Sie einfach, um Ihren eigentlichen Weg zu finden.

Erfahrung

Claudia hat vier Kinder und würde nun gern, da der Kleinste drei Jahre alt wird, wieder als Lehrerin arbeiten. Doch ständig kommen ihr Zweifel. Jüngstes Beispiel: Sie hat eine Lehrerin an der Grundschule ihrer Tochter beobachtet, die ebenfalls mehrfache Mutter ist. »Die hat ihre Mutter vor Ort, die ihr viel Arbeit abnimmt, und sieht dennoch meist total fertig und abgearbeitet aus. Wenn die das schon nicht schafft, wie soll ich das schaffen?«, sagt Claudia. Doch dann erkennt sie die Falle, in die sie getappt ist: Claudia kann gar nicht beurteilen, warum die Lehrerin immer so »fertig« aussieht. Sie hat nur einen weiteren Grund gesucht, ihren Traum aufzuschieben. Die Lösung: Sie überlegt jetzt, wie sie ihren privaten Alltag organisieren kann (Aupair-Mädchen, Haushaltshilfe ...), damit sie mit Spaß Lehrerin sein kann und dennoch viel Energie für die wichtigen Dinge und Menschen in ihrem Leben hat.

PS: Vier Monate nachdem der Knoten bei Claudia aufgegangen ist, hat sie eine 5-Stunden-Stelle an einem Gymnasium angetreten.

56. Erste Schritte: Mein Ziel erscheint mir so fern und unerreichbar. Wo fange ich an?

Am besten beginnen Sie damit, einen persönlichen Aktionsplan aufzustellen. Überlegen Sie sich:

- Was muss ich als ersten Schritt unternehmen, damit mein Wunsch sich erfüllt?
- Wer kann mich unterstützen?
- Woher bekomme ich Infos?

So kann der erste Schritt für das Ziel »Spanisch lernen« zum Beispiel sein, dass Sie auf die Website Ihrer Volkshochschule gehen und sich die entsprechenden Kurse heraussuchen. Der nächste Schritt wäre dann, für den betreffenden Abend die Kinderbetreuung zu organisieren oder ihn frei von beruflichen Verpflichtungen zu halten. Planen Sie in Mini-Schritten (▸ Nummer 49). Das macht selbst große Ziele überschaubar und somit erreichbar. Ganz nebenbei feiern Sie auch noch jede Menge Zwischenerfolge – und das ist die beste Motivation.

Extra-Tipp: Planen Sie Ihre ersten Schritte genau wie Ihr Ziel: konkret, messbar und mit Stichtag (▸ Nummer 46 und Nummer 49).

57. Hauptsache anfangen: Wie schnell sollte ich die Umsetzung meines Ziels in Angriff nehmen?

Machen Sie innerhalb von 72 Stunden den ersten Schritt. Was Sie nicht innerhalb von drei Tagen anpacken, machen Sie nie. Freuen Sie sich über jeden erfolgreichen Mini-Schritt und lassen Sie sich von Hindernissen nicht entmutigen.

Denken Sie daran: Der Anfang ist das Schwierigste und kostet am meisten Energie. Das ist wie bei einer Rakete. Apollo 11 beispielsweise verbrauchte aufgrund der Erdanziehungskraft in den ersten Minuten nach dem Start mehr Energie als für die restlichen 400 000 Kilometer bis zum Mond. Genauso ergeht es uns, wenn wir Ziele in Angriff nehmen – die ersten Meter sind die schwierigsten. Also nur Mut! Es wird mit jedem Schritt besser.

58. Prioritäten setzen: Wie soll ich denn für alle meine Ziele innerhalb von 72 Stunden den ersten Schritt machen? Da müsste ich ja Urlaub nehmen!

Schön, dass Sie so viele Ziele haben – und es stimmt: Das schaffen Sie nie. Reduzieren Sie Ihre Liste also auf die drei wichtigsten Ziele, die Sie sofort anpacken wollen, und machen Sie dafür die ersten Schritte. Das kann zum Beispiel ein kurzfristiges Ziel sein, ein mittelfristiges und ein langfristiges. Nehmen Sie diese Ziele und die dazugehörigen ersten Schritte in Ihre Tagesplanung auf (▸ Nummer 96) und gehen Sie in den kommenden Wochen und Monaten jeden Tag ein Stück Ihres Weges. Haben Sie schließlich das Gefühl, dass diese Aktivitäten »laufen«, dann nehmen Sie die nächsten Punkte auf Ihrer Liste in Angriff. Auf diese Weise tun Sie jeden Tag etwas für Ihre Lebensziele, ohne sich zu überfordern.

59. Schriftlich festhalten: Muss ich meine Ziele wirklich schriftlich festhalten? Ich kann sie mir doch auch so merken.

Alles, was wir aufgeschrieben haben, hat eine andere Verbindlichkeit. Wir werden uns (unbewusst) mehr anstrengen, diese Ziele umzusetzen, bleiben eher am Ball, weil wir sie täglich sehen (▸ Nummer 51), und können sie – wenn es turbulent wird – leichter neu in den Blick nehmen. Auch eine vernünftige Zielkontrolle ist nur mit schriftlich festgehaltenen Zielen möglich, da Sie sich so nicht selbst beschummeln können.

60. Zielkontrolle: Ist es nicht ein wenig albern, sich selbst und seine Ziele zu kontrollieren?

Kontrolle ist ein Wort, das viele Menschen nicht mögen. Sagen wir deshalb lieber: den Erfolg messen. Denn oftmals erreichen wir Ziele und merken es überhaupt nicht. Das ist schade, denn so bringen wir uns um das Allerschönste bei der ganzen Ziele-Planerei: das Feiern, die Belohnung und das Lob. Übergehen Sie Ihre Erfolge nicht stillschweigend, sondern stoßen Sie darauf an. Das motiviert für weitere Projekte in der Zukunft.

Und wenn Sie das Ziel nicht erreicht haben? Dann können Sie an dieser Stelle

- das Ziel ändern, wenn es zum Beispiel für den kurzen Zeitraum zu groß war oder sich Ihnen auf Ihrem Weg dorthin einen bessere Chance geboten hat,
- mehr Gas geben und das Ziel doch noch wie gewünscht erreichen,
- das Ziel streichen, wenn Sie merken, dass es gar nicht »Ihr Ziel« war, oder wenn Ihre Prioritäten sich verschoben haben.

Es macht nichts, sich von einem uninteressant gewordenen Ziel zu verabschieden, wenn Sie dafür ein neues erreicht haben oder erreichen werden.

61. Unerreichbare Ziele: Warum erreiche ich mein Ziel nicht, obwohl ich wie ein Verrückter dafür ackere?

Je verbissener wir ein Ziel erreichen wollen, desto mehr scheint es uns manchmal zu entgleiten. Wenn wir alles in die Wege geleitet haben, alle wichtigen Schritte gegangen sind, dann kommt ein weiterer wesentlicher Schritt: »Loslassen«.
Sie haben getan, was Sie tun konnten. Lassen Sie Ihr Ziel jetzt los und vertrauen Sie darauf, dass es klappt. Wer bei einer Prüfung bis in den Prüfungssaal lernt und Angst hat, es nicht zu schaffen, der wird eher scheitern als jemand, der spätestens am Tag davor die Bücher zuklappt und mit dem Gefühl schlafen geht, gut vorbereitet zu sein.
Ziele erreichen unterliegt den gleichen Regeln wie das Bogenschießen, nämlich: Ziel anvisieren, anlegen, zielen, spannen – und zum Schluss – loslassen. Wer nicht loslässt, dessen Pfeil wird nie ankommen.

» *Vielleicht ist Erfolg nur die Erfüllung eines Traums, der fünf neue gebiert.* «

Günther Fielmann | deutscher Unternehmer

62. Blockaden: Ich scheue irgendwie davor zurück, meine Ziele in Angriff zu nehmen. Woran könnte das liegen?

Häufig haben Menschen Ziele, die sie gar nicht erreichen wollen. Sie schreiben zwar etwas auf, tun dann aber nichts dafür oder packen es nur halbherzig an. Papier ist geduldig, und wer nicht den Schritt vom Wunsch zum Aktionsplan macht (▸ Nummer 56), der wird auch nichts erreichen.

Häufig sind der innere Schweinehund und Selbstsabotage (▸ Seite 201 ff.) dafür verantwortlich. Die Lösung: In dem Moment, in dem Sie sich fragen »Warum packe ich nicht an?«, können Sie die Hindernisse erkennen und Lösungen finden. Die häufigsten Blockaden sind:

- **Angst vor der Leere danach:** »Wenn ich dieses Ziel erreicht habe, dann habe ich ja keines mehr. Und man braucht doch Ziele.« Lösung: Seien Sie versichert: Jeder Mensch, der sich Träume erfüllt hat, hatte danach noch viele weitere – angespornt von seinem Erfolg.
- **Angst zu versagen:** »Und wenn ich es nicht schaffe?« Lösung: Fragen Sie sich, was schlimmstenfalls passiert, wenn Sie tatsächlich scheitern. Wie können Sie diese Auswirkung minimieren? Fragen Sie sich auch: Was gewinne ich, wenn ich es zumindest probiere?
- **Angst vor dem Risiko:** »Das habe ich ja noch nie getan.« Lösung: Um zu neuen Ufern aufbrechen zu können, muss das Schiff seinen sicheren Hafen verlassen. Etwas Mut zum Risiko gehört nun einmal dazu (▸ Nummer 42).
- **Angst vor Zurückweisung:** »Und wenn die anderen mich nicht unterstützen oder die Idee blöd finden?« Lösung: Jeder Mensch hat das Recht auf seine eigene Meinung und darauf, Nein zu sagen.
- **Zeitmangel:** »Ich habe keine Zeit, das zu tun!« Lösung: Dann gestehen Sie sich ganz ehrlich ein, dass es Ihnen nicht wichtig genug ist. Wir haben nicht zu wenig Zeit, wir haben zu viel vor. Und offensichtlich haben Sie andere Dinge vor, die Ihnen wichtiger sind.

63. Ziele stressen: Ich plane jedes Jahr penibel meine Ziele und erreiche auch (fast) alle. Warum fühle ich mich trotzdem gestresst?

Immer großen Zielen hinterherzujagen ist anstrengend. Bedenken Sie, dass Sie in Ihrem Leben hin und wieder auch Pausen brauchen, sogenannte Plateaus, auf denen Sie sich nicht weiterentwickeln, sondern nur das Erlernte und Erreichte anwenden. Nehmen Sie sich deshalb als neues Ziel einmal vor, das Erreichte 6 oder 12 Monate einfach zu halten und zu festigen. Dann haben Sie wieder Kraft für Neues.

64. Unzufrieden am Ziel: Ich habe etliche meiner Ziele erreicht. Zufrieden bin ich trotzdem nicht.

Es ist ein Phänomen unserer Zeit, dass wir ständig Träumen und Zielen hinterherjagen und sie dann kaum genießen. Dazu zwei Anregungen:

1. Wenn Sie etwas erreicht haben, das Sie dann doch nicht wollen, dann freuen Sie sich, dass Sie das jetzt erkannt haben. Vieles funkelt in unserer Fantasie wesentlich schöner und heller, als es dann in Wirklichkeit ist. Und je eher Sie diese Wirklichkeit kennen, desto eher können Sie sich etwas Neues wünschen. Ist doch prima, oder?

2. Wenn Sie etwas erreicht haben, was Sie wirklich wollten, dann belohnen Sie sich dafür und feiern Sie (▸ Nummer 225). Zu oft kann sich überhaupt keine Zufriedenheit einstellen, weil wir übergangslos zum nächsten Tagesordnungspunkt weiterhecheln. Kein Wunder, dass dann die Freude über das Erreichte ausbleibt. Gewöhnen Sie sich also an, Ihre Ziele messbar zu machen (▸ Nummer 46). Wenn Sie ein Ziel erreicht haben, dann feiern Sie das bewusst und belohnen Sie sich für Ihre Anstrengung.

Wenn Sie allerdings weiterhin meinen, einem Ziel nach dem anderen hinterherjagen zu müssen, dann nehmen Sie bitte einmal Ihre Antreiber genauer unter die Lupe (▸ Nummer 252). Ist es Ihr ständiger Drang, perfekt sein zu müssen? Oder die Forderung an sich selbst: »Sei besser als anderen«?

Schritt für Schritt zu mehr Zeit

Sie haben Ihre persönliche Situation unter die Lupe genommen? Dann geht es nun darum, Ihr individuelles Zeit- und Selbstmanagement zu entwickeln. Nutzen Sie dazu die hier vorgestellten Methoden und Kniffe. Sowohl die Schnell-Tipps mit Sofort-Wirkung als auch Langzeitstrategien helfen Ihnen, Ihren Alltag Schritt für Schritt ruhiger und schöner zu gestalten.

Perfekte Planung, perfektes Leben?

Natürlich ist Ihnen klar: Es gibt keine perfekte Planung, weil das Leben dafür einfach zu abwechslungsreich ist. Aber vertrauen Sie den Erfahrungen anderer Menschen – bereits ein wenig Struktur und Organisation sorgen für deutliche Entspannung in Ihrem Alltag.

65. Langsam besser werden: Erst muss ich die neuen Techniken und Methoden beherrschen, dann kann ich damit anfangen, sie umzusetzen.

Viele Menschen fangen nicht an, neue Ideen umzusetzen, weil sie auf die perfekte Lösung warten. Damit »verwarten« sie aber leicht ihr ganzes Leben. Geben Sie sich ein neues Lebensmotto: Lieber unperfekt begonnen als perfekt gezögert!

66. Kleine Schritte: Ich habe meine Stress-Faktoren herausgefiltert und rücke ihnen zu Leibe. Aber das stresst mich, und ich sehe kaum Verbesserungen.

Ihr Tatendrang ist verständlich und super. Doch vor lauter »Das will ich alles sofort ändern« erleben viele Menschen, dass Stressbewältigung in echten Stress ausartet. Beherzigen Sie deshalb bitte die absolute Grundregel für ein erfolgreiches Selbstmanagement: kleine Schritte!

Setzen Sie Ihre guten Vorsätze nach und nach um. Verlangen Sie nicht von sich, dass Sie an allen Fronten Ihres Alltags von heute auf morgen das Ruder herumreißen und alles verbessern. Das sind unrealistisch hohe Anforderungen, die kein Mensch bewältigen kann. Suchen Sie sich zwei bis drei Punkte heraus, die Ihnen wirklich wichtig sind, und beginnen Sie dort, wo Sie mit geringem Aufwand ein gutes Ergebnis erzielen. Freuen Sie sich über diesen Erfolg und greifen Sie dann hochmotiviert eine Herausforderung an, die mehr Aufwand erfordert. Verteilen Sie die dazu nötigen Arbeiten auf mehrere Etappen, für die Sie feste Termine einplanen.

67. Perfekter Zeitplan: Wie schaffe ich es, einen Zeitplan aufzustellen, der wirklich funktioniert?

Sie erfahren in diesem Kapitel alles Notwendige, um einen realistischen Zeitplan aufzustellen. Ob dieser »wirklich funktioniert«, liegt dann an Ihnen. Denn meist sind wir es selbst, die unsere sorgsam erarbeiteten Pläne sabotieren. Weil wir

- uns nicht trauen, »Nein« zu sagen (▸ Nummer 169 ff.);
- uns vor wichtigen Aufgaben drücken (▸ Nummer 242 ff.);
- dem inneren Schweinehund nachgeben (▸ Nummer 239 ff.).

Wenn diese inneren Widersacher wieder einmal die Oberhand bei Ihnen bekommen, lesen Sie die entsprechenden Abschnitte in diesem Buch.

68. Bilanz ziehen: Wie kann ich mich kontinuierlich verbessern?

Nehmen Sie sich abends oder spätestens am Wochenende etwas Zeit für einen Tages- beziehungsweise Wochenrückblick. Das soll kein stupider Soll-Ist-Vergleich werden, sondern eher eine Art »Psychohygiene«, die Ihr Gehirn von den Dingen befreit, die nicht optimal oder gar schiefgelaufen sind.

Haben Sie heute (diese Woche) alles geschafft, was Sie schaffen wollten? Ja? Dann belohnen Sie sich! (▸ Nummer 225) Nein? Dann legen Sie Ihre To-do-Liste für morgen bereit und gehen Sie kurz in sich: Was war der Grund dafür?

- Krankheit
- Wichtiger Zwischenfall
- Unwichtige Störungen
- Hatten Sie sich zu viel vorgenommen?
- Haben Sie länger gebraucht als erwartet?

Seien Sie geduldig mit sich selbst. Es gibt einfach Tage, da klappt gar nichts, und Sie schaffen deutlich weniger, als Sie wollen. Hadern Sie nicht mit sich, sondern geben Sie sich jeden Tag aufs Neue eine Chance.

Extra-Tipp: Die unproduktive Phase hält länger an? Dann gehen Sie immer wieder den »echten« Gründen dafür nach. So finden Sie heraus, ob ein Kernproblem dahintersteckt.

69. Positives wahrnehmen: Und was mache ich, wenn es mal nicht so gut läuft?

Betrachten Sie es als Herausforderung, wenn Sie diese Woche noch nicht alles geschafft haben, was Sie eigentlich schaffen wollten, und suchen Sie immer wieder nach kreativen Lösungen. Sie werden von Woche zu Woche »besser« und effektiver im Umgang mit sich und Ihrer Zeit werden – versprochen!
Aber: Effektivität und Effizienz sind nicht alles! Fragen Sie sich in jedem Fall auch, welche positiven Aspekte es hat, dass Sie nicht alles geschafft haben. Welche Qualität hatte der vergangene Tag, die vergangene Woche für Sie?
Manchmal brauchen wir einfach »Gammel-Tage«, an denen wir unproduktiv und langsam sind. An diesen Tagen tanken wir Energie – allerdings nur, wenn wir sie von Herzen genießen und uns nicht von unserem schlechten Gewissen fertigmachen lassen.

70. Ungeplanter Stress: Wie gehe ich mit ungeplanten Stress-Situationen um?

Wenn es hoch hergeht, neigen wir dazu, in wildem Aktionismus die Aufgaben durchzupeitschen. Das produziert jedoch noch mehr Stress und sorgt für Fehler. Klinken Sie sich in solchen Situationen kurz – und ungeplant – aus. Denn Sie können auch in wenigen Minuten neue Kraft tanken und so spürbar Tempo und Hektik aus Ihrem Alltag nehmen.
In Augenblicken, in denen Sie das Gefühl haben, Sie zerbersten innerlich,

- stehen Sie bewusst vom Arbeitsplatz auf und machen sich einen Tee. Setzen Sie sich in eine ruhige Ecke und trinken Sie ihn langsam. Dadurch kommen Sie »runter« und können danach überlegt und zielgerichtet weiterarbeiten.
- sagen Sie das Alphabet rückwärts auf.
- schließen Sie die Augen und denken an eine Blumenwiese oder einen Meeresstrand. Was hören, riechen, fühlen Sie? Machen Sie diesen Kurzurlaub ruhig im Waschraum, da haben Sie mit Sicherheit einige Minuten Ruhe.

- schauen Sie einige Minuten aus dem Fenster und betrachten ganz bewusst mehrere Sekunden lang die Farben und Formen der Dinge, die Sie sehen.
- lachen Sie den Stress weg. Nehmen Sie einen Spiegel und schneiden Sie Fratzen oder lächeln Sie total übertrieben. Das schüttet Endorphine aus, die für eine positive Stimmung sorgen.
- rollen Sie Ihre (nackten oder strumpfsockigen) Füße je zwei Minuten lang langsam über einen Tennisball. Das löst seelische Energieblockaden.

Methodenkoffer: 5-Finger-Technik

Sie wollen wissen, wie erfolgreich Ihr Tag war? Das können Sie ganz einfach an Ihrer Hand ablesen. Eine hervorragende Nachbereitungsmethode ist die 5-Finger-Technik, die sich an den Anfangsbuchstaben der Finger orientiert:

- **D**aumen ▸ **Denkergebnisse:** Welche Erfahrungen, Erkenntnisse habe ich heute gewonnen?
- **Z**eigefinger ▸ **Zielerreichung:** Was habe ich heute geleistet, das mich meinen persönlichen und den Zielen des Unternehmens näherbringt?
- **M**ittelfinger ▸ **Mentalität:** Wie war heute meine vorherrschende Stimmung und Gemütslage?
- **R**ingfinger ▸ **Ratgeber:** Womit habe ich anderen heute geholfen, eine Freude gemacht oder genützt?
- **K**leiner Finger ▸ **Körper:** In welcher körperlichen Verfassung war ich heute? Was habe ich heute für meine Gesundheit getan?

71. Er-fülltes Leben: Wie merke ich, dass ich meine Balance gefunden habe?

In dem Moment, in dem Sie das Gefühl haben, ein erfülltes Leben zu leben (statt wie bislang ein ge-fülltes), haben Sie Ihre innere Balance gefunden. Und freuen Sie sich: Dieses

Gefühl des Findens werden Sie nun regelmäßig erleben. Denn innere Balance ist kein Dauerzustand. Sie verändern sich, Ihr Umfeld verändert sich, Ihre Wünsche und Visionen ändern sich. Deshalb werden Sie sich immer und immer wieder auf den Weg machen, Ihr Leben in Balance zu bringen. Denken Sie daran: Das Leben ist eine ständige Veränderung. Und das ist gut so. Denn sonst wäre es langweilig.

72. Im Jetzt leben: Wie kann ich dauerhaft zufrieden leben?

Indem Sie jeden Tag Ihres Lebens genießen. Jeder Tag, den Sie leben, ist ein besonderer Tag. Verschieben Sie Ihr Leben nicht auf »später«, freuen Sie sich heute über die Kleinigkeiten, die das Leben lebenswert machen.

Vertrauen Sie auf sich und auf die positiven Seiten des Lebens. Dann werden Sie nicht nur äußerlich Ihren Alltag im Griff haben, sondern auch innerlich voller Zufriedenheit leben können.

» Wenn ich noch einmal jung wäre, würde ich früher im Frühling und später im Herbst barfuß gehen. Ich würde mehr Eis essen und mehr Sonnenaufgänge beobachten. Ich würde mehr Menschen sagen, wie gern ich sie habe. Ich wäre ein Freund von Freiheit und Unsicherheit. Ich würde öfter ins Blaue fahren, Bäume umarmen, Briefe schreiben und mich auf Träume freuen. Ich würde Älteren zuhören und Kinder ernst nehmen. Ich würde mehr reisen, mehr Menschen kennenlernen und mehr Flüsse durchschwimmen. Wäre ich noch einmal jung, würde ich schaukeln, so hoch ich kann. «

Quelle unbekannt

Erfolgsturbo Planung

Wenn Sie wissen, was Ihnen im Leben wichtig ist und was Sie erreichen wollen, können Sie sich daranmachen, Schritt für Schritt Ihren Alltag besser zu meistern und entspannter werden zu lassen – mit ein wenig Planung.

73. Tages- und Wochenpläne: Ich lese immer wieder, ich soll Tages- und Wochenpläne aufstellen. Warum?

Die meisten Menschen schauen morgens, welche Termine und Aufgaben anstehen, ordnen sie ohne Herzblut nach der vermeintlichen Priorität und halten das dann für Zeitmanagement. Kein Wunder, dass sie damit nicht zufrieden sind. Denn sie richten sich immer nur nach dem Dringenden (»Was muss ich heute tun?«) und verlieren dabei die wirklich wichtigen Aufgaben und Termine völlig aus den Augen. Machen Sie Schluss damit! Folgen Sie ab sofort Ihrem ganz persönlichen Leitstern und räumen Sie sich jeden Tag und jede Woche Zeiten frei, um Ihr Mission Statement (▸ Nummer 41) und Ihre Lebensziele umzusetzen.
Wer seine Zeit bewusst einsetzt, kann aktiv über seine Tage bestimmen und wird nicht von dem überrollt, »was kommt«. Geben Sie Ihren Tagen und Wochen ein wenig Struktur – Sie profitieren gleich mehrfach davon:

- Sie können sich auf das wirklich Wichtige konzentrieren.
- Sie gewinnen wertvolle Lebensminuten.
- Sie haben mehr Überblick und sind »Herr der Lage«.
- Sie vergessen nichts Wichtiges.
- Sie können rechtzeitig gegensteuern, wenn es eng wird.
- Sie erreichen Ihre beruflichen und privaten Ziele schneller und eleganter.
- Sie können bewusst für freudige Momente sorgen.
- Sie leben selbstbestimmt statt fremdbestimmt.
- Sie empfinden weniger Stress.
- Sie können Ihren Biorhythmus berücksichtigen.
- Sie leben zufriedener.

74. Zeitaufwand Planen: Wie viel Zeit muss ich für das Planen einkalkulieren?

Fünf bis zehn Minuten täglich genügen, um die Aktivitäten und Termine der nächsten Tage zu planen und etwas Ordnung in den Tages- und Wochenablauf zu bringen. Das kann Ihnen bis zu zwei Stunden freie Zeit bescheren, in der Sie sich dann auf die für Sie wichtigen Aufgaben konzentrieren können. Nehmen Sie sich zusätzlich hin und wieder eine halbe Stunde Zeit, um bereits bekannte Termine und Routinen für die kommenden Wochen und Monate einzutragen. Und planen Sie mehrere Tage pro Jahr für Ihre Zielbestimmung und Ihren Missions-Check ein (▸ Nummer 31 ff. sowie Nummer 40).

Extra-Tipp: Stellen Sie sich Ihr Leben und Ihre Tage wie ein wertvolles Behältnis vor. Und in dieses Behältnis legen Sie nun Tag für Tag große und kleine Steine. Das sind Ihre Aufgaben, die Sie erledigen wollen. Entscheiden Sie bewusst: Wer außer Ihnen darf in Ihr Gefäß etwas hineinlegen? Wer hat ein Recht auf Ihre Zeit?

75. Regelmäßig planen: Wann plane ich was?

Planen Sie Ihre Aufgaben und Termine vom Großen zum Kleinen – das schafft viel Spielraum und hilft, Stress frühzeitig zu vermeiden.

- **Monatsplanung:** Nehmen Sie sich einmal im Monat und zusätzlich einmal pro Jahr Zeit, die kommenden Monate und Jahre zu planen. Beispielsweise mit effektiven Dreamdays (▸ Seite 82).
- **Wochenplanung:** Nehmen Sie sich jeden Donnerstag oder Freitag die neue Woche vor und überlegen Sie sich, welche Termine und Aufgaben in dieser Zeit anstehen. Indem Sie so Ihre Zeit aktiv gestalten, können Sie rechtzeitig notwendige Weichen stellen und bringen mehr Ruhe in Ihren Alltag.
- **Tagesplanung:** Planen Sie am besten 30 bis 60 Minuten vor Ihrem Feierabend grob den kommenden Tag. Das gibt Ihnen die Möglichkeit, bereits zu diesem Zeitpunkt – und damit rechtzeitig – einen zu engen Zeitplan zu entzerren.

76. »Kopfpläne«: Reicht es nicht, wenn ich meine Termine und Aufgaben alle im Kopf habe?

Planen Sie lieber schriftlich. Denn alles, was Sie aufgeschrieben haben, belastet Ihr Gehirn nicht.

Nachteile von »Kopfplänen«

- Wer sein Gehirn mit Terminen und Aufgaben vollstopft, blockiert es für andere, wirklich wichtige Themen.
- Zeitpläne, die nur im Kopf sind, verwerfen wir schnell.
- Trotz mehrerer Termine entsteht häufig der Eindruck: »Och, ich habe ja alle Zeit der Welt.«
- »Kopfplaner« plagt häufig das ungute Gefühl: »Hoffentlich vergesse ich nichts.«
- Und – etwas später – das schlechte Gewissen, wenn sie tatsächlich etwas vergessen haben.

Vorteile von schriftlichen Plänen

- Engpässe im Tagesablauf werden sofort sichtbar.
- Wer sieht, wie eng alles getaktet ist, kann rechtzeitig Gegenmaßnahmen ergreifen.
- Schriftliche Plänen spornen an, das Geplante umzusetzen.
- Schriftliche Pläne zeigen, was Sie schon alles geleistet haben – und das motiviert.
- In schriftlichen Plänen können Sie die erledigten Aufgaben abhaken. Auch das motiviert.
- Wer seinen Tagesplan (To-do-Liste) schon am Vorabend macht, spielt den nächsten Tag gedanklich vorab durch. Das hat den positiven Effekt, dass wir wissen, was auf uns zukommt, und mit einem guten Gefühl schlafen gehen können.
- Im Schlaf beschäftigt sich unser Unterbewusstsein bereits mit den anstehenden Aufgaben und arbeitet an Lösungen.

77. Planungs-Widerwillen: Wie überwinde ich den Widerwillen, den allein das Wort »planen« schon bei mir hervorruft?

Wie wir mit unserer Zeit und unseren Aufgaben umgehen, hängt stark davon ab, von welcher Gehirnhälfte wir überwiegend gesteuert werden (▸ Nummer 30). Menschen, bei de-

nen die linke Gehirnhälfte dominiert, sind sehr strukturierte und systematische Menschen. Ihnen fällt es leicht, Listen und Pläne aufzustellen. Und: Sie halten sich auch daran!
Rechtshirner hingegen tun sich damit schwer. Bei ihnen sträubt sich alles gegen das Planen, und das Erstellen einer To-do-Liste artet schnell zu einem Brainstorming aus, was man alles tun könnte. Außerdem wehren sich Rechtshirner gegen feste Termine. Sie wollen am liebsten spontan und nach Tageslaune leben.
Im täglichen Miteinander sorgt dieses Spontan-in-den-Tag-Leben jedoch häufig für Zündstoff, weil sich die Systematiker über das ständige Zuspätkommen und das permanente Chaos der Rechtshirner aufregen und die »Chaoten« über die Pedanterie der Linkshirner schimpfen. Ein Minimum an Planung hilft nicht nur, diese Tretminen zu entschärfen, sondern hat noch einen weiteren Vorteil: Es hilft Ihnen, Freiräume zu gestalten, in denen Sie völlig spontan und nach Lust und Laune agieren können. Planung hemmt also nicht Ihre Spontaneität, sondern schafft Zeit-Inseln dafür.
Extra-Tipp: Achten Sie darauf, mit Instrumenten zu planen, die Ihnen Spaß machen, (▸ Nummer 123 ff.), und finden Sie ein positives Wort dafür: »Chancen-Planer«, »Meilenstein-Kladde« o. Ä. Denn »Begegnungen in einem Chancen-Planer notieren« macht einfach mehr Spaß als »Termine in einen Terminplan eintragen«, oder?

78. Unflexible Planung: Planen halte ich für überflüssig. Woher soll ich denn wissen, was morgen oder kommende Woche alles auf mich zukommt? Da muss ich flexibel bleiben.

Planen bedeutet nicht, dass Sie unflexibel werden. Ganz im Gegenteil: Mit ein wenig Planung (▸ Nummer 73) schaffen Sie sich erst den Freiraum für Flexibilität und Spontaneität. Wer nicht plant, der wird verplant. Wer einfach alles auf sich zukommen lässt, wird schnell von den Ereignissen überrollt. Da ist Stress vorprogrammiert.

79. Zu viel Planung: Vor lauter Planen und Umplanen komme ich zu gar nichts mehr. Was mache ich falsch?

Egal, ob Sie eher systematisch oder desorganisiert sind, planen Sie nur wirklich wichtige Aktivitäten ein. Denn wenn Sie zu viel planen, kostet Sie das nicht nur eine Menge wertvoller Lebenszeit, sondern das Hilfsmittel mutiert schnell zur Fessel, und Sie können bald keinen Atemzug mehr ohne Termin-Notiz machen. Achten Sie deshalb auch bei Ihrer Zeitplanung stets auf das richtige Maß.

80. Zu enge Planung: Warum schaffe ich trotz penibler Planung nicht, was ich schaffen will?

Vielleicht haben Sie bislang einfach zu eng geplant und keine Puffer (▸ Nummer 114) vorgesehen. Vergessen Sie nicht, dass Unvorhergesehenes und Störungen Ihre Planung jederzeit torpedieren können, und berücksichtigen Sie dies entsprechend (▸ Nummern 115 und 118).

81. Unvorhergesehenes: Und was mache ich, wenn etwas Unvorhergesehenes eintritt? War die ganze Planerei dann nicht umsonst?

Nein, nicht umsonst. Denn nun können Sie in Ruhe nach neuen Lösungen suchen. Denken Sie daran: Das Unvorhergesehene geschieht vorhersehbar regelmäßig – besonders im privaten Bereich (▸ Nummer 275 ff.). Verplanen Sie deshalb nicht jede Minute (▸ Nummer 79), denken Sie an Puffer (▸ Nummer 114) und genießen Sie Unvorhergesehenes als Herausforderung. Wenn immer alles so liefe wie geplant, dann wäre das Leben doch furchtbar langweilig, oder?

Schaffen Sie insgesamt mehr Ruhe in Ihrem Alltag. Dann stecken Sie hektische Ausnahmesituationen besser weg. Kurzzeitiger oder zunächst positiv wahrgenommener Stress (Eustress, ▸ Nummer 226) belastet uns ja auch nicht; es ist der stete Tropfen, der den Stein höhlt. Und den können Sie abstellen.

Gut geplant ist halb gewonnen

Planen ist ganz leicht und geht schnell. Konzentrieren Sie sich darauf, zunächst langfristig, dann mittel- und schließlich kurzfristig alles Wesentliche zu notieren.

82. Langfristige Planung: Was sollte ich alles langfristig planen?

In der Regel füllen wir unsere Tage vor allem mit dringenden Terminen beziehungsweise lassen zu, dass andere sie damit füllen. Da ist es kein Wunder, dass die Dinge, die uns wirklich wichtig sind – trotz prall gefülltem Terminkalender –, auf der Strecke bleiben.

Drehen Sie deshalb den Spieß ab sofort um und beginnen Sie damit, Ihre Tage und Wochen zuerst mit den wichtigen Aktivitäten zu füllen. Wichtig sind:

- Wichtige langfristige Termine (▸ Nummer 84)
- Auszeiten (▸ Nummer 86)
- Etappenziele (▸ Nummer 89)
- Routinen (▸ Nummer 88)
- Wichtige Aufgaben (▸ Nummer 90)

83. Vorteile langfristiger Planung: Ist es wirklich sinnvoll, so weit im Voraus zu planen? Mich engt es eher ein, wenn mein Terminplan auf lange Sicht so voll ist.

Der strukturierte Tages- und Wochenablauf, der durch langfristige Planung entsteht, ist kein Gesetzeswerk, an das Sie sich sklavisch halten müssen. Im Gegenteil, er ermöglicht Ihnen, auf Unvorhergesehenes flexibel zu reagieren. Denn Sie sehen auf einen Blick, wo Sie noch eine Lücke haben und wo Sie gegebenenfalls noch etwas Zeit herausholen können. Mit ein wenig Voraussicht eröffnen Sie sich die Chance, den Ihnen wirklich wichtigen Aktivitäten genügend Raum zu geben. Genießen Sie dieses Gefühl als Sprungbrett in eine selbstbestimmte, zufriedene Zeit.

84. Langfristige Termine: Welche Termine sollte ich langfristig planen?

Nehmen Sie Ihren Kalender und tragen Sie für die kommenden Wochen und Monate die Termine ein, die Sie unbedingt wahrnehmen wollen (für sich oder für die Firma): Messeaktivitäten, Vorträge, gebuchte Weiterbildungen etc. Seien Sie wählerisch. Noch ist der Kalender ziemlich leer, das verführt dazu, ihn unüberlegt zu füllen. Fragen Sie sich bei jeder Aktivität, ob Sie sie wirklich wahrnehmen wollen oder ob Sie sie nicht besser delegieren (▸ Nummer 213 ff.) oder streichen.

85. Termine clever planen: Wie plane ich meine Termine am besten?

Berücksichtigen Sie bei Ihrer Planung folgende Anregungen:

1. Betrachten Sie zunächst die Termine, die Sie bereits in Ihren Planer eingetragen haben. Fragen Sie sich, was Sie damit konkret erreichen wollen. Was ist Sinn und Ziel dieses Termins? Keiner? Können Sie ihn vielleicht streichen?
2. Schätzen Sie die Dauer (realistisch!) oder legen Sie fest, wie viel Zeit Sie diesem Termin geben. Termine – wie auch Aufgaben – dauern häufig so lange, wie wir uns Zeit dafür nehmen.
3. Blocken Sie die entsprechenden Zeit-Zeilen in Ihrem Kalender. Notieren Sie sich bei der Planung von Terminen und Aufgaben immer ein Zeitfenster (also: von … bis … Uhr) und nicht nur ein Stichwort oder eine Anfangszeit. Wenn Sie auf Papier planen, können Sie den entsprechenden Zeitraum auch schraffieren. So sehen Sie besser, wie viel Ihrer Zeit bereits verplant ist.
4. Planen Sie unbedingt Pufferzeiten ein! In der Regel takten wir unsere Termine viel zu eng. Zwar gibt es Tage, da klappt alles wunderbar, und die Termine greifen ineinander wie gut geölte Zahnräder, aber mal ehrlich: Die sind die Ausnahme!
5. Es wird schon sehr voll in Ihrem Kalender? Wägen Sie ab, welche Termine für Sie wirklich wichtig sind, und setzen Sie Prioritäten (▸ Nummer 100 ff.). Sie versinken sonst im Treibsand der unwichtigen Aufgaben.

Methodenkoffer: Die ALPEN-Methode

Beim Planen von Terminen und Aufgaben hat sich besonders die ALPEN-Methode bewährt:

A: Aufgabe aufschreiben
L: Länge schätzen (▸ Nummer 111)
P: Puffer einplanen (▸ Nummer 114)
E: Entscheidungen treffen (Prioritäten setzen, ▸ Nummer 100)
N: Nachkontrolle (Tagesbilanz ziehen, ▸ Nummer 68)

86. Auszeiten einplanen: Ich finde nie Zeit für Erholung, weil mein Kalender immer voll ist. Was soll ich tun?

Planen Sie in jedem Fall Zeiten für Regeneration sowie strategische Planung ein. Und das möglichst frühzeitig, denn die Hoffnung darauf, dass sich irgendwann schon ein geeigneter Termin finden wird, ist vergebens – glauben Sie mir.

Markieren Sie Tage und Wochen, in denen Sie am besten eine Auszeit nehmen könnten, mit einer Farbe: Zeiten, in denen es im Geschäft etwas ruhiger ist, Ferien der Kinder, ein besonders günstiges Angebot im Stammhotel … Das heißt noch nicht, dass Sie hier tatsächlich freinehmen. Aber allein die andere Farbgebung hilft Ihnen, bei künftigen Anfragen im Auge zu behalten, dass Sie zu diesem Zeitpunkt vielleicht nicht da sind. Bereits bekannte Urlaube tragen Sie als fixen Termin ein.

Extra-Tipp: »Ich kann nicht mehrere Tage im Jahr weg!« Kommt Ihnen dieser Satz bekannt vor? Natürlich haben Sie viel um die Ohren und viele Verpflichtungen. Und Sie genießen es mit Sicherheit auch, dass Sie gebraucht werden. Wer aber ist Herr über Ihre Zeit? Andere oder Sie selbst? Gut, dann nehmen Sie sich einfach die Zeit, Kraft zu tanken und Ihr Leben zu planen (▸ Seite 82 ff.) Überlegen Sie: Wie viele Tage Ihres Lebens haben Sie schon mit unnötiger Arbeit, Grübeln oder Ärger vertan? Nutzen Sie diese Zeit künftig für etwas Schönes.

Der Turbo für Ihr Zeitmanagement

»Darüber will ich erst einmal nachdenken ...« Dieser Satz ist Gold wert – wenn Sie ihn auch wirklich beherzigen. Denn Nachdenken ist das beste Mittel, um sein Leben und seine Aufgaben aktiv zu gestalten.

In Mode gekommen sind dazu sogenannte Dreamdays, an denen Sie Ihr Leben, Ihre Arbeit und Ihre Karriere überdenken und die grundlegende Orientierung prüfen. Manche gehen dafür »in Klausur« und gönnen sich ein paar Tage im Kloster, auf einer einsamen Berghütte oder einem Boot.

Wenn Sie nicht so lange wegkönnen, reicht aber auch ein Halbtagesausflug an einen See, auf den Fernsehturm oder an einen anderen inspirierenden Platz, von dem aus Sie die Adlerperspektive einnehmen und von oben auf Ihr Leben blicken können. Hier beantworten Sie schriftlich Fragen wie:

- Will ich das, was ich gerade tue, wirklich tun?
- Habe ich das Gefühl, dass alle meine Lebensbereiche (▶ Nummer 26) ausreichend berücksichtigt sind?
- Sind meine Aktivitäten sinnvoll, oder lasse ich mich zu etwas nötigen, das mir nicht guttut?
- Was treibt mich im Beruf an?
- Wo will ich hin?
- Wie kann ich meine Ziele schneller erreichen?
- Was wollte ich schon lange einmal tun?

Schaffen Sie sich kleine Rituale für Ihren Dreamday und zelebrieren Sie ihn jedes Jahr. Sie werden schnell merken, wie sich diese Auszeit positiv auf Ihr Leben auswirkt.

Sie möchten Ihre Dreamdays mit Gleichgesinnten verbringen und sich austauschen? Viele Trainer und Seminaranbieter organisieren Dreamdays an den schönsten Orten der Welt. Hier können Sie unter fachkundiger Anleitung an Ihren Themen arbeiten und haben noch genügend Zeit für sich allein.

87. Alltags-Auszeiten: Wie kann ich in meinen normalen Alltag Auszeiten einbauen?

Nutzen Sie kleine Alltagsrituale, um Erhol-Inseln in Ihrem Tagesablauf zu schaffen. Was macht Ihnen viel Spaß? Wobei bekommen Sie den Kopf frei und fühlen sich wohl? Auszeiten im Alltag können auf Außenstehende manchmal etwas albern wirken. Pfeifen Sie darauf und tun Sie, was Ihnen Energie gibt! Die anderen sind sicherlich nur neidisch.

Große Vorbilder

Viele erfolgreiche Firmen-Bosse und Manager wissen den Kick von Alltagsritualen zu schätzen. Howard Schulz, Chef der amerikanischen Kaffee-Kette Starbucks, zum Beispiel steht jeden Tag um 5 Uhr auf. Er brüht sich eine Tasse seines eigenen Kaffees, liest in Ruhe drei Zeitungen und informiert sich dann über die Umsatzzahlen vom Vortag. Nicola Leibinger-Kammüller, Chefin des Werkzeugmaschinenbauers Trumpf, räumt mit Begeisterung Schränke ein und aus. »Rausräumen und schöne Ordnung machen: Das gibt ein gutes Gefühl«, gestand sie dem Beratungsdienst *simplify your business*.

88. Routinen planen: Warum soll ich Routinen einplanen?

Routinen haben wir in der Regel im Kopf, weshalb auch kaum jemand beispielsweise die fixen Termine von Team-Meetings notiert. Die Folge: Sie vergessen diese Pflichttermine bei Ihrer Aufgabenplanung leicht und kommen dann ins Schleudern, weil Sie an dem Nachmittag, an dem Sie eigentlich den Messebericht für den Kunden schreiben wollten, im wöchentlichen Team-Meeting hocken und Ihnen die Zeit davonläuft. Notieren Sie deshalb wichtige Routinen wie feste Meetings, Abgabetermine etc. in Ihrem Kalender. Denken Sie dabei auch an Ihre privaten Fix-Termine wie Sport, VHS-Kurse oder regelmäßige Treffen mit Freunden.

Prüfen Sie auch hier: Sind diese Termine wirklich wichtig? Oder können Sie sie streichen beziehungsweise abgeben? Nur weil sie einmal wichtig waren, müssen sie das nicht bleiben.

89. Meilensteine: Wie plane ich meine Ziel-Etappen?

Tragen Sie die einzelnen Schritte, in die Sie Ihre wichtigen Lebensziele zerlegt haben, in Ihren Kalender ein. Langfristige Projekte erfordern langfristige Planung, und alles, was jetzt schon in Ihrem Terminplaner Raum findet, werden Sie mit großer Wahrscheinlichkeit auch anpacken. Je mehr Meilensteine und Auszeiten Sie notieren, desto mehr verwandelt sich Ihr Terminkalender in einen Chancen-Planer (▸ Seite 77).

Extra-Tipp: Gehen Sie die kommenden Wochen und Monate in Ihrem Kalender durch und suchen Sie nach Leerlaufzeiten, die Sie für Ihre Ziele nutzen können: Wartezeiten, Bahnfahrten oder die Zeit bis zum Beginn eines Vortrags. Damit gewinnen Sie zweifach: Sie verwenden die Zeit sinnvoll, und Sie haben das gute Gefühl, Ihr Leben in die Hand genommen zu haben, statt sich von dem überrollen zu lassen, was kommt.

90. Aufgaben planen: Die täglichen Aufgaben plane ich dann aber erst kurz vorher, oder?

Schon jetzt füllen sich Ihre Tage zunehmend – und dabei sind Ihre täglichen Aufgaben noch gar nicht berücksichtigt. Doch keine Angst: Da Sie von vielen Aufgaben zumindest einige Wochen vorher wissen, bleibt Ihnen genügend Vorlauf, um rechtzeitig die Weichen zu stellen (▸ Kasten Seite 85). Und wenn Sie sich regelmäßig die Zeit nehmen, auch Ihre Aufgaben – soweit möglich – langfristig zu planen, werden Sie die Zeit und die Ruhe für diese Aufgaben finden.

Lassen Sie nicht zu, dass andere Menschen Sie verplanen. Greifen Sie deshalb rechtzeitig zu Stift und Kalender und füllen Sie Ihre Tage mit den Aktivitäten, die Ihnen wichtig sind.

Erfahrung

Sandra hat ihre Termine notiert:

10. Oktober: Messebesuch Köln, Abflug am Vorabend
13. Oktober: Englers kommen zu Besuch bis zum 15.
15. Oktober: Abgabetermin Projektbericht
16. Oktober: Ballettaufführung Tochter

Sie sieht, dass sie am 15. den Projektbericht abgeben soll, die Tage davor jedoch Besuch hat – und wenn sie den genießen will, dann sollte sie den Bericht davor fertig haben. Doch da ist sie schon auf einer Messe. Deshalb terminiert Sandra den Abgabetermin für den Bericht auf den 8. Oktober und blockt in ihrem Chancen-Planer am 8. entsprechend Zeit, um in Ruhe und entspannt nach Köln fliegen zu können.

91. Aktive Aufgabenplanung: Wie plane ich meine Aufgaben am geschicktesten?

In der Regel tragen wir unsere Termine brav in einen Planer ein – und vor lauter Terminen kommen wir gar nicht mehr dazu, wichtige Aufgaben zu erledigen. Die meisten Berufstätigen hetzen von einem Meeting und Termin zum anderen und freuen sich auf den Feierabend, weil sie dann – wenn die Kollegen und Mitarbeiter endlich weg sind – »in Ruhe« ihre eigentliche Arbeit, sprich die wirklich wichtigen Aufgaben, machen können. Drehen Sie ab sofort den Spieß um:

1. Nutzen Sie die Freiräume zwischen wichtigen (!) Routineterminen und fixen Wochenaktivitäten für Ihre Aufgaben und geben Sie auch ihnen einen »Termin«. Das hilft Ihnen, Zeit-Inseln für wichtige Tätigkeiten zu schaffen, und Sie werden im Lauf der Zeit immer besser darin werden, diese Zeit-Inseln effektiv zu nutzen.

2. Denken Sie darüber nach, wie wichtig eine Aufgabe ist, bevor Sie sie eintragen. Trennen Sie Wichtiges von Unwichtigem und konzentrieren Sie sich auf das Wesentliche.

3. Entscheiden Sie sofort, was Sie mit eher unwichtigen Aufgaben machen wollen: Zeitaufwand dafür beschränken? Delegieren? Aufgabe streichen?
4. Schätzen Sie die Dauer der Aufgabe und blocken Sie den entsprechenden Zeitrahmen in Ihrem Kalender (Zeitraum schraffieren). Entscheiden Sie, wie viel Zeit Sie sich für die Erledigung der Aufgabe geben.
5. Planen Sie genug Puffer für Unvorhersehbares ein (▸ Nummer 114) und notieren Sie die entsprechend verlängerte Bearbeitungszeit. So schaffen Sie sich auch Ruhezeiten, in denen Sie sich abschotten und konzentriert arbeiten können.

Erleichtern Sie sich darüber hinaus das Arbeiten, indem Sie

- gleiche Aufgaben zusammenfassen (▸ Nummer 142);
- Aufgaben so terminieren, dass die Chance auf Erledigung am größten ist (Sie können einen Arzttermin zum Beispiel nicht in der Mittagspause vereinbaren, weil die Sprechstundenhilfe dann selbst zu Tisch ist);
- Aufgaben Ihrem Arbeits- und Biorhythmus entsprechend planen (▸ Nummer 97);
- Gewohnheiten schaffen (▸ Nummer 145).

Extra-Tipp: Sie arbeiten in einem Büro mit vernetztem Terminkalender, auf den alle Kollegen Zugriff haben und in den jeder Termine für alle eintragen kann? Dann ist es umso wichtiger, dass Sie Zeit-Inseln für wichtiges, konzentriertes Arbeiten (Projektbericht schreiben, Angebot erstellen, Artikel schreiben etc.) in den Timer eintragen. Sie verhindern so, dass die Kollegen (oder der Chef) Ihnen Termine zum Beispiel für ein Meeting »reindrücken« und Sie wieder einmal Ihren Feierabend opfern müssen, um die wichtigen Arbeiten zu erledigen.

92. To-do-Liste versus Kalender: Womit plane ich meine Aufgaben am besten?

Sie können Ihre Aufgaben in Ihren Kalender eintragen oder auf einer separaten To-do-Liste notieren. In der Praxis hat es sich bewährt, für Aufgaben, die nicht unbedingt an einem fixen Tag erledigt werden müssen, eine eigene To-do-Liste zu führen, die Sie von Tag zu Tag »mitnehmen«. Natürlich sollten auf Ihrer Tagesliste nur Aufgaben stehen, die Sie an diesem Tag auch bewältigen können. Und trotzdem wird es immer wieder vorkommen, dass Sie eine Aufgabe nicht fertig bekommen oder es gar nicht schaffen, sie überhaupt anzufangen.

Extra-Tipp: Trotz bester Planung bricht an manchen Tagen einfach alles zusammen, und die Dinge überschlagen sich. Macht nichts. Mit ein wenig Planung haben Sie zumindest die anderen Tage gut im Griff, sodass vereinzelte Chaos-Tage besser zu verkraften sind. Einige »Mini-Krafturlaube« (▸ Nummer 87) helfen Ihnen zusätzlich, auch an hektischen Tagen die Ruhe zu bewahren.

93. Wochenplanung: Was plane ich von Woche zu Woche?

Nehmen Sie sich jeden Donnerstag oder Freitag Ihren Chancen-Planer vor und betrachten Sie die kommende Woche:

- Welche wichtigen (!) Termine stehen an?
- Welche Aufgaben wollen Sie erledigen?
- Haben Sie alle Routine-Aufgaben bedacht (▸ Nummer 88)?
- Ist diese Woche etwas Besonderes zu berücksichtigen?
- Was müssen Sie besorgen (Lebensmittel, Geschenke, Konferenzunterlagen …)?
- Welche Auszeiten haben Sie für sich geplant?
- Welche Schritte wollen Sie gehen, um einem Ihrer Lebensziele näherzukommen?

Legen Sie Ihren persönlichen Aktionsplan (▸ Nummer 56) daneben und überlegen Sie, welche der Aktivitäten Sie bereits jetzt mit einem Termin versehen können, damit die für Ihr Leben wichtigen Dinge nicht einfach unter den Tisch fallen. Bei welchem Ihrer Ziele möchten Sie in der kommenden Woche einen kleinen Schritt weiterkommen? Möchten Sie Umzugskartons besorgen, um den Keller zu entrümpeln? Wollen Sie sich gezielt auf Ihre Gehaltsverhandlung vorbereiten und einen Termin mit Ihrem Chef vereinbaren?

94. Zeit für mich: Bei mir kommt eines grundsätzlich zu kurz: Zeit für mich selbst.

Die häufigste Klage der Teilnehmer in Zeitmanagement-Seminaren lautet: »Ich habe zu wenig Zeit für mich.« Kein Wunder, denn sehr oft lassen wir uns von anderen verplanen und vereinnahmen – nicht zuletzt deshalb, weil »wir ja eh nichts vorhaben …«

Der Trick besteht darin, verbindliche Termine mit sich selbst zu vereinbaren. Wenn Sie lediglich im Kopf haben, kommenden Mittwochabend einmal wieder ein ausgiebiges Bad zu nehmen, und Ihr Chef bittet Sie kurz vor Feierabend, noch eine dringende Aufgabe bis morgen Früh zu erledigen, dann werden Sie bleiben. Würden Sie aber auch bleiben, wenn Sie teure Theaterkarten hätten? Nein. Sie würden ihn entweder bitten, die Aufgabe einer Kollegin zu übertragen, oder am nächsten Tag bereits um 7 Uhr in der Früh kommen, damit Sie die Arbeit dennoch schaffen. Weil Sie aber »nichts vorhaben«, werden Sie vermutlich den ganzen Abend im Büro sitzen.

95. Private Termine verteidigen: Ich habe einen Sprachkurs belegt, doch vor lauter Arbeit musste ich ihn schon mehrmals ausfallen lassen. Wie schaffe ich es, Arbeit und Privatleben unter einen Hut zu bringen?

Tragen Sie Ihren Sprachkurs als festen Termin in Ihren Kalender ein. Und sagen Sie an diesem Tag frühzeitig, dass Sie um 17 Uhr weg sind.

Eine weitere Möglichkeit: Sprechen Sie mit Ihren Chef darüber und überzeugen Sie ihn, dass auch die Firma von Ihrem Sprachkurs profitiert. Ziehen Sie den Chef als Verbündeten auf Ihre Seite, das erleichtert das rechtzeitige Gehen.

Oder kann es vielleicht sein, dass Sie im tiefsten Inneren gar keine Lust (mehr) auf diesen Kurs haben? Auch bei Hobbys und anderen privaten Aktivitäten ist es wichtig, regelmäßig zu prüfen, was Ihnen Spaß macht und was Sie nur Energie kostet. Falls Ihre Lust vergangen ist – kündigen Sie den Kurs.

96. Tagesplanung: Was plane ich von Tag zu Tag?

Schlagen Sie jeden Abend Ihren Chancen-Planer auf. Mit den Einträgen aus Ihrer lang- und mittelfristigen Planung ist er schon ziemlich voll, oder? Welches Gefühl gibt Ihnen das? Wenn Sie das richtige Maß gefunden haben (▸ Nummer 79), dann sicherlich ein gutes. Denn bislang haben Sie dafür gesorgt, dass hier viele Aktivitäten und Termine stehen, die Sie privat und beruflich weiterbringen.

Notieren Sie nun:

- Was ist morgen am wichtigsten?
- Welche Aufgaben wollen Sie morgen erledigen?
- Welche festen Termine haben Sie morgen (Meeting, Kundenbesuch, Telefontermine)?
- Welche Unterlagen brauchen Sie dafür?
- Welche Informationen o. Ä. brauchen Sie darüber hinaus?
- Wann und wo können Sie sich diese Infos besorgen?
- Welche Wegzeiten müssen Sie berücksichtigen?
- Welche Puffer sollten Sie einplanen?

Wird es irgendwo eng? Dann können Sie jetzt noch aktiv eingreifen und den Tagesablauf entschärfen. Sieht der morgige Tag gut aus? Dann: Schönen Feierabend!

Sie hatten abends keine Zeit oder waren zu erschöpft für diesen Fünf-Minuten-Stopp? Dann gönnen Sie sich in der Früh, wenn Sie ins Büro kommen, erst einmal eine kurze Pause. Sortieren Sie in Ruhe Ihre Aufgaben und Termine – und erst dann sind die Wünsche der Kollegen dran.

Extra-Tipp: Planen Sie auch Ihre privaten Termine und Aufgaben für den nächsten Tag (▸ Seite 229 ff.).

97. Biorhythmus: Soll man beim Planen auch den eigenen Tages- und Biorhythmus berücksichtigen?

Ja, denn viele Studien belegen, dass jeder Mensch im Verlauf eines Tages unterschiedlich leistungsfähig ist. Trotzdem achten nur wenige »Büroarbeiter« auf ihre persönliche Leistungskurve (Biorhythmus), und nur 21 Prozent aller Führungskräfte berücksichtigen ihren Biorhythmus bei der Tagesplanung. Wer aber permanent gegen seine innere Uhr arbeitet und lebt, verliert viel Energie – und damit wertvolle Zeit. Achten Sie in Zukunft bewusst auf Ihre Leistungskurve und berücksichtigen Sie die Erkenntnisse entsprechend:

- Zu welcher Tageszeit fühlen Sie sich wach, klar und effektiv?
- Wann laufen Sie zur Höchstform auf?
- Um welche Uhrzeit sind Sie am kreativsten?
- Wann kommen bei Ihnen die Denk-Tiefs?

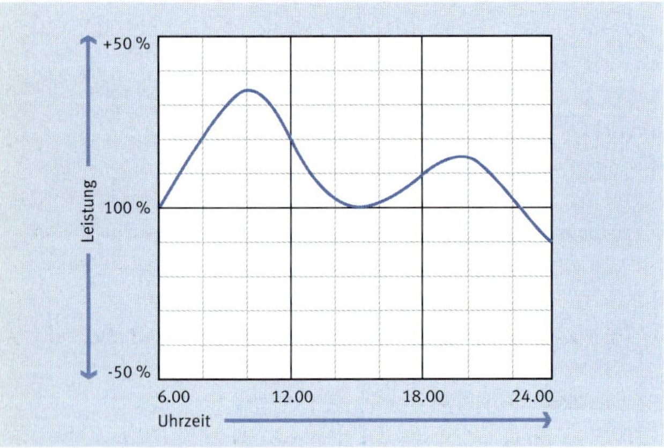

Durchschnittliche Leistungskurve

Extra-Tipp: Denken Sie bei der Planung auch an die normalen Tiefs nach dem Mittagessen und am späten Nachmittag.

98. Morgenmensch: Ich baue abends relativ schnell ab und kann mich dann nur noch mühsam konzentrieren. Wie nutze ich diese Zeit trotzdem sinnvoll?

Sind Sie eine Lerche, die frühmorgens aus dem Bett springt und sofort die Ärmel hochkrempelt? Dann legen Sie anspruchsvolle Aufgaben, die viel Power und Konzentration erfordern, in diese Hochphasen. Für Ihr Tief am Abend planen Sie dann solche Tätigkeiten, bei denen Sie nicht groß nachdenken müssen – und erholen sich ein wenig.

99. Nachtmensch: Ich bin ein Morgenmuffel und komme schlecht in die Gänge. Wie bringe ich mich frühmorgens schnell in Form?

Sie sind eher eine Eule, die schwer aus dem Bett kommt und eine gewisse Anlaufzeit braucht, dafür abends jedoch Bäume ausreißen könnte? Gönnen Sie sich dementsprechend in der Früh kleine, einfache Routinearbeiten oder lesen Sie in Ruhe – und mit gutem Gewissen – Ihre Mails beziehungsweise die Zeitung, während Sie den ersten Kaffee trinken. Sie sammeln dabei so viel Energie, dass Sie anschließend hellwach für die wichtigen Aufgaben sind.

Prioritäten setzen

Planung hilft Ihnen nur dann, die Aufgaben zu erledigen, wenn Sie entscheiden, was für Sie wirklich wichtig ist. Erfolgreiches Zeitmanagement ist also letztlich nichts anderes als konsequentes Prioritätenmanagement.

100. Aufgaben bewerten: Meine To-do-Liste umfasst täglich rund 30 Aufgaben, von denen ich einen Großteil mit in den nächsten Tag schleppe. Wie kann ich die Liste schaffen?

Schauen Sie sich Ihre To-do-Liste oder Ihre Kalendereinträge genau an: Wie wichtig sind die dort notierten Aktivitäten für Ihr persönliches Vorankommen, für die Ziele Ihres Unternehmens, für Ihr Team und für Ihren Arbeitsplatz?
In der Regel lassen wir uns von den Dingen, die dringend sind, jagen, und kommen deshalb nur selten zu den wirklich wichtigen Aufgaben. Finden Sie also heraus, welchen Stellenwert die jeweilige Aufgabe und der jeweilige Termin haben, und entscheiden Sie dann, was Sie damit tun:

- delegieren,
- ablehnen oder
- ausführen.

Besonders wenn Sie Rechtshirner (▸ Nummer 30) sind, werden Sie immer eine Menge Aufgaben und Termine auf Ihrer Liste haben – weil das Nachdenken darüber, was Sie tun sollten, stets darin ausartet, zu notieren, was Sie alles tun könnten. Und dabei haben Sie bereits weitere 100 Einfälle, was Sie in diesem Zusammenhang noch anpacken könnten.

Versuchen Sie, mit den hier vorgestellten Methoden und Tipps mehr Ruhe in Ihren Alltag zu bringen, und richten Sie Ihren Blick weiter in die Zukunft. Denn wer immer nur nach der Tagespriorität geht, der verliert über die Jahre den Spaß an der Arbeit. Und das wäre besonders für Sie nicht Sinn der Sache, oder?

101. Wesentliches erkennen: Wie erkenne ich, was das Wesentliche ist?

Auf den ersten Blick erscheinen uns immer alle Aktivitäten wichtig. Vielleicht meinen wir auch nur, sie tun zu »müssen«, weil der Chef oder die Kollegen es von uns fordern. Aber stopp: Sie sind für ein bestimmtes Aufgabengebiet zuständig, und die Art Ihrer Tätigkeiten sollte in Ihrem Arbeitsvertrag klar umrissen sein. Arbeitet man in Ihrer Firma mit Zielvorgaben? Dann sind die Ziele und die damit verbundenen Aufgaben schon einmal grob geklärt. Hinzu kommt noch all das, was man von engagierten Mitarbeitern einfach erwartet: Zuverlässigkeit, Mitdenken, soziales Verhalten, Loyalität etc.

Wichtig ist also alles,

- was Sie an Ihrem Arbeitsplatz tun können, um dort langfristig erfolgreich zu sein;
- was Sie Ihren Zielen näherbringt;
- was Ihrer Familie zugute kommt;
- was Ihren Werten entspricht;
- was Ihren Präferenzen entspricht.

Übrigens: Der Energieaufwand ist ein prima Kriterium, um sich seine Prioritäten bewusst zu machen. Achten Sie darauf:

- Was kostet Sie viel Energie?
- Welche Menschen/Aktivitäten bringen Ihnen viel Energie?

102. Dringend versus wichtig: Wie finde ich schnell und einfach heraus, was ich zuerst erledigen muss?

Einen guten Überblick über die »Wertigkeit« Ihrer Aufgaben gewinnen Sie mit der ABC-Analyse. Nach einer Idee des ehemaligen amerikanischen Präsidenten Dwight D. Eisenhower können Sie Ihre Aufgaben in vier Gruppen einteilen:

- **A:** wichtig + dringend
- **B:** wichtig – nicht so dringend
- **C:** dringend – nicht so wichtig
- **P:** weder dringend noch wichtig

Dabei gilt:

Wichtig sind Aufgaben, die unmittelbar mit Ihren Zielen und Aufgaben zusammenhängen.

Dringend sind Aufgaben, die sofort erledigt werden müssen. Aber nicht alles, was dringend ist, ist automatisch wichtig!

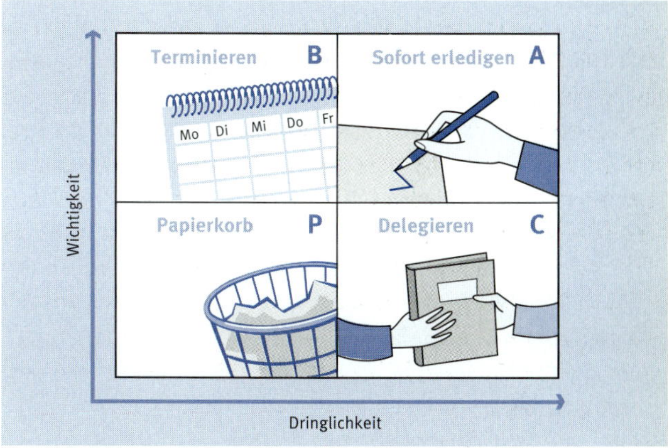

Das Eisenhower-Prinzip

Diese ABC-Analyse können Sie jeden Tag machen, indem Sie Ihre demnächst anfallenden Aufgaben notieren und entsprechend bewerten. Machen Sie sich dabei jedoch bewusst, dass diese Zuordnung lediglich eine Hilfe sein soll und keine »Bibel«. Denn Ihre Prioritäten können sich sehr schnell ändern – manchmal innerhalb weniger Stunden. Dann müssen Sie flexibel auf die neue Situation reagieren.

Extra-Tipp: Auf Rechtshirner (▸ Nummer 30) wirkt es eher abschreckend, die Aufgaben so detailliert aufzuschlüsseln. Machen Sie diese Analyse trotzdem gelegentlich. So schärfen Sie automatisch Ihren Blick und können künftige Aktivitäten sehr schnell und sicher aus dem Bauch heraus einschätzen. Sie können diese Analyse auch einmal nachträglich, zum Beispiel anhand Ihres Zeitprotokolls (▸ Nummer 19), durchführen. Sie werden einen unglaublichen Aha-Effekt erleben, wenn Sie plötzlich sehen, womit Sie Ihre Zeit verbracht haben.

103. Umsetzung in der Praxis: Jetzt kenne ich zwar meine A-, B- und C-Aufgaben, doch wie geht es weiter?

Jetzt, da Sie klarer sehen, welche Bedeutung bestimmte Aufgaben für Sie haben, können Sie schneller entscheiden, ob Sie eine Aufgabe sofort, später oder gar nicht bearbeiten und wie viel Zeit Sie ihr widmen:

- **A-Aufgaben:** Nehmen Sie A-Aufgaben sofort in Angriff. Untersuchungen belegen, dass wir im Schnitt mit der Erledigung von A-Aufgaben 65 Prozent unserer Ergebnisse erreichen – aber nur 15 Prozent unserer Zeit dafür investieren. Ändern Sie das und geben Sie A-Aufgaben in der Planung absoluten Vorrang. Achten Sie aber darauf, sich nicht mehr als etwa drei A-Aufgaben pro Tag vorzunehmen. Mehr sind meist nicht zu schaffen. Zudem zwingt diese Beschränkung Sie, sich mit dem Wert einer Aufgabe auseinanderzusetzen, und hilft Ihnen, gezielter zu arbeiten. Berücksichtigen Sie bei der Planung von A-Aufgaben auch Ihren Biorhythmus (▸ Nummer 97) und schotten Sie sich in diesen Zeiten so gut es geht gegen Störungen ab (▸ Nummer 155).
- **B-Aufgaben:** B-Aufgaben sind wichtig, aber noch nicht so dringend. Sie machen in der Regel 20 Prozent unserer Aufgaben aus, und genauso viel Output erreichen wir damit auch. Versehen Sie B-Aufgaben mit einem Termin und legen

Sie die dazugehörenden Unterlagen auf Wiedervorlage für den Tag, an dem Sie die Aufgabe erledigen wollen. Ein entsprechender Vermerk in Ihrem Kalender erinnert Sie daran.

- **C-Aufgaben:** Rund 65 Prozent unsere täglichen Aufgaben sind C-Aufgaben, die aber nur wenig (15 Prozent) dazu beitragen, unsere Ziele zu erreichen. Hier lohnt es sich also besonders, zu delegieren (▸ Nummer 213 ff.) oder produktiver (▸ Nummer 146 ff.) zu arbeiten. Machen Sie sich immer wieder bewusst, dass solche Aufgaben im Ergebnis nur sehr wenig bringen, und beschränken Sie den Zeitaufwand dafür. Gerade bei C-Aufgaben kann Ihnen das Pareto-Prinzip (▸ Nummer 104) viel Erleichterung bringen. Freuen Sie sich: Wenn Sie Ihren Zeitbedarf für C-Aufgaben radikal senken, schaffen Sie mehr A-Aufgaben.
- **P-Aufgaben:** Aufgaben, die weder wichtig noch dringend sind, haben auf Ihrem Schreibtisch nichts zu suchen! Sagen Sie »Nein« und werfen Sie sie quasi in den Papierkorb.

Extra-Tipp: Investieren Sie

- 65 Prozent Ihrer Zeit in A-Aufgaben;
- 20 Prozent Ihrer Zeit in B-Aufgaben;
- 15 Prozent Ihrer Zeit in C-Aufgaben.

104. Das Pareto-Prinzip: Ich kann doch meine C-Aufgaben nicht einfach nur so hinrotzen. Wie soll das gehen?

Der bedeutende italienische Ökonom Vilfredo Pareto entdeckte im 19. Jahrhundert, dass 80 Prozent des Besitzes sich in den Händen von 20 Prozent der Bevölkerung befinden. Im Laufe der Jahre haben wir erkannt, dass sich dieses Verhältnis auch auf andere Bereiche übertragen lässt, zum Beispiel auf das Zeitmanagement.

Nach dem Pareto-Prinzip führen 20 Prozent des Zeitaufwands zu 80 Prozent des Ergebnisses. Die restliche Zeit, die wir investieren, bringt nur eine vergleichsweise kleine Verbesserung. So schreiben Sie einen Brief in rund 10 Minuten, verbringen dann aber weitere 40 Minuten damit, die perfekte

Formulierung zu finden und alles schön zu formatieren. Inhaltlich war Ihr Brief bereits nach 10 Minuten gut, und Sie hätten ihn abschicken können. Die restlichen 40 Minuten haben den Brief nur um 20 Prozent verbessert. Ähnlich ist es beim Putzen: 20 Prozent der Zeit benötigen Sie, um alles einigermaßen sauber zu machen. Die restlichen 80 Prozent wischen Sie in den Ecken und unter den Schränken – was am Ergebnis kaum etwas ändert, aber eine Menge Zeit kostet.
Machen Sie sich also bewusst, dass Sie bestimmte Aufgaben nicht so oft und nicht so gründlich erledigen müssen und dennoch ein sichtbarer Erfolg dabei herauskommt. Ein Routinebrief braucht nicht so viel »Politur«. Schreiben Sie dagegen einen sehr wichtigen Brief, zum Beispiel eine Bewerbung, dann ist das keine C-Aufgabe, sondern eine A-Aufgabe, für die Sie selbstverständlich mehr Sorgfalt aufbringen.

105. Veränderte Prioritäten: Was nützt mir denn meine ABC-Einteilung, wenn etwas Unvorhergesehenes geschieht?

Die ABC-Analyse ist ein sehr flexibles Werkzeug, mit dem Sie einzelne Aufgaben nach Bedarf herauf- oder herunterstufen können. Deshalb ist es kein Problem, wenn zum Beispiel überraschend noch ein Eilauftrag reinkommt. Passen Sie Ihre Prioritäten einfach den neuen Gegebenheiten an. Es macht auch nichts, wenn weniger wichtige Aufgaben und Aktivitäten einmal längere Zeit liegen bleiben. Sobald der Termin naht, stufen Sie die entsprechende Aufgabe rechtzeitig herauf.
Mit der ABC-Analyse stellen Sie einfach sicher, dass Sie genau jetzt die richtigen Dinge tun. Sie stellen keine Liste auf, die für die Ewigkeit gelten soll. Das ginge auch schon deshalb nicht, weil sich unsere Prioritäten je nach Lebensabschnitt oder aufgrund von persönlichen Erlebnissen ändern. Am deutlichsten erleben das Männer und Frauen, die Eltern werden oder die ein schwerer Schicksalsschlag trifft. Spätestens dann überdenken die meisten ihre Lebensgestaltung und setzen neue Schwerpunkte.

Denken Sie positiv

Prioritäten sind nicht zuletzt eine Sache der Lebenseinstellung. Wer immer nur die negativen Seiten sieht, räumt denen eine hohe Wichtigkeit ein. Folge: Über die verspätete S-Bahn, den Regen oder den unfreundlichen Nachbarn zu meckern kostet Sie unnötig Zeit und Energie. Richten Sie Ihr Augenmerk stattdessen auf die schönen Seiten des Lebens! Und wenn es wieder einmal stressig wird oder Sie sich ärgern, fragen Sie sich: Lohnt sich die ganze Aufregung überhaupt? Meist können Sie diese Frage vorbehaltlos verneinen.

106. Wichtig und dringend: Meine Aufgaben sind fast alle wichtig und dringend. Was mache ich dann?

Wenn Sie auf Ihrem Schreibtisch lauter wichtige und dringende Aufgaben liegen haben, dann fahren Sie vermutlich bald in Urlaub, kommen aus dem Urlaub, oder Ihre Kollegin ist gerade nicht da. Dann kann es tatsächlich passieren, dass sich um Sie herum alles türmt und Sie gar nicht wissen, wo Sie anfangen sollen. Hier hilft nur: einen Tee kochen, zur Ruhe kommen und eine Aufgabe nach der anderen abarbeiten.
Oder ist das bei Ihnen ein Dauerzustand? Dann habe ich eine gute Nachricht für Sie: Nicht alles ist so wichtig und dringend, wie es scheint. Überprüfen Sie Ihre Aufgaben anhand des folgenden Schnell-Checks:

- Warum ist diese Aufgabe wichtig?
- Für wen?
- Was erreiche/n ich/wir, wenn ich diese Aufgabe erledige?
- Was passiert, wenn ich sie erst in zwei Tagen erledige?

Im Anschluss daran beginnen Sie mit der Aufgabe,

- die das größte Ergebnis liefert;
- die Ihnen am meisten Geld, Lob oder andere »Belohnungen« einbringt;
- bei deren Nichterfüllung die ärgsten Konsequenzen drohen (Anpfiff vom Chef, wichtiger Kunde springt ab etc.).

Extra-Tipp: Überprüfen Sie darüber hinaus, welche der Aufgaben Sie sehr schnell erledigen können (geringer Zeitaufwand), und nehmen Sie sich die zuerst vor. Dann haben Sie schon eine Sache komplett vom Tisch. Das motiviert!

107. Helfersyndrom: Ich helfe sehr gerne anderen Kollegen. Das schafft gute Stimmung und nützt schließlich auch der Karriere. Meine eigenen Aufgaben bleiben dabei allerdings oft bis spät liegen.

Hilfsbereite Menschen denken sehr häufig, dass sie mit dieser Einstellung eher befördert werden, eine Gehaltserhöhung bekommen oder zumindest bei Kündigungen nicht die Ersten sind. Leider ist das in unserer Berufswelt nicht (mehr) der Fall. Natürlich ist Hilfsbereitschaft eine wichtige Eigenschaft, aber entscheidend ist letztlich, ob Sie die Ihnen vorgegebenen Ziele erreichen.

Werden Sie mit Ihrer eigenen Arbeit nicht in der normalen Arbeitszeit fertig, dann prüfen Sie,

- welche Aufgaben zu Ihrem Kernbereich gehören. Was steht in Ihrer Tätigkeitsbeschreibung, wofür wurden Sie eingestellt? Erledigen Sie die Arbeiten, die Ihnen laut Stellenbeschreibung zugeteilt sind, zuerst. Erst dann können Sie Zeit investieren, um Kollegen zu helfen.
- welche Aufgaben Sie Ihren beruflichen Ziele näherbringen. Sie streben eine Beförderung an, für die sich der Chef der Nachbarabteilung stark machen soll? Dann kann es für Sie wichtiger sein, abends zum Abschiedsumtrunk eines Kollegen zu gehen und dort den Abteilungsleiter zum Smalltalk zu treffen, als Ihre Reisekosten abzurechnen – obwohl Ihre Teamassistentin Sie schon fünfmal ermahnt hat.
- wer Ihnen die Aufgaben gegeben hat. Ist dieser Kollege/Chef weisungsbefugt, oder müssen Sie gar nicht auf ihn hören? Auch hier gilt: Die eigene Arbeit hat Vorrang. Natürlich helfen Sie in Stoßzeiten und unterstützen einander im Team. Aber die eigenen wichtigen Tätigkeiten dürfen nicht unendlich liegen bleiben, nur damit die Kollegen fertig werden.

Erfahrung

Michael ist Ausbilder in einem Pharma-Konzern. Sein Chef hat ihn für ein Zeitmanagement-Seminar angemeldet. Michael denkt, das braucht er eigentlich nicht.
Ja, es stimmt, er wird mit seinen Aufgaben nicht immer pünktlich fertig und macht viele Überstunden. Doch die Qualität seiner Kurse und das Feedback der Auszubildenden sind immer gut. Michael weiß nicht, dass das Seminar seine letzte Chance ist. Wenn er nicht »besser arbeitet«, dann will sein Chef ihm kündigen.
Im Seminar stellt sich heraus, dass Michael eine Seele von Mensch ist: Er repariert den Kopierer, überarbeitet Lehrkonzepte für Kollegen, kümmert sich um die Bestellung neuer Kaffeebohnen und, und, und. Sein Chef weiß von dieser Hilfsbereitschaft nichts. Um seinen Arbeitsplatz zu retten, muss Michael jetzt vor allem eines tun: seine Bürotür schließen und bei Anfragen, die nicht ihn betreffen, freundlich »Nein« sagen.

108. Prioritäten anderer: Ich weiß genau, was in unserem Betrieb wichtig ist und welche Aufgaben wir deshalb als Erste machen sollten. Aber meine Kollegen hören nicht auf mich. Wie kann ich sie überzeugen?

Es hängt sehr stark von den Werten, den Arbeitspräferenzen (▸ Seite 43 ff.) und den Erfahrungen eines Menschen ab, was er für wichtig hält. So ist es zum Beispiel für einen kreativen Innovator wichtig, dass im Unternehmen ständig neue Ideen generiert werden. Für einen systematischen Umsetzer ist es hingegen wichtig, dass sich möglichst wenig ändert und viele Dinge immer gleich ablaufen. Wer aber von beiden hat Recht? Beide haben recht. Denn ohne den Fortschritt und neue Impulse gäbe es bald keine Routine mehr, und ohne Routine gäbe es keine Ergebnisse. Ergänzen Sie sich also gegenseitig, anstatt sich zu bekämpfen.

Und machen Sie sich eines klar: Es gibt keine objektive Wahrheit. Jeder von uns hat Erfahrungen, die in Entscheidungen einfließen und die ihn Dinge auf seine ganz eigene Weise wahrnehmen lassen. Lernen Sie die subjektive Wahrheit der anderen wertzuschätzen und arbeiten Sie dann an Ihrer Kommunikation (▸ Nummer 216), um im Team optimal zusammenzuspielen.

109. Falsche Rücksicht: Ist es nicht sehr egoistisch, nur die Dinge zu tun, die mir wichtig sind?

Nein, ist es nicht. Denn Sie tun ja nicht ausschließlich das, was Ihnen wichtig ist. Sie sind nach wie vor für die Menschen in Ihrem Umfeld da, auch wenn Sie jetzt bewusster entscheiden, welche Aufgaben Sie als Erste anpacken. Zudem sind viele Themen, die für Sie wichtig sind, auch für andere wichtig, und so profitieren alle davon, wenn diese Aufgaben erledigt sind.

Bedenken Sie: Wenn Sie immer zurückstecken und Rücksicht auf die Belange anderer nehmen, werden Sie über kurz oder lang sehr darunter leiden. Wenn Sie jedoch auf Ihre Bedürfnisse achten und diese durchsetzen, macht Sie das zu einem ausgeglichenen und zufriedenen Menschen – und das färbt auch auf Ihr Umfeld ab.

110. Die Umsetzung: Ich weiß jetzt, welche meine wichtigsten Aufgaben sind. Doch wie setze ich das am besten in die Praxis um?

Am einfachsten erreichen wir Dinge, indem wir

- einen Maßnahmenplan mit Etappenterminen erstellen;
- anderen von unserem Ziel erzählen;
- konkret und klar um Unterstützung bitten, wenn wir sie benötigen (Ermunterung bei Durchhängern oder echte Hilfe);
- nach Verbündeten und Kooperationspartnern suchen;
- Biss und einen langen Atem mitbringen;
- uns belohnen, wenn wir das Ziel erreicht haben. Das motiviert, weitere Ziele in Angriff zu nehmen.

Realistisch bleiben

Häufig kommen wir mit unserer Zeit nicht hin, weil wir die Dauer der einzelnen Aufgaben unterschätzen oder mögliche Störungen nicht berücksichtigen. Wichtig ist deshalb vor allem, realistisch zu planen und den Tages- beziehungsweise Wochenablauf luftig zu gestalten – und das kann man lernen.

111. Zeitaufwand unterschätzt: Alles dauert länger als erwartet. Was mache ich falsch?

Dass alles länger dauert, als wir denken, ist normal. In der Regel überschätzen wir unsere Leistungsfähigkeit enorm beziehungsweise unterschätzen den nötigen Zeitaufwand. Schnappen Sie sich deshalb hin und wieder ein Blatt Papier, einen Stift sowie eine Uhr und notieren Sie, wie lange Sie für bestimmte Aufgaben brauchen. Das hilft Ihnen, künftig den Zeitbedarf für diese Tätigkeiten realistisch einzuschätzen und Ihr Pensum entsprechend anzupassen.

Erfahrung

Sven ist Heilpraktiker. Am kommenden Samstag will er die Rechnungen für das letzte Quartal schreiben, am Sonntag will er in die Berge gehen. Er denkt: »Pro Rechnung brauche ich – dank Computer – fünf Minuten, da schaffe ich die 80 locker an einem Tag.« Er nimmt die Uhr und macht einen Test: Patientenkartei raussuchen, Behandlung und Honorarsatz in den PC eingeben, Preise für Medikamente nachschlagen. Erschrocken stellt er fest, dass er statt der gedachten 5 rund 15 Minuten pro Rechnung braucht, also insgesamt 20 Stunden.
An einem Tag ist das nicht zu schaffen! Deshalb nimmt er sich vor: Am Samstag 30 Rechnungen schreiben und kommende Woche jeden Abend 10. In Zukunft: Rechnung stellen, sobald die Behandlung abgeschlossen ist.

112. Störungen: Viel Zeit geht bei mir durch Störungen drauf. Was soll ich tun?

Störungen, Unerwartetes oder auch die eigene Tagesform machen uns immer wieder einen Strich durch die Rechnung. Jawohl: immer wieder. Wir hoffen nur jedes Mal aufs Neue, dass uns heute Störungen erspart bleiben. Aber das ist reines Wunschdenken. Deshalb ist es sinnvoll, diese Störungen von vornherein in unsere Planung mit einzukalkulieren und entsprechende Pufferzeiten einzuplanen (▸ Nummer 114).

113. Der Gas-Effekt: Warum brauche ich für einzelne Aufgaben immer so lange?

Beobachten Sie sich und andere Menschen einmal genauer. Sie werden feststellen: Arbeit dehnt sich in genau dem Maß aus, wie Zeit für ihre Erledigung zur Verfügung steht. Das ist ähnlich wie bei Gas: Je mehr Raum es hat, desto mehr dehnt es sich aus. Verkleinern Sie das Gefäß, wird auch Gas komprimiert. Und genau das machen Sie mit Ihren Aufgaben. Setzen Sie sich für jede Tätigkeit eine klare Zeitgrenze:

- 10 Minuten für diese Mail
- 30 Minuten für diese Excel-Tabelle
- 60 Minuten für einen Bericht

Stellen Sie sich zum Beispiel einen Wecker und hören Sie wirklich auf zu arbeiten, wenn die von Ihnen festgelegte Zeit um ist. Zu Beginn wird Ihnen das schwerfallen, weil Sie das Arbeiten »gegen die Uhr« nicht gewohnt sind und es Sie vermutlich zusätzlich stresst. Mit der Zeit aber gewinnen Sie an Selbstsicherheit und spüren, wie effizient Sie plötzlich Pflichten erledigen können. Ein tolles Gefühl!

Extra-Tipp: Rechnen Sie damit, bei der Arbeit an Ihrem Bericht gestört zu werden? Dann stellen Sie den Wecker gleich auf 90 Minuten ein (eine Stunde zum Bearbeiten + 50 Prozent Puffer für Störungen). Schöner Nebeneffekt: Wenn Sie bereits mehrmals gestört wurden und die anderthalb Stunden zur Neige gehen, dann werden Sie das Telefon guten Gewissens klingeln lassen und den Kollegen auf später vertrösten.

Methodenkoffer: Das Parkinsonsche Gesetz

Der britische Historiker und Publizist Cyril Northcote Parkinson hat dieses Phänomen um 1950 in seinem »Parkinsonschen Gesetz« humorvoll formuliert: Arbeit dehnt sich in genau dem Maß aus, wie Zeit für ihre Erledigung zur Verfügung steht. (»Work expands [so as] to fill the time available for its completion.«) Als Beispiel dafür, wie zutreffend diese Beobachtung ist, brauchen Sie sich nur eine Rentnerin vorzustellen, die einen Geburtstagsgruß schreiben will. Zunächst geht sie in einen gut sortierten Schreibwarenhandel und sucht dort sorgfältig – mithilfe der Verkäuferin – eine passende Karte aus. Zu Hause sitzt sie dann stundenlang am Küchentisch, um die beste Formulierung zu finden. Schließlich marschiert sie (während der Rushhour!) zum Postamt, wo sie sich alle Sondermarken zeigen lässt und den Brief aufgibt. Zeitaufwand: ein halber Tag. Subjektiver Stressfaktor: hoch. Der Kontrast ist die vielbeschäftigte, berufstätige Mutter, die auf dem Weg von der Arbeit zum Hort beim Supermarkt eine Karte mitnimmt, sie im Auto schreibt und gleich einwirft. Zeitaufwand: fünf Minuten. Subjektiver Stressfaktor: niedrig.

114. Puffer: Immer kommt was dazwischen. Wie schaffe ich es, meinen Plan trotzdem einzuhalten?

Das Problem ist, dass wir unseren Alltag in der Regel viel zu voll packen. Ein Grund: Bei unserer theoretischen Tagesplanung im stillen Kämmerlein blenden wir die Realität mit ihren Störungen, Staus, unpünktlichen Kollegen oder Kopfschmerzen oftmals aus. Auf dem Papier liest sich dann alles wunderbar. Doch am nächsten Tag torpediert der morgendliche Frühtermin mit seiner 20-minütigen Verspätung Ihre sorgfältige Planung, und Ihr Zeitplan fällt wie ein Kartenhaus in sich zusammen. Puffer helfen Ihnen, Ihren Alltag realistisch zu planen.

Sie brauchen Zeitpuffer für

- Bedürfnisse wichtiger Menschen,
- unvorhergesehene Ereignisse (Unfall, Stau),
- Hochbetrieb in Geschäften (Wartezeiten),
- Krankheit (Sie, Partner, Kinder),
- eigene Bedürfnisse (Müdigkeit),
- Störungen und Zeitfallen.

115. Die 50 : 30 : 20-Regel: Wie viel Puffer sollte ich denn einplanen?

Meine Grundregel der Zeitplanung besagt, dass Sie am besten nur 50 Prozent Ihrer Zeit mit »echten« Aktivitäten und Terminen füllen sollten. Denn in der Regel dauert alles ein wenig länger, als wir wahrhaben wollen, und Störungen, Kopfweh oder kleinere Malheurs passieren immer – auch wenn Sie das nicht wollen. Seien Sie realistisch und planen Sie Ihre Tage deshalb nach der 50 : 30 : 20-Regel:

- zirka 50 Prozent für geplante Aktivitäten (Tagesplan),
- zirka 30 Prozent für Störungen, Zeitdiebe und Unerwartetes (Puffer),
- zirka 20 Prozent für spontane oder soziale Aktivitäten oder Kreativpausen.

In der klassischen Zeitmanagement-Literatur empfehlen die Experten, 60 Prozent der Zeit mit Aktivitäten zu verplanen. Bei mir sind es nur 50 Prozent. Der Grund: Unsere Zeit ist schnelllebiger geworden, und wir müssen immer flexibler auf neue Anforderungen reagieren. Deshalb ist es wichtig, sich dafür den entsprechenden Freiraum zu schaffen.

Auch im privaten Alltag ist es sinnvoll, nur rund die Hälfte seiner Zeit mit »echten« Terminen zu blockieren. Vor allem Kinder »funktionieren« nicht, sondern trödeln, machen kurz vor Abfahrt in den Kindergarten in die Hose oder verschütten ihre Frühstücksmilch. Wer hier auf die Minute seinen »Schlachtplan« einhalten muss, der ist schnell verloren. Je kleiner die Kinder sind, desto mehr Pufferzeiten sind nötig, um Stress zu vermeiden.

116. Keine Zeit für Puffer: Meine Tage sind schon total vollgestopft. Wie soll ich da auch noch Puffer einplanen?

Es kann sein, dass Sie mit Puffern nicht mehr schaffen als vorher. Aber etwas Wichtiges ändert sich: Ihr Erfolgsgefühl. Denn plötzlich schaffen Sie, was Sie schaffen wollten. Und das gibt Auftrieb. Und wenn Sie Auftrieb haben, dann sind Sie – ja, richtig – schneller. Ihre Arbeitsgeschwindigkeit erhöht sich, weil Sie motivierter bei der Sache sind. Die Dinge liegen nicht mehr wie ein scheinbar unbezwingbarer Berg vor Ihnen, sondern sind zerteilt in kleine, überschaubare Häppchen, garniert mit »Frei«-Zeiten.

117. Puffer schützen: Wie schütze ich meine Puffer vor mir selbst, damit ich bei meiner Planung nicht insgeheim doch mit ihnen rechne?

Probieren Sie drei Wochen lang, Ihre Puffer nicht anzutasten. Sie werden erleben, wie entspannt Sie plötzlich arbeiten. Spätestens dann werden Sie sie nicht mehr missen wollen. Warum drei Wochen? Wir brauchen drei bis sechs Wochen, bis wir Gewohnheiten ändern.

118. Pufferplanung: Wie baue ich bei meinen Aufgaben am besten Puffer ein?

Sie haben zwei Möglichkeiten:

1. Zeitbedarf verdoppeln: Halten Sie für eine Tätigkeit, die Sie unter optimalen Bedingungen (ausgeschlafen, keine Störungen, Technik funktioniert) innerhalb von 30 Minuten erledigen, in Ihrem Terminkalender 60 Minuten frei. Weil nämlich an einem normalen Arbeitstag garantiert das Telefon zehnmal klingelt oder der Drucker schlappmacht.

2. Abgabetermin vorverlegen: Puffer einplanen bedeutet auch, dass Sie zum Beispiel Abgabetermine für sich auf einen früheren Zeitpunkt legen. Sie sollen einen Projektbericht am 10. Oktober fertig haben? Dann blocken Sie in Ihrem Timer spätestens den 8. komplett für diese Arbeit. Sollte am 8. etwas schief laufen, dann haben Sie noch einen Tag Puffer, um alles rechtzeitig zu schaffen.

Extra-Tipp: Machen Sie Puffer zum Normalzustand in Ihrem Leben. Natürlich wird es immer wieder Projekte geben, bei denen das nicht klappt. Aber Sie bringen damit erheblich mehr ruhige Momente in Ihr Leben.

119. Früher fertig: Soll ich eine Arbeit, mit der ich früher fertig geworden bin, auch früher abgeben?

Auch wenn Sie früher fertig sind – geben Sie Ihre Arbeit nicht früher ab! Sie werden sonst sofort mit neuen Aufgaben zugeschüttet, die Ihre weniger organisierten Kollegen »nicht schaffen«. Damit bestrafen Sie sich selbst für Ihre Schnelligkeit. Sind Sie selbstständig, dann überlegen Sie sich, wie die frühere Abgabe auf Ihren Auftraggeber wirkt: Freut er sich, weil er selbst unter Zeitdruck steht? Dann können Sie im Sinne eines cleveren Selbstmarketings wertvolle Pluspunkte sammeln, wenn Sie betonen, dass Sie extra für ihn den Turbo eingelegt haben. War es ein »normaler« Auftrag? Dann könnte ein früheres Liefern signalisieren, dass Sie nicht ausgelastet sind, und spätere Honorarverhandlungen unter Umständen torpedieren. Wägen Sie ab, was für Ihre Karriere strategisch am besten ist.

120. Nicht benötigte Puffer: Was mache ich mit dem Puffer, wenn ich pünktlich fertig werde?

Schaffen Sie Ihre Arbeiten und Termine, ohne den Puffer in Anspruch nehmen zu müssen, dann belohnen Sie sich – und packen Sie die nächste Aufgabe Ihrer To-do-Liste an. So können Sie zum Beispiel die längst überfällige Ablage machen, Ihre Reisekostenabrechnungen, die Zeit für Networking nutzen… Mit Sicherheit fallen Ihnen genügend Dinge ein, die für Ihre Karriere wichtig sind und bislang immer von Dringendem verdrängt wurde. Wenn Sie selbstständig sind, nehmen Sie schon den nächsten Auftrag in Angriff oder widmen sich in Ruhe der Akquise.

121. Puffer bei Zuarbeitern: Ich komme meist ins Schleudern, weil meine Zuarbeiter nicht pünktlich abgeben. Wie kann ich das ändern?

Planen Sie Puffer auch, wenn Sie auf »Zulieferungen« von anderen warten. Dabei gilt: Je weniger Sie den Zulieferer kennen oder je unzuverlässiger der andere ist, desto mehr Vorlauf gönnen Sie sich. Besonders im Umgang mit freien Mitarbeitern hat sich dieses Vorgehen inzwischen bei vielen Firmen eingebürgert.

Beachten Sie bei Ihrer Pufferplanung folgende Regeln:

1. Gewöhnen Sie sich an, großzügig zu planen.
2. Kommunizieren Sie Ihren Puffer nicht nach außen. Viele Menschen denken sich nämlich: »Wenn der das sowieso erst in drei Wochen braucht, dann muss ich mich ja nicht hetzen.«
3. Ahnden Sie Verspätungen mit Kritik. Nehmen Sie Verspätungen nicht kommentarlos hin.
4. Geben Sie bei Lieferung sofort ein kurzes Feedback. Denn nichts ist für »Zulieferer« ärgerlicher, als einen Monat lang nichts vom Auftraggeber zu hören und dann plötzlich mit umfangreichen Änderungswünschen konfrontiert zu werden. Das demotiviert.

Die gängigsten Hilfsmittel

Eine breite Palette an Planungshelfern will uns dabei unterstützen, den Alltag besser zu organisieren. Für jeden Geschmack und Einsatzbereich gibt es dabei Lösungen.

122. Vom Termin zum Ziel: Mit welchen Hilfsmitteln kann ich am besten planen?

Im Prinzip spielt es keine Rolle, ob Sie auf Papier oder elektronisch arbeiten. Wenn Sie Ihren Planungshelfer nur dazu nutzen, Termine einzutragen, hilft das zwar, den Überblick zu behalten, doch von echtem Zeitmanagement kann da nicht die Rede sein.

Eine Studie des Fraunhofer-Instituts hat gezeigt, dass viele Führungskräfte mithilfe mobiler Endgeräte wie Smartphone und PDA an Schnelligkeit und Flexibilität gewinnen wollen. Doch die Hoffnung, es genüge, eine neue Technik einzuführen, und schon laufe alles wie am Schnürchen, erweist sich als Trugschluss. Solange Sie weiterhin zeit- statt aufgabenorientiert arbeiten und solange Ihre Arbeitsabläufe die gewohnten bleiben, solange entfaltet selbst Hightech keine Wirkung.

Termin versus Ziel

Wenn Sie aufschreiben »10:30 Uhr Frau Müller«, dann ist das ein Termin. Ihr Ziel ist aber doch nicht dieser Termin an sich, sondern das, was Sie dabei erreichen wollen! Das Ziel lautet vielleicht: »Neue Preise bei Kundin Müller durchsetzen« oder »Interne Weiterbildung von Chefin genehmigt bekommen«.

Sie können konkrete Auswirkungen auf Ihren persönlichen Erfolg nur dann erwarten, wenn Sie statt in Minuten und Terminen in Aufgaben, Zielen und Erfolgen denken.
Der Wert von Selbstmanagement liegt darin, zu wissen, was Sie – für sich und Ihre Lieben – wollen, und diese Ziele täglich in kleinen Schritten in Ihrem Terminkalender sichtbar zu machen. Konzentrieren Sie sich auf das Wesentliche, machen Sie sich Ihre Ziele bewusst. Dann erreichen Sie sie auch. Der Termin, selbst die Uhrzeit, ist ein Faktum, an das Sie sich lediglich erinnern müssen. Dafür genügt streng genommen ein Küchenwecker.

123. Zeitplanbuch: Welches Zeitplanbuch ist für mich am geeignetsten?

Zeitplanbücher gibt es in allen Größen und mit einer Vielfalt von »Innenleben«. Wählen Sie am besten ein Zeitplanbuch im Format DIN A6 (Westentaschenformat) oder DIN A5. Das kleine Format zwingt Sie zur Konzentration auf das Wesentliche. Ein größeres Format lässt Ihnen zwar mehr

Platz, passt aber in keine Handtasche. Und dann haben Sie es bei privaten Unternehmungen selten dabei.
Wichtig ist vor allem das für Sie passende Kalendarium: Je nach Anzahl Ihrer täglichen Termine können Sie zwischen der Einteilung »ein Tag pro Blatt« bis hin zu »eine Woche pro Blatt« wählen. Zum Kalendarium, das sich systematisch verbraucht und (jährlich) neu bestückt wird, gehören oftmals auch Tagespläne mit Zeitleiste, Jahreskalender, Monats-Vorplanungen, Aufgabenblätter und Projektplaner. Darüber hinaus können Sie Ihren Planer mit Themen-Blättern wie »Gesprächsnotizen«, »Aufgaben«, »Wichtig«, »Notizen«, »Geburtstage«, »Infothek«, »Finanzen«, »Adressen« etc. ergänzen. Praktisch alle Anbieter haben eine Vielzahl von Formularen in ihrem Sortiment, die jedoch oft überflüssig sind, und Ihnen – bei Nichtnutzung – nur das Leben erschweren. Zum einen, weil Sie unnötig Gewicht mit sich herumtragen, und zum anderen, weil Sie das schlechte Gewissen drückt. Verwenden Sie lieber einfache karierte Blätter ohne Vorgaben und fertigen Sie Ihre Rubriken je nach Bedarf selbst.
Seien Sie auch wählerisch bei den diversen Informationsblättern (Portotabelle, internationale Kleidergrößen, Vorwahlnummern für das Ausland, Messetermine etc.): Was davon brauchen Sie wirklich? Vieles klingt interessant, befriedigt aber nur eines – unseren Sammeltrieb. Misten Sie konsequent aus und nehmen Sie nur das mit, was Sie unterwegs auch tatsächlich häufig benötigen.
Ein Zeitplanbuch darf so individuell sein wie Ihre persönlichen Anforderungen und Aufgaben. Das gilt nicht nur für die eigentlichen Planungseinlagen, sondern ebenso für das Design und die funktionellen Details. Ein Zeitplanbuch dient zwar oft auch Repräsentationszwecken; Ihr persönlicher Nutzen sollte aber dennoch klar im Vordergrund stehen. Wichtig für Ihr Zeitplanbuch ist, dass Sie es gern in die Hand nehmen – sonst werden Sie es garantiert nicht lange nutzen! Es muss also gut aussehen und sich gut anfühlen. Das Patentrezept für Zeitplanbücher: Einfach ist am besten.

Ausprobieren lautet die Devise

Gehen Sie in einen gut sortierten Schreibwarenladen und nehmen Sie verschiedene Modelle mit verschiedenen Ausstattungen in die Hand. Oder lassen Sie sich direkt von den Anbietern ein Exemplar zur kostenlosen Ansicht schicken. Ob ein Zeitplanbuch Sie bei der Alltagsplanung tatsächlich unterstützt, merken Sie allerdings erst im täglichen Gebrauch. Und machen Sie sich keinen Stress, wenn Sie bestimmte Vorlagen dann doch nicht nutzen.

124. Computerprogramme: Welche Möglichkeiten gibt es, am PC zu planen?

Immer mehr Hersteller bieten mittlerweile Programme an, mit denen Sie Ihre Termine, Aufgaben und Ziele am PC, unterwegs mit dem Notebook oder im Netzwerk verwalten können. Am bekanntesten sind das in den Office-Paketen integrierte Outlook oder zusätzliche Programme wie der Lotus Organizer.

Viele der Kaufprodukte sind einem »echten« Zeitplanbuch nachempfunden und verfügen über eine intuitiv bedienbare Benutzeroberfläche. Für den Einsatz in Unternehmen, in denen mehrere Menschen ihre Termine koordinieren und synchronisieren müssen, gibt es entsprechende Profi-Software – aber auch kostengünstige Alternativen in Form von Freeware, die nicht zwangsläufig schlechter sind.

Die meisten Softwareprogramme sind sehr komplex aufgebaut. Das heißt, Sie werden viele Funktionen erst nutzen können, wenn Sie sich umfassend eingearbeitet haben. Holen Sie sich dazu Unterstützung von Kollegen, in einem Seminar oder durch ausführliche Literatur. Nur dann können Sie die Technik wirklich zeitsparend nutzen.

Rechnen Sie in jedem Fall mit einer längeren Eingewöhnungszeit als bei einem Papiersystem – und berücksichtigen Sie diesen Punkt auch bei Ihrer Entscheidung: Lohnt sich der Aufwand wirklich?

125. Planungssoftware in der Praxis: Ab wann lohnt es sich, Termine und Aufgaben am Computer zu planen?

Wenn Sie viel am Schreibtisch sitzen und wenig außer Haus sind, dann kann ein PC-Programm für Sie sinnvoll sein. Allerdings können Sie auf Ihre Einträge nicht zugreifen, wenn Sie unterwegs sind oder nach Büroschluss (auch private) Termine notieren wollen. Wer es elektronisch liebt, sollte sich zusätzlich ein mobiles Hilfsmittel (▸ Nummer 127) zulegen, das leicht mit dem PC zu synchronisieren ist.

Extra-Tipp: Viele Menschen planen ihre Termine und Aufgaben gern am Computer, wollen aber keine Planungssoftware verwenden. In diesem Fall können Sie einfach ein Blatt in Excel oder Word entwerfen und damit Ihre To-dos verwalten. Es gilt die Devise: Erlaubt ist, was gefällt und was Ihren Alltag erleichtert.

126. Planungssoftware im Privatleben: Mein Mann hat mich überredet, unseren privaten Alltag mit dem gleichen Programm zu organisieren, das er auch im Büro verwendet. Jetzt muss ich immer, wenn sich etwas verschiebt, den Rechner hochfahren und den Plan ändern. Wie kann ich das beschleunigen?

Vergessen Sie in diesem Fall den PC. Das ist viel zu aufwendig und unhandlich, wenn Sie nicht ohnehin den ganzen Tag davor sitzen. Greifen Sie lieber zu einer Kladde, die zentral in Ihrem Wohnbereich liegt, oder einem Wandkalender. Und gleichen Sie regelmäßig die Termine miteinander ab.

127. Organizer und PDA: Wie sinnvoll sind Palm und Co.?

Seit einigen Jahren erobern kleine elektronische Helfer die Herzen der Menschen und helfen mehr oder weniger gut beim Zeit- und Aufgabenmanagement. Die sogenannten Organizer oder PDAs (Personal Digital Assistants) sind jedoch keineswegs verkleinerte PCs, sondern eigenständige Geräte. Da sie

auf einer (eher großen) Hand Platz haben, werden sie auch »Handhelds« genannt. Sie haben eine kleine Tastatur oder einen Touchscreen, mit dessen Hilfe man auch handschriftliche Notizen eingeben kann. Und auch normale Handys mutieren immer mehr zum allumfassenden Smartphone, bei dem das Telefonieren nur mehr eine Nebenrolle spielt.
Doch die Stärken dieser Produkte (kein Papier, flexibel) beschränken sich oft auf die Terminverwaltung und Adressdatenbank. Mittlerweile zeigt sich sogar, dass die PDAs methodisch viel weniger bringen, als man erwartet hat. Viele sind zu Spielgeräten verkommen und lösen nur Probleme, die man vorher gar nicht hatte.

Erfahrung

Vor einigen Monaten habe ich mir einen PDA gegönnt und bin begeistert. Ständig entdecke ich neue Funktionen, die mir das Leben leichter machen. So muss ich zum Beispiel anderen Handheld-Nutzern nicht mehr meine Kontaktdaten diktieren, sondern kann sie ihnen ganz leicht über die Infrarot-Schnittstelle als elektronische Visitenkarte schicken. Gut allerdings, dass ich das zunächst mit einem Freund ausprobiert habe. Denn was ich nicht wusste: Dabei schickt das System automatisch die mit dem Eintrag verbundenen Notizen mit. Und ich hatte unter meinem Namen meine PINs, meine Kreditkartennummer, die Körbchengröße meiner Frau und andere intime Details gespeichert.

Richard aus Neuss

128. Blackberry: Sind Blackberrys wirklich so praktisch, wie immer behauptet wird?

Immer mehr Menschen nutzen mittlerweile einen PDA mit E-Mail-Funktion. Am bekanntesten ist wohl der Blackberry, ein kleines Gerät, das unterwegs jederzeit die E-Mails vom stationären Rechner empfängt und bei dem der Nutzer über eine kleine Tastatur sofort antworten kann. Das ist sicher praktisch, doch Vorsicht: Viele Blackberry-Besitzer geben an, fast manisch ihren Mail-Account auf neue Nachrichten zu überprüfen – am Flughafen, im ICE, in Hotels oder am Wochenende zu Hause. Damit bleiben sie zwar »am Ball«, doch wächst auch die Angst, etwas zu verpassen – und damit steigt der Stresspegel. Überlegen Sie also sehr genau, ob Sie auch per E-Mail wirklich ständig erreichbar sein müssen. Übrigens: Dieser Stress hat sogar einen Namen – die Blackberry-Krankheit.

129. Papier versus Elektronik: Soll ich lieber auf Papier planen, elektronisch oder mit einer Kombination aus beiden?

Das kommt darauf an, ob Sie der Technik eher aufgeschlossen gegenüberstehen oder ob Sie lieber dem »guten alten Papier« vertrauen. So mag ein PDA für einen Rechtshirner (▸ Nummer 30) eher ungeeignet sein, weil er dort nicht mit Skizzen und Farben arbeiten kann. Andererseits ist er hier in der Planung flexibler, weil er seine Einträge nicht ausradieren muss. Allerdings hat Papier wiederum den Vorteil der Handschrift: Schreiben statt Tippen aktiviert Ihr Gehirn wesentlich stärker, da beide Hälften angesprochen werden. Hinzu kommt, dass besonders für Menschen, die gerne ihre Umwelt »fühlen«, alle Utensilien aus Papier angenehmer und damit besser sind als die abstrakten Computer-Helfer.
Probieren Sie einfach aus, was bei Ihnen gut funktioniert. Natürlich können Sie die Systeme auch mischen. Wählen Sie ein Hauptsystem, das Sie durch ein Zweitsystem in bestimmten Bereichen, zum Beispiel der Adressverwaltung, ergänzen.

130. Tischkalender: Reicht ein simpler Tischkalender für mein Zeitmanagement?

Arbeiten Sie viel am Schreibtisch und sind nur selten unterwegs, dann ist der Tischkalender eine gute Lösung, um Ihre Termine jederzeit im Blick zu haben. Allerdings ist bei diesen

Kalendern in der Regel eine ganze Woche auf einer Seite untergebracht, sodass es mit dem Platz leicht knapp werden kann. Ein Vorteil ist sicherlich, dass viele Firmen Tischkalender zum Jahreswechsel verschenken und Sie dieses Instrument damit nichts kostet – was sich jedoch auch als Nachteil erweisen kann. Denn in den Augen vieler Menschen ist das, was nichts kostet, auch nichts wert. Sie werden es also unter Umständen nicht besonders gern und häufig nutzen oder es sogar mit (ebenfalls wertlosen) Terminen vollstopfen.

Fazit: Zur Terminverwaltung ist ein Tischkalender sicherlich gut geeignet, zur Aufgabenverwaltung weniger, da es schnell unübersichtlich wird, wenn Sie einzelne Aufgaben und Deadlines ausradieren oder übertragen.

131. Kladde: Wie sinnvoll sind Ringbücher, Kladden und Cahiers?

Besonders um Aufgaben zu planen, ist ein Ringbuch oder eine Kladde perfekt. Sie haben hier alles schön beieinander, die Aufgaben gehen nicht verloren (wie bei Post-its & Co.), und Sie müssen sie auch nicht von einem Kalenderblatt auf das nächste übertragen. Streichen Sie einfach die erledigten Aufgaben sauber durch und heben Sie besonders wichtige Aufgaben mit bunten Farben hervor. Dann geht auch nichts unter, wenn sich Ihre unerledigten To-dos über mehrere Seiten verstreuen. Vorteil der Bücher: Noch Monate später sehen Sie, was Sie wann gemacht haben, und können sich stolz gratulieren, was Sie alles an Aufgaben erledigt haben.

132. Flexible Jahresübersichten: Wir verwenden im Büro eine Jahresübersicht als Poster. Allerdings sind die Felder vom ständigen Reinschreiben und Ausradieren schnell total verschmiert.

Wandplaner als Jahresposter sind in Büros gang und gäbe – vor allem weil sie oftmals als kostenloses Werbegeschenk von Lieferanten und Geschäftspartnern frei Haus kommen. Beschriften Sie die Wandposter mit trocken abwischbaren

Stiften. Das funktioniert, wenn die Poster hochglänzend sind. Ansonsten gönnen Sie sich einen Jahresplaner auf einer weißen, magnethaftenden und beschreibbaren Wandtafel. Variabel und lange einsetzbar werden die Planer mit magnetischen Namens- und Monatsschildern. Eine superflexible Variante sind die Steckplaner, bei denen Sie einfach Steckkarten beschriften und zu den jeweiligen Daten hängen.

133. Planer Marke Eigenbau: Kann ich meine Planungshilfen nicht auch selbst herstellen?

Besonders als kreativer Rechtshirner (▸ Nummer 30) haben Sie viel Freude daran, sich Ihre Instrumente selbst zu »basteln«. Gönnen Sie sich den Spaß. Das hat neben der geringen Investition noch einen weiteren Vorteil: Als Rechtshirner lieben Sie Abwechslung. Und Ihren selbst gemachten Planer können Sie mit minimalem Aufwand umgestalten und sich so den Spaß erhalten, damit zu arbeiten. Sie können auch Vordrucke für To-do-Listen und Aktionspläne selbst erstellen oder vorhandene Tools gemäß Ihren Vorstellungen abändern.
Extra-Tipp: Für eine To-do-Liste reicht oft schon ein einfaches weißes Blatt Papier – oder ein buntes, das finden Sie auf dem Schreibtisch schneller. Darauf können Sie abends Ihre Aufgaben notieren. Sind sie am nächsten Tag erledigt, können Sie das Papier mit Befriedigung zusammenknüllen und wegwerfen.

134. Post-its: Ich liebe Post-its und notiere darauf sowohl Termine als auch wichtige Aufgaben. Brauche ich da wirklich einen Planer?

Post-its haben einen großen Vorteil: Es gibt sie in allen Farben und mittlerweile auch in allen möglichen Formen. Damit bringen sie Abwechslung in den Alltag. Und das motiviert – vor allem Rechtshirner (▸ Nummer 30).
Wenn Sie Post-its gezielt einsetzen und dabei noch den Überblick behalten – wunderbar. Wenn Sie aber merken, dass Ihr Bildschirm vor lauter »Nicht-vergessen«-Zettelchen kaum

noch zu sehen ist, und viele »wichtige Aufgaben« langsam von der Wand fallen, weil der Kleber auf der Rückseite eingetrocknet ist, dann sollten Sie sich zumindest eine Zeit lang von den bunten Zettelchen verabschieden und lieber mit einer Kladde oder einer To-do-Liste arbeiten.

Übrigens: Sie können auch in Ihrem Zeitplanbuch wunderbar mit Post-its arbeiten, indem Sie einzelne wichtige Termine auf diese Weise deutlich machen.

135. Zeitungsränder und Schmierpapier: Ich bin ein Restpapier-Verwerter und notiere meine Aufgaben auf alles, was mir in die Finger fällt. Darf ich das?

Sie dürfen alles, was Ihnen den Alltag erleichtert. Wenn Sie Ihre Papierschnipsel dann auch immer parat haben und die dort notierten Aufgaben tatsächlich erledigen – warum nicht? Machen Sie sich hin und wieder jedoch die Freude, einen wertvollen Planungshelfer zu benutzen. Je teurer ein Werkzeug ist, desto weniger werden Sie es mit unwichtigen Aufgaben und Terminen vollstopfen.

136. Abwechslung: Ich habe schon ein ganzes Sammelsurium an Helfern angehäuft. Warum schaffe ich es nicht, bei einem Instrument zu bleiben?

Sie sind wahrscheinlich ein Rechtshirner (▸ Nummer 30), und die brauchen Abwechslung. Vielleicht haben Sie sechs Wochen mit einem Instrument gearbeitet – aber dann begonnen sich zu langweilen. Kein Wunder, denn so lange brauchen wir, bis wir Gewohnheiten schaffen. Und Gewohnheiten mögen Sie ja nicht. Gönnen Sie sich deshalb bewusst ein neues Planungswerkzeug, wenn das aktuelle fade wird, oder ändern Sie es leicht ab, sodass es wieder an Reiz gewinnt. Experimentieren Sie mit unterschiedlichen Farben für einzelne Termine, probieren Sie die Technik des Mind-Mappings aus (▸ Seite 118f.) und entwerfen Sie neue Vorlagen für Ihre To-do-Liste, die Sie auf jeweils andersfarbigem Papier ausdrucken. Nutzen Sie Ihre kreative Stärke, anstatt sie zu bekämpfen!

137. Mehrere Planer: Ich plane meine beruflichen Termine am PC und benutze darüber hinaus für meine privaten Termine ein kleines Zeitplanbuch, das ich immer dabeihabe. Ist das sinnvoll?

Planen Sie Ihren Alltag jeweils mit den Hilfsmitteln, die schnell zur Hand sind. Insofern können zwei verschiedene Planungsinstrumente – eines fürs Büro und eines für zu Hause – sehr wohl sinnvoll sein. Vor mehr sollten Sie sich allerdings hüten. Denn sonst verbringen Sie mehr Zeit damit, Daten zu übertragen, als Sie effektiv sparen.

138. Abstimmung: Wie kann ich meine Termine mit dem Terminplaner meines Partners abstimmen?

Ganz einfach wäre es, wenn Sie auf Knopfdruck Ihre verschiedenen Planer in einen gemeinsamen Kalender überspielen könnten. Doch das geht nicht – sofern Sie nicht mit kompatiblen PDAs beziehungsweise Organizern oder der gleichen Planungssoftware am PC arbeiten.

Greifen Sie in diesem Fall auf die älteste Technik des Miteinanders zurück: Reden Sie. Nehmen Sie sich abends und an den Wochenenden einige Minuten Zeit und besprechen Sie die anstehenden Termine. Notieren Sie wichtige Daten des anderen in Ihrem eigenen Kalender. So sind Sie immer auf dem Laufenden und wissen, wann Ihr Partner abends länger unterwegs ist.

Erfahrung

Wir sprechen abends immer kurz über den nächsten Tag – über Abholzeiten für die Kinder und wer abends bei ihnen zu Hause ist. Für längerfristige Planungen rufen wir uns sofort kurz im Büro an und tragen dann die Termine gleich in beide Kalender ein. Seither heißt es nicht mehr: »Von diesem Termin hast du mir aber nichts gesagt!«

Jürgen aus Salzgitter

Mind-Maps verschaffen Überblick

Viele Menschen planen ihre Aufgaben mithilfe einer Liste. Schnell haben sie dann eine ganze Seite vollgeschrieben – und verlieren komplett den Überblick. Erleichtern Sie sich das Notieren Ihrer Aufgaben, indem Sie kreativ, spielerisch und doch strukturiert eine Mind-Map zeichnen.

Eine Mind-Map (= Gehirnkarte) wächst mit Ihren Ideen und ist flexibel. Sie ist bildhaft und deshalb besonders für rechtshirnige Menschen (▸ Nummer 30) eine große Hilfe, um Klarheit in das Wirrwarr im Gehirn zu bekommen. Sie können ihre Gedanken spontan und unsortiert aus dem Kopf direkt auf das Papier schreiben. Eine übersichtliche Ordnung entsteht automatisch. Dadurch aktivieren Sie sowohl Ihre linke als auch Ihre rechte Gehirnhälfte und nutzen Ihr gesamtes geistiges Potenzial optimal aus.

Und so funktioniert es: Schreiben Sie Ihr Thema in die Mitte eines leeren Blattes. Sammeln Sie nun Begriffe und Schlüsselworte, die damit zu tun haben, und verbinden Sie Thema und Begriffe mit Sonnenstrahlen oder Ästen. Von diesen Schlüsselwörtern können weitere Äste zu wichtigen Unterpunkten führen, die sich vielleicht abermals verzweigen. Gehen Sie dabei spontan und assoziativ vor, nutzen Sie verschiedene Farben und Symbole oder Bilder, um Ihre Mind-Map ansprechend und noch übersichtlicher zu machen.

Eine Mind-Map ist extrem vielseitig. Sie können sie verwenden als

- Kreativitätsmethode (▸ Nummer 53),
- Zeitprotokoll (▸ Nummer 19),
- To-do-Liste (▸ Nummer 92),
- Checkliste (▸ Nummer 149),
- Tagesordnung (▸ Nummer 208),
- Einkaufsliste ...

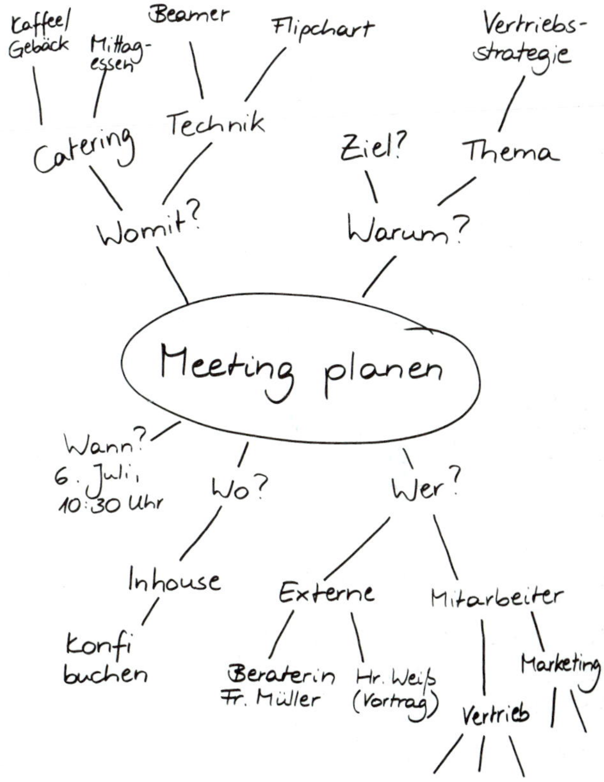
Kaffee/
Gebäck
Mittag-
essen
Beamer
Flipchart
Vertriebs-
strategie
Catering
Technik
Ziel?
Thema
Womit?
Warum?
Meeting planen
Wann?
6. Juli,
10:30 Uhr
Wo?
Wer?
Inhouse
Externe
Mitarbeiter
Konfi
buchen
Beraterin
Fr. Müller
Hr. Weiß
(Vortrag)
Vertrieb
Marketing

Vorausdenken und Tun

Oftmals vergeuden wir wertvolle Zeit, weil wir entweder zu lange oder zu kurz überlegen, wie wir bei bestimmten Aufgaben vorgehen wollen. Mit ein paar hilfreichen Methoden und Tricks reduzieren Sie diese Unsicherheit – und gewinnen Zeit fürs Tun.

139. Direkt-Prinzip: Muss ich alle Aufgaben auf meine To-do-Liste schreiben?

Nein – es gibt eine Ausnahme: Alle Aufgaben, die Sie innerhalb von vier Minuten erledigen können, erledigen Sie gleich – unabhängig von ihrer Dringlichkeit. Das hat einen großen psychologischen Vorteil: Sie halten sich den Rücken frei für die wirklich wichtigen Aufgaben, weil Sie nicht permanent das Gefühl haben, da wartet noch ein Berg unerledigter Dinge auf Sie.

Weitere Vorteile des Direkt-Prinzips:

- Sie bekämpfen Aufschieberitis, weil Sie Aufgaben automatisch dann erledigen, wenn sie anfallen – unabhängig von (Un-)Lust.
- Sie arbeiten deutlich effektiver, weil Sie Aufgaben nur einmal angehen.
- Sie verlängern Ihre To-do-Liste nicht unnötig.
- Sie nehmen Schriftstücke nur einmal in die Hand und entscheiden sofort: aktiv werden, ablegen, Abfall.

Setzten Sie sich aber unbedingt ein Zeitfenster. Denn sonst kann es Ihnen passieren, dass Sie eine Vier-Minuten-Aufgabe nach der anderen abarbeiten, weil sie sich quasi die Klinke in die Hand geben. Legen Sie für sich fest, dass Sie zum Beispiel maximal 15 Minuten am Stück solche Mini-Jobs erledigen, und kehren Sie dann zurück zur Hauptaufgabe.

Extra-Tipp: Zum Direkt-Prinzip zählt auch, dass Sie bei einfachen Anfragen sofort entscheiden (»Kommst du am Freitag mit ins Kino?«) und Tätigkeiten, die Sie nicht selbst machen wollen oder können, sofort delegieren.

140. Die 30-Sekunden-Regel: Lässt sich das Prinzip auch auf andere Bereiche übertragen?

Vor allem für den privaten Alltag habe ich die 30-Sekunden-Regel entwickelt. Sie besagt, dass wir jeden Handgriff, der kürzer als 30 Sekunden dauert, sofort ausführen – also weder auf eine To-do-Liste schreiben noch terminieren. Hier handelt es sich nicht um echte Aufgaben, sondern wirklich nur um ganz kleine Handgriffe. Wenn wir sie sofort erledigen, sorgen wir dafür, ein aufgeräumtes Büro oder Zuhause zu haben. Beispiele: Flaschenöffner nach Gebrauch in die Schublade räumen; Schranktüren gleich wieder zumachen; Jacken beim Betreten der Wohnung nicht auf den Fußboden, sondern an den Haken hängen; Locher nach Gebrauch wieder an seinen Platz tun. Machen Sie diese Handgriffe, wenn sie »akut« anstehen. Oder kreieren Sie auf dieser Basis Ihre eigenen Regeln.

Erfahrung

Oft denke ich an Ihre »30-Sekunden-Taktik«, und dann arbeite ich 30 Minuten lang wie wild im Haus herum, damit ich all das erledige, was ich in 30 Sekunden schaffe! Das war nicht ganz der Sinn der Sache, aber es funktioniert.

Myriam aus Italien

141. Der Zeigarnik-Effekt: Was mache ich mit Aufgaben, die sicher länger als vier Minuten dauern und die ich schon eine Weile vor mir herschiebe?

Unerledigte Aufgaben, die Sie immer wieder vertagen, statt sie anzupacken, verursachen ein schales Gefühl. Das färbt auf Ihre gesamte Arbeit ab. Es bindet Energie und macht unzufrieden. Die Psychologin Bluma Zeigarnik hat herausgefunden, dass wir uns an unerledigte Dinge wesentlich besser erinnern als an erledigte. Immer wieder setzen wir uns in Gedanken damit auseinander und investieren Energie, die uns dann für andere Aufgaben fehlt.

Stellen Sie sich Ihr Gehirn als große Kommode vor – mit vielen Schubladen, in denen jeweils eine Aufgabe steckt. Die Schublade jeder unerledigten Aufgabe steht offen, sodass Sie sich ständig daran stoßen. Je mehr Schubladen offen sind, desto schwieriger wird der Gedanken-Parcours, weil Sie sich mühsam an den Hindernissen vorbeischlängeln müssen. Da hilft nur eines: TUN. Notieren Sie jetzt sofort alle unerledigten Aufgaben, die Ihnen im Kopf herumschwirren, und setzen Sie sich einen Termin, um sie abzuarbeiten. Reservieren Sie jeden Tag Zeit für solche »Offene-Schubladen-Aufgaben«, zum Beispiel gleich morgens. Das bringt Sie in Schwung, und Sie erledigen die restlichen Aufgaben des Tages umso motivierter (siehe auch ▸ Aufschieberitis, Nummer 242 ff.).

142. Blöcke bilden: Manchmal habe ich das Gefühl, dass ich trotz bester Planung viel Zeit mit Wegen und Hin- und Herräumen vertue. Gibt es ein Mittel dagegen?

Sie steigern Ihre persönliche Produktivität um bis zu 50 Prozent, wenn Sie gleiche Aufgaben auf Ihrer To-do-Liste in Blöcke zusammenfassen (einkaufen, anrufen, ablegen, aufräumen) und am Stück abarbeiten. Der Vorteil von Blöcken:

- Sie sparen Wegezeiten, wenn Sie Erledigungen (Post, Bank, Reinigung) miteinander verbinden oder im Büro Boten- und Besorgungsgänge auf einen Schwung machen.
- Sie haben alle benötigten Utensilien bereitliegen und sind auf die Aufgabe eingestimmt (sind zum Beispiel in Telefonier-Laune).
- Sie können den Block auf einen sinnvollen und Ihnen passenden Zeitpunkt legen (einkaufen, wenn die Geschäfte leer sind; telefonieren, wenn alle Ärzte, Behörden etc. Sprechzeiten haben).
- Sie können besser dafür sorgen, dass Sie ungestört bleiben (▸ Nummer 155).
- Sie holen das »Werkzeug« (Ordner, Verzeichnisse) nur einmal her beziehungsweise räumen es weg.

143. Arbeiten verzahnen: Was kann ich noch tun, um meine Aufgaben möglichst zeitsparend zu erledigen?

»Verzahnen« Sie Arbeiten und Erledigungen praktisch und agieren Sie vorausschauend: Wenn Sie sich in der Teeküche einen Kaffee holen, können Sie bei der Gelegenheit auch gleich Wasser für die Grünpflanzen im Büro mitbringen. Wenn Sie Ihr Kind in die Schule fahren, können Sie auf dem Rückweg den Anzug aus der Reinigung holen – vorausgesetzt, Sie haben daran gedacht, den Abholschein und Ihren Geldbeutel mitzunehmen.

144. Multitasking: Ist Multitasking nicht auch eine Art von »verzahnen«?

Aufgaben zu verzahnen oder in Blöcke zusammenzufassen hat nichts mit Multitasking zu tun, also damit, möglichst viele Aufgaben gleichzeitig zu erledigen. Wer viel zu tun hat, tendiert dazu, mehrere (anspruchsvolle) Dinge parallel zu machen: Beim Autofahren führen wir per Handy wichtige Kundengespräche, während des Mittagessens lesen wir Zeitung, und selbst unsere Kinder sind bereits total auf »Gleichzeitigkeit« eingestellt und gehen – mit dem iPod-Knopf im Ohr – zur S-Bahn, während sie noch schnell eine SMS tippen.

Leben im Hier und Jetzt

Machen Sie das, was Sie gerade tun, ganz bewusst. Jede Minute, die Sie nicht wahrnehmen, ist vergeudete Lebenszeit.

Solange Sie Aufgaben, die wenig Konzentration erfordern, kombinieren, sich effektiv und gut dabei fühlen und keine Flüchtigkeitsfehler machen, bleiben Sie beim Parallel-Arbeiten. Besonders zum Chaos neigende Menschen lieben zweigleisiges Arbeiten, und das können sie bei einfachen Tätigkeiten wunderbar ausleben.

Wenn jedoch beide Tätigkeiten Ihre gesamte Konzentration erfordern, machen Sie keine der Arbeiten wirklich gut, benötigen deutlich mehr Zeit und erhöhen das Stressgefühl. Selbst das beliebte »Ich checke schnell die E-Mails, während ich telefoniere«, ist ein Zeiträuber erster Klasse: Sie hören dem Anrufer nicht aufmerksam zu und müssen nachfragen – wieder sind wertvolle Minuten dahin. Ganz zu schweigen davon, dass der andere sehr wohl merkt, dass Sie nicht präsent sind. Die Botschaft, die durch die Leitung kommt, heißt: Du bist mir momentan nicht wichtig. Und diese Zurückweisung kann ungeahnte Folgen haben.

Dann sind Sie nämlich die kommenden Tage und Wochen damit beschäftigt, dieses Missverständnis aus der Welt zu räumen (»Doch, du bist mir wichtig! Doch, ich höre dir immer zu …«). In der Regel re-investieren wir die durch Multitasking scheinbar gewonnene Zeit doppelt und dreifach,

- weil wir unkonzentriert mehr Fehler machen, die wir ausbügeln müssen;
- weil wir Dinge nicht mehr finden, die wir schnell irgendwo hingelegt haben;
- weil wir durch die ständige Hetze wesentlich mehr Energie benötigen.

Machen Sie Schluss mit dem parallelen Arbeiten. Schalten Sie Ihr Handy auch einmal ab. Fangen Sie Neues erst dann an, wenn das andere erledigt ist. Schrauben Sie Ihr Tempo runter. Ihre Lebensqualität wird steigen. Versprochen.

145. Gewohnheiten schaffen: Ständig muss ich an so vieles denken und jeden Tag neu planen und strukturieren. Das stresst mich.

Ja, wer jeden Tag seinen Tagesablauf neu erfinden will, der verbraucht unendlich viel Zeit und Energie, um alles auf die Reihe zu bekommen.

Ständig sind Telefonate und Absprachen nötig: Wer kann zum vereinbarten Treffen kommen, wer nicht? Welche Ausweichtermine passen wem? Wer nimmt wann die Kinder? Wann kann ich das Auto für den Großeinkauf haben? Und schnell merken Sie: Vor lauter Organisieren kommen Sie kaum noch zum Tun. Hier schlägt die Stunde von Routinen und Ritualen.

Rituale und Routinen machen den Alltag überschaubar und einfacher. So können Sie zum Beispiel als tägliche Routine einrichten, dass Ihnen im Büro die ersten 30 Minuten ungestört zur Verfügung stehen und Sie in dieser Zeit eine für Sie wichtige Aufgabe erledigen. Wöchentliche Routinen sind zum Beispiel, dass Sie Ihren Putztag auf Donnerstag legen, am Mittwochabend immer (!) zum Sport gehen und am Freitagvormittag Ihre Finanzen bearbeiten (Reisekostenabrechnung, Buchhaltung o. Ä.).

Das bedeutet nicht, dass Sie zukünftig alles planen und automatisch Ihren Tag abspulen sollen. Im Gegenteil. Schaffen Sie sich mehr Zeit für schöne Dinge und nutzen Sie die Kraft von Routinen da, wo es für Sie sinnvoll ist. Denn Gewohnheiten erleichtern Ihr Leben in vielerlei Hinsicht:

- **Routinen entlasten den Kopf:** Alltägliche Handgriffe und Termine erledigen Sie »automatisch«. Ihr Gehirn kann sich so mit wichtigeren Dingen beschäftigen.
- **Routinen vergessen wir nicht:** Wer jeden Tag nach dem Aufstehen Zähne putzt, kann es nicht vergessen.
- **Routinen setzen Energie frei:** Dinge, die Sie geschafft haben, geben Ihnen einen positiven Schub. Alles, was Ihnen in Fleisch und Blut übergegangen ist, kostet Sie keine Kraft mehr und bringt regelmäßig den nötigen Energie-Kick.
- **Routinen vereinfachen das Miteinander:** Wenn die Familie weiß, dass am Donnerstag Einkaufstag ist, werden alle ihre speziellen Wünsche bis dahin äußern.
- **Routinen sparen Zeit:** Feste Zeiten, zu denen Ihre Kinder betreut werden sollen, ersparen Ihnen, jede Woche neu mit dem Babysitter oder der Oma um Termine ringen zu müssen. Einmal verabredet, können sich alle darauf verlassen.
- **Routinen nehmen uns Entscheidungen ab:** Sie verhindern, dass wir Zeit vertrödeln, weil wir uns nicht entscheiden können – und vor lauter Entscheidungs-Unlust gar nichts tun.

Gewusst wie – nicht nur im Job

Am meisten Zeit »gewinnen« wir mit ganz einfachen Strategien: bei bestimmten Aufgaben an der Schnelligkeitsschraube drehen, Störungen und Zeitdiebe eliminieren oder Neinsagen lernen. Doch was leicht klingt, hat es in sich. Holen Sie sich deshalb hier das Know-how, um in Zukunft mehr Zeit für das Wichtige zu haben.

Produktiver arbeiten

Eine effiziente Arbeitsweise hilft Ihnen, Ihre Aufgaben innerhalb der geplanten Zeit zu erledigen. Damit schaffen Sie die Voraussetzung dafür, Ihre wohlverdienten Auszeiten auch wirklich genießen zu können.

146. Effizienz versus Effektivität: Was ist der Unterschied zwischen Effizienz und Effektivität?

Effizient zu arbeiten bedeutet, die Dinge »richtig« zu tun, sich also nicht unnötig mit überflüssigen Handgriffen aufzuhalten (beziehungsweise sich davon aufhalten zu lassen) oder die Dinge zu verkomplizieren.
Wer dagegen effektiv arbeitet, tut die »richtigen Dinge«, um seine Ziele zu erreichen. Fragen Sie sich daher immer, wenn Sie zum Beispiel Abläufe perfektionieren, ob diese Arbeit überhaupt zu Ihrem Aufgabenbereich gehört und Sie an Ihr berufliches Ziel bringt. Falls nicht, Finger weg!

» Stellen Sie sich vor, Sie erklimmen in Rekordgeschwindigkeit und mit einer vorbildlichen Kondition eine sehr hohe Leiter, stellen jedoch oben angekommen fest, dass diese an der falschen Mauer lehnt. Wenn Sie nur auf Effizienz achten, kann Ihnen genau das passieren. «

Jörg Knoblauch | Entwickler des Zeitmanagementsystems »tempus«

147. Aufwand reduzieren: Jede Tätigkeit braucht aber doch einfach die Zeit, die sie braucht. Daran lässt sich nicht rütteln.

Viele Menschen, die sehr hohe Ansprüche an sich selbst haben, legen diese Messlatte auch an alle Tätigkeiten, die sie zu erledigen haben. Doch damit verschwenden sie sinnlos

Zeit und Energie. Denn nicht alle Ergebnisse müssen immer absolut perfekt sein. Beispiele:

- Eine PowerPoint-Präsentation, bei der jede Aussage mit einem neuen Foto illustriert wird, mag perfekt wirken. Eine Präsentation mit Fotos (Abbildungen, Charts, Diagrammen) auf jeder dritten Seite ist für viele Gelegenheiten aber auch vollkommen in Ordnung.
- Auf die Anfrage einer Behörde können Sie mit einem formvollendeten Brief antworten. Das kostet Sie mindestens 10 Minuten. Oder Sie können die gewünschte Information mit der Hand direkt auf dem Schreiben vermerken und zurückfaxen. Zeitaufwand: maximal zwei Minuten. Am Ergebnis – Weitergabe einer Information – ändert sich dadurch nichts.
- Auf leidige Werbepost können Sie dem Absender immer wieder böse Briefe schicken und ihn auffordern, Sie zukünftig damit zu verschonen. Erfolgsaussicht: sehr gering, denn schließlich ist jede Adresse in dessen Datenbank bares Geld wert. Effizienter ist es, auf das ungeöffnete Kuvert »Annahme verweigert« zu schreiben und es in den nächsten Briefkasten zu werfen. Sie werden sehen: So schnell sind Sie noch nie aus einem Verteiler geflogen. Denn für jeden Brief, den der Absender zurückbekommt, muss er Strafporto bezahlen.
- »Schreiben Sie mir dazu einen Bericht.« Statt eines umfassenden, vollendet formatierten Berichts reicht in vielen Fällen auch eine Kopie des entscheidenden Schriftstücks, das Sie um handschriftliche Notizen ergänzen. Überzeugen Sie Ihre Kollegen und Vorgesetzten, dass Sie die Arbeitszeit so sinnvoll wie möglich nutzen und dass es in den meisten Fällen auf den Informationsgehalt und nicht auf Schönheit ankommt.

Überlegen Sie, ob eine aufwendige Aktion wirklich sinnvoll ist und vom Empfänger auch entsprechend gewürdigt wird, oder ob nicht eine 20-Prozent-Lösung für bestimmte Zwecke völlig ausreicht (Pareto-Prinzip, ▸ Nummer 104).

148. Effizienz-Maßnahmen: Mit welchen Instrumenten erhöhe ich meine Effizienz?

Methoden, Tricks und Erfahrungsberichte, die Ihnen helfen, Aufgaben schneller zu erledigen, finden Sie im ganzen Buch. Hier Ihre Gewinnchancen im Überblick:

Aktion	Zeitersparnis
Blöcke bilden (▶ Nummer 142)	bis zu 50 Prozent
Nicht stören lassen (▶ Nummer 153)	mindestens 60 Prozent
Gewohnheiten (▶ Nummer 145)	bis zu 100 Prozent
Nein sagen (▶ Nummer 169 ff.)	bis zu 100 Prozent
Planen (▶ Nummer 73 ff.)	zirka 2 Stunden
Fähigkeiten und Kompetenzen erweitern	bis zu 500 Prozent
Spaß an der Arbeit	bis zu 500 Prozent

Darüber hinaus können Sie jede Tätigkeit bis zu einem gewissen Grad mithilfe von Checklisten (▶ Nummer 149), gutem Handwerkszeug (▶ Seite 32) sowie technischen Kniffen (▶ Nummer 150) beschleunigen.

149. Checklisten: Bei komplexen Aufgaben kostet es mich viel Zeit, alle notwendigen Schritte in meiner To-do-Liste aufzuführen. Außerdem habe ich immer Angst, etwas zu vergessen.

Besonders bei immer wiederkehrenden Aufgaben oder beim Delegieren (▶ Nummer 213 ff.) sind Checklisten Gold wert. Denn egal ob Sie in Urlaub fahren, einkaufen gehen oder eine Messe organisieren – viele Einzelschritte sind immer (und von allen Menschen) gleich zu erledigen.

Wenn Sie auf Checklisten zurückgreifen, müssen Sie sich nicht lange den Kopf zerbrechen, was alles zu tun ist. Sie sind ein Fundus an Wissen und Erfahrung und helfen deshalb, nicht nur die Aktivitäten schneller »abzuhaken«, sondern auch schneller zu organisieren. Mit einer »Urlaubs-Checkliste« beispielsweise schaffen Sie es innerhalb von drei Stunden, alles für den zweiwöchigen Familienurlaub zu packen – und nichts zu vergessen.

Extra-Tipp: Fahnden Sie, bevor Sie etwas organisieren, nach einer entsprechenden Checkliste – zum Beispiel im Internet: indem Sie einfach »Checkliste« plus Ihr Stichwort (zum Beispiel »Meeting«) in eine Suchmaschine eingeben.

150. Computer-Kniffe: Wie kann ich am Computer effizienter arbeiten?

Gerade am Computer tut sich ein Eldorado an Beschleunigungsmöglichkeiten auf. Zur Anregung hier einige Ideen:

- Statt nach Ihrem Taschenrechner zu kramen, geben Sie Ihre Rechenaufgabe einfach in das Suchfeld bei Google oder in ein Feld in einer Excel-Tabelle ein.
- Langwierige Mausklick-Aktionen kürzen Sie mit Tastaturkommandos, sogenannten Shortcuts, ab. Dazu kombinieren Sie Tasten wie »Strg« und »Alt« mit anderen Tasten und erreichen blitzschnell die gewünschte Funktion.
- Suchmaschinen-Fenster manuell zu öffnen können Sie sich sparen, wenn Sie in Ihr Browser-Fenster die Google- oder Yahoo-Toolbar installieren. Einfach auf www.google.de beziehungsweise www.yahoo.de gehen und die Toolbar herunterladen. Zusatznutzen: Die Toolbar verhindert unerwünschte Pop-ups.
- Einen besseren Durchblick bei Ihren Dateien bekommen Sie, wenn Sie neuen Ordnern konkrete Namen geben (statt »Schriftwechsel« lieber »Neue Angebote«, »Mahnungen« etc.) und dann sinnvolle Unterordner anlegen. Farbige Ordner-Symbole helfen ebenfalls.
- Dateien finden Sie schneller, wenn Sie bei Word oder Excel im Menüpunkt »Extras«, »Optionen« das Registerblatt »Speicherort für Dateien« anklicken und Ihren Hauptordner (zum Beispiel »Cordula 2007«) als erste Adresse für Dokumente einrichten.

151. Datensicherung: Ich habe häufig das Problem, dass mein PC abstürzt und wertvolle Daten weg sind. Dann muss ich von vorne anfangen.

So groß die Hilfe des Computers für uns heute auch ist: Wenn er abstürzt, bedeutet das oftmals den GAU – alle Daten weg. Hier hilft nur, alle Daten rechtzeitig und regelmäßig zu sichern, am besten auf ein externes Speichermedium.
Ein gutes Gefühl gibt eine externe oder eine zweite interne Festplatte, auf die Sie Ihr komplettes Laufwerk sichern können. Aber auch Zip-Disketten, CD-ROMs oder Magnetbänder eignen sich für die langfristige Speicherung – im Gegensatz zu USB-Sticks, die sich nicht gut beschriften lassen. Probieren Sie aus, mit welchem Medium Sie am besten zurechtkommen, und sichern Sie dann wirklich regelmäßig.
Extra-Tipp: Damit Sie nicht vergessen zu sichern, können Sie in Ihren elektronischen Planer einen »wiederkehrenden« Termin, zum Beispiel für jeden Freitag, eintragen.

152. Not-Vorräte: Immer am Abend vor einer Veranstaltung oder einem wichtigen Abgabetermin streikt der Drucker, gehen die Patronen oder das »gute« Papier aus. Wie kann ich das verhindern?

Sorgen Sie dafür, dass Sie immer ausreichend Papier und Druckerpatronen sowie andere wichtige Verbrauchsmaterialien im Schrank haben. Gewöhnen Sie sich an, jedes Teil an seinen Platz zu legen (zum Beispiel je ein Stapel für rote, gelbe, blaue und schwarze Patronen) und Nachschub zu bestellen, wenn Sie das vorletzte aus dem Schrank nehmen. Hängen Sie einen entsprechenden Erinnerungszettel an den Schrank, damit auch alle Kollegen Bescheid wissen!
Wir können nie für alle Eventualitäten vorsorgen, aber einige Dinge passieren schon erstaunlich regelmäßig und zuverlässig – und deshalb können wir rechtzeitig Abhilfe schaffen. Im Falle des streikenden Druckers: Bauen Sie sich ein Netzwerk an guten Leuten auf, die entweder mitten in der Nacht Ihr Problem beheben können oder Ihnen die Unterlagen ausdrucken.

Störungen und Zeitdiebe ausschalten

Immer wieder werden Sie bei Ihrer Arbeit unterbrochen. Das kostet viel Zeit und Energie. Machen Sie deshalb Schluss mit ungewollten Unterbrechungen! Die folgenden Tipps und Strategien helfen Ihnen dabei.

153. Störungen: Ständig reißen mich Kleinigkeiten aus der Arbeit, und ich komme zu nichts. Geht das nur mir so?

In der heutigen Arbeitswelt haben Störungen mittlerweile ein Ausmaß angenommen, dass es schon fast ein Wunder ist, wenn Berufstätige eine Aufgabe mal »in einem Rutsch« erledigen können.

Zu den häufigsten Störungen gehören Telefonanrufe (vor allem seit neben dem Festnetzanschluss auch das Handy klingelt) und spontane Besuche von Kollegen, die häufig mit neuen »Aufträgen« enden. Auch ungeplante Kurz-Meetings oder die leidigen E-Mails, die man gleich lesen und beantworten will, sind ungeliebte Unterbrechungen.

Die meisten Störungen kommen mit erstaunlicher Regelmäßigkeit. Gerade deshalb haben Sie die Möglichkeit, effektive Strategien gegen Ihre persönlichen Unterbrecher zu entwickeln. Werfen Sie dazu einen Blick in Ihre Zeitprotokolle (▸ Nummer 19): Welche Störungen reißen Sie am häufigsten aus der Arbeit? Wie gehen Sie bislang damit um und welches Verhalten könnte helfen?

154. Strategien gegen Störungen: Ich habe meine persönlichen Störer herausgefunden. Wie kann ich sie denn jetzt ausschalten?

Gegen Störungen sind viele Kräuter gewachsen.

1. Planen Sie unvermeidbare Störungen (Telefon, Kollegenbesuch) von vornherein in Ihren Tagesablauf ein und schaffen Sie entsprechende Puffer (▸ Nummer 114).

2. Gewöhnen Sie sich an, Ihre E-Mails nicht mehr ständig abzurufen, sondern mehrmals am Tag gesammelt. Lösen Sie sich von der Angst, etwas zu verpassen, und lassen Sie sich von der elektronischen Post nicht versklaven. Wenn Sie nicht am Platz wären, würden Sie sie ja auch nicht innerhalb von drei Sekunden lesen (▶ Seite 168 f.).

3. Lernen Sie, sich gegen Störungen konsequent abzuschotten (▶ Nummer 155).

4. Entscheiden Sie bewusst, für wen Sie wann erreichbar sein wollen.

155. Abschotten: Ich kann mich doch nicht einfach abschotten. Das werden meine Kollegen und Kunden nie akzeptieren.

Besonders in Firmenseminaren zeigt sich immer wieder ganz deutlich, dass jeder – wirklich jeder – Mitarbeiter sich nach ruhigen Stunden sehnt, um konzentriert arbeiten zu können. Deshalb macht es besonders im Job Sinn, eine Lösung zu suchen, von der alle profitieren. Hier ein paar Ideen, wie andere Firmen dieses Problem in den Griff bekommen haben:

- Im Großraumbüro einer Pariser Tageszeitung setzen die Redakteure Schallschutz-Kappen (sogenannte »Mickey-Mäuse«) als deutliches Zeichen dafür auf, dass sie nicht gestört werden wollen.
- Andere Angestellte haben Fähnchen neben ihren Bildschirmen stehen. Ist die Fahne auf Halbmast, heißt das: Ruhe. Bei einem Druckerhersteller sitzen Teddybären neben dem PC. Schaut der Teddy zur Wand – Ruhe. Schaut er freundlich in den Raum, dann ist Sprechzeit.
- In einer Münchner Softwareschmiede heften sich die Mitarbeiter neonfarbene Klammern mit der Aufschrift »Außer Betrieb« an die Kleidung. Das ist vor allem dann praktisch, wenn sie sich »nur mal schnell« einen Kaffee holen wollen. Denn auf diese Weise wissen die Kollegen, wer gerade Muße und den Kopf frei hat für einen Plausch und wer lieber in Ruhe gelassen werden will.

- Ein Berliner Büro hat auf seinem Anrufbeantworter die Ansage, dass das Büro ab 9 Uhr besetzt ist und die Mitarbeiter dann gern zurückrufen. Die kommen alle bereits um 8 Uhr und haben so eine ruhige Stunde zum Tagesauftakt.
- Lisa, Chefin einer Werbeagentur, macht im Büro immer das Handy aus. Wenn sie im persönlichen Gespräch ist, geht sie zudem nicht an den Festnetzanschluss. »Das hat auch viel mit Wertschätzung zu tun«, sagt sie. »Denn wenn ich ans Telefon gehe, dann signalisiere ich meinem aktuellen Gesprächspartner, dass er mir im Moment einfach nicht wichtig ist. Und das hat in der Zusammenarbeit weitreichende Folgen. Am Anfang fanden meine Mitarbeiter und Kunden mein Verhalten befremdlich. Jetzt machen es viele ebenso und freuen sich über die neue Ruhe.«
- Eine Bau-Behörde hat im obersten Stockwerk eine Dachterrasse. Der Ort gilt als Kreativzentrum, an dem die Mitarbeiter ungestört mit Laptop in der Sonne und an der frischen Luft arbeiten können. Bei schlechtem Wetter nutzen die Mitarbeiter leer stehende Büros oder freie Konferenzräume.

Zu »Störungen« gehören immer zwei: der Störer und derjenige, der sich stören lässt. Wenn Sie signalisieren, dass Sie jederzeit ansprechbar und hilfsbereit sind, dann werden Sie auch permanent angesprochen. Setzen Sie deshalb bewusst Grenzen – und bleiben Sie dann konsequent. Es nützt beispielsweise nichts, feste Telefonzeiten einzurichten, wenn Sie dann doch außerhalb dieser Zeiten ans Telefon gehen. So skurril es klingt: Wir können unsere Mitmenschen ein Stück weit »erziehen«. Also nutzen Sie diese Chance!

156. Zu viel Abschottung: Werden meine Kollegen denn nicht irgendwann sauer, wenn ich ihnen ständig signalisiere, dass ich meine Ruhe haben will?

Es ist wichtig, die richtige Balance zu finden zwischen Offenheit gegenüber Ihren Mitmenschen und dem Ziel, die eigenen Vorgaben zu erfüllen. Sich immer nur abzuschotten mag zwar hoch effizient sein, auf Dauer werden Sie so jedoch zum

Außenseiter. Und dann kann es Sie wieder viel Zeit kosten, wichtige Infos zu erhalten, die Sie sonst über den »Flurfunk« automatisch hören.
Überlegen Sie sich also genau, welche Stunden Sie für sich zur »Stillarbeit« benötigen, und machen Sie Ihren Kollegen deutlich, dass Sie zu den übrigen Zeiten ansprechbar sind. So bleibt die Harmonie ganz sicher gewahrt.

157. Störungen als Abwechslung: Sind Störungen denn wirklich so schlimm? Ich finde, sie bringen Abwechslung in meinen grauen Alltag.

Natürlich können Ablenkungen vergnüglich sein, genau wie Trödeln und Tagträumen Energie bringen können. Wichtig ist jedoch, dass das Verhältnis stimmt und dass Sie festlegen, wann Sie Kontakte haben wollen. Wenn Sie Ihr Pensum schaffen wollen, dann planen Sie diese Zeit (zum Beispiel 10 Minuten plaudern in der Früh) künftig ein – dann fehlen Ihnen diese Minuten später nicht.

158. Störanfälligkeit: Mein Kollege lässt sich viel weniger aus der Arbeit herausreißen. Wie kommt das?

Nicht alle Menschen sind gleich störanfällig. Einige lassen sich von den Unterbrechungen vereinnahmen und aufreiben, andere schaffen es ganz gut, sich abzugrenzen. Machen Sie sich die Auswirkungen von Unterbrechungen klar; das kann Ihnen helfen, sich besser abzugrenzen. Einer Studie zufolge kosten Störungen rund 28 Prozent Ihrer Produktivität:

- Sie verlieren die Zeit, die die Störung dauert (zum Beispiel das Telefonat).
- Sie brauchen zusätzliche Anlauf- und Einarbeitungszeit (in der Regel zwei bis drei Minuten, um den Faden wiederzufinden und wieder aufzunehmen).
- Ihre Konzentration lässt rapide nach.
- Manchmal müssen »Folgeschäden« behoben werden – und das dauert leicht doppelt so lang wie die Störung selbst.

159. Störungen als Leistungs-Kick: Wenn ich helfen kann und es stressig wird, laufe ich zu Topform auf. Warum sollte ich also etwas ändern?

Es ist schön, dass Sie so hilfsbereit sind und durch die Zusatzbelastung zu Hochform auflaufen. Ziehen Sie aber rechtzeitig die Bremse. Denn wenn Sie immer für die anderen da sind, werden die auch immer mehr fordern. Zudem wird die Hilfsbereitschaft dann schnell zum Normalzustand, und Sie werden kaum noch ein »Danke« hören.

Oder wollen Sie durch diese permanenten Feuerwehreinsätze eventuell Ihre eigene Wichtigkeit erhöhen? Wenn ja, wem wollen Sie ständig beweisen, dass Sie das alles mit links schaffen? Vor wem wollen Sie gut dastehen? Versuchen Sie öfter einmal Befriedigung aus sich selbst zu ziehen.

160. Zeitdiebe: Ich verliere viel Zeit, weil mich andere Leute in Beschlag nehmen. Wie lege ich Zeitdieben das Handwerk?

Manches tarnt sich anfangs als kurze Störung und wächst sich dann schnell zu gefräßigen Monstern aus. Zeitdiebe kommen auf leisen Pfoten. Doch weil es meistens dieselben Menschen sind und sie häufig dieselben »Knöpfe« bei uns drücken, können wir uns darauf einstellen. Denn auch zum Zeitstehlen gehören immer zwei …

Natürlich ist es bequem zu sagen: »Die anderen klauen mir meine Zeit, ich bin fremdbestimmt.« Und manche Zeitdiebe erkennen wir wirklich erst dann, wenn es schon fast zu spät ist. Da fragt der Kollege freundlich, ob wir »mal kurz drei Minütchen Zeit für ihn hätten« – schon ist eine knappe Stunde vorüber, und Ihre eigene wichtige Arbeit liegt immer noch jungfräulich auf dem Schreibtisch. Vor allem Frauen neigen dazu, sich ihre Zeit abluchsen zu lassen: Sie können sich schlechter abgrenzen, und weil sie gern über Persönliches und Alltagskram reden, geraten sie schnell in Versuchung, sich in Gespräche ziehen zu lassen. So sabotieren sie allerdings eigenhändig ihre Zeitplanung.

Schieben Sie Zeitdieben einen Riegel vor, indem Sie
- sich zu bestimmten Zeiten abschotten (▸ Nummer 155).
- selbst entscheiden, wann Sie für wen erreichbar sein wollen (▸ Nummer 154).
- öfter einmal Nein sagen (▸ Nummer 169 ff.).
- (rück-)delegieren lernen (▸ Nummer 213 ff.).
- sich Ziele setzen (▸ Nummer 31 ff.).
- Ihre Hilfsbereitschaft größtenteils auf Aktivitäten beschränken, die zu Ihren Aufgaben gehören.

161. Endlos-Besprechungen: Was tue ich, wenn eine Besprechung kein Ende nehmen will?

Sagen Sie zu Beginn der Besprechung oder eines Gesprächs deutlich, wie viel Zeit Sie dafür eingeplant haben. Das ist auch praktisch für Meetings: Legen Sie das Ende gleich zu Beginn fest. Sie tun damit allen einen Gefallen.

Extra-Tipp: Besprechungen im Stehen verringern die Gefahr, dass Ihr Gesprächspartner kein Ende findet.

162. Plaudertaschen: Ständig kommt meine Kollegin zum Ratschen vorbei. Wie gebe ich ihr schonend zu verstehen, dass ich dafür gerade keine Zeit habe?

Danken Sie ihr nach ein paar Minuten für das nette Gespräch und sagen Sie ganz offen, dass Sie jetzt gerne weitermachen möchten. Vertagen Sie das Gespräch auf die Mittagspause.

163. »Nur kurz«: Immer wollen alle nur schnell etwas klären oder wissen, und wenn dann der Feierabend näherrückt, habe ich mal wieder überhaupt nichts geschafft. Wie wehre ich mich dagegen?

Wenn jemand »nur kurz« oder »ganz schnell« etwas von Ihnen will, dann sollten alle Alarmglocken bei Ihnen schrillen. Setzen Sie sich und dem anderen eine klare Deadline (»Okay, drei Minuten«) und beenden Sie die Störung konsequent nach Ablauf dieser Zeit. Gegebenenfalls vereinbaren Sie einen Termin für später, wenn es Ihnen besser passt.

164. Leerlauf und Wartezeiten: Ich habe häufig Leerlauf zwischen zwei Terminen oder während ich auf jemanden warte. Das macht mich rasend.

Es ist interessant: Einerseits klagen viele Menschen, dass sie »nie« Zeit für sich haben, andererseits werden uns täglich so viele Momente der Muße geschenkt – und wir nehmen sie nicht wahr. Ändern Sie Ihre Einstellung gegenüber solchen Zeit-Geschenken. Nutzen Sie sie zum Dösen, Träumen und Nachdenken oder nehmen Sie ein Buch mit, das Sie schon lange lesen wollten.

165. Antizyklisch planen: Aufgrund meiner Arbeitszeiten muss ich immer dann einkaufen gehen, wenn die Läden voll sind. Deshalb stehe ich überall unendlich lange an.

Fragen Sie in den betreffenden Geschäften nach, wann es dort in der Regel besonders ruhig ist, und planen Sie Ihre Erledigungen dementsprechend. Vereinbaren Sie mit Ihrem Chef oder den Kollegen, dass Sie Ihre Einkäufe nachmittags um 15 Uhr erledigen und dafür abends 30 Minuten länger bleiben. So entkommen Sie vielleicht sogar dem Feierabendverkehr und haben doppelt Zeit »gewonnen«.

166. Pendeln: Ich verschwende jeden Tag zwei Stunden mit dem Weg zur Arbeit. Soll ich den Job wechseln?

Streichen Sie das Wort »vergeuden« und nutzen Sie die Zeit im Auto oder in der Bahn sinnvoll für sich. Lauschen Sie einem Hörbuch (tauschen Sie mit Freunden und Kollegen – das spart Geld und Platz) oder eignen Sie sich mithilfe von Ratgebern wertvolles Wissen an, das Sie im Leben und im Beruf voranbringt. Lernen Sie eine Sprache oder lesen Sie einfach nur gemütlich einen Roman. Oder Sie nutzen die Zeit zum Netzwerken und zur gegenseitigen Unterstützung in Erfolgsteams: Bilden Sie Fahrgemeinschaften – bei einer sinnvollen Unterhaltung vergeht die Fahrt im Nu.

167. Das mobile Büro: Ich könnte die Wartezeiten ja sinnvoll nutzen, da ich mit Handy, Laptop und Blackberry mein »mobiles Büro« ständig dabei habe. Aber das stresst mich ungemein.

Die ständige Erreichbarkeit und die Verfügbarkeit aller Unterlagen im mobilen Büro setzen uns unter Druck. Sie wissen, Sie könnten jetzt etwas wegarbeiten, und wenn Sie es nicht tun, dann quält Sie das schlechte Gewissen.

Beginnen Sie bei sich: Wenn Sie schon zehn Stunden gearbeitet haben und auf dem Rückweg von einem Meeting am Flughafen sitzen, dann haben Sie Ihr heutiges Pensum erfüllt. Machen Sie guten Gewissens Feierabend, kaufen Sie sich etwas Leckeres zu essen und vielleicht ein Glas Wein und machen Sie es sich in Ihrem »Flughafen-Wohnzimmer« mit einem netten Buch gemütlich.

Tanken Sie bewusst Kraft, schalten Sie ab. Sie können sicher sein: Diese Pause bringt Ihnen viel Energie – und morgen früh sind Sie fit, die anderen Arbeiten schneller und effizienter zu erledigen. Schieben Sie der Blackberry-Krankheit und den damit verbundenen Stress-Symptomen ein für alle Mal den Riegel vor. Es ist Ihr Leben!

168. Unpünktlichkeit anderer: Meine Freundin kommt ständig zu spät. Was kann ich dagegen tun?

Menschen, die regelmäßig zu spät kommen, sind nicht nur unhöflich, sondern klauen Ihnen wertvolle Zeit. Sie haben drei Möglichkeiten:

1. Sie erziehen den anderen zu mehr Pünktlichkeit (▸ Nummer 209).

2. Kommen Sie selbst zu spät und erledigen Sie davor etwas Schönes oder Wichtiges.

3. Wenn Sie wissen, dass der andere ohnehin immer zu spät dran ist, dann stellen Sie sich darauf ein und machen Sie es sich während der Wartezeit gemütlich: Lesen Sie ein gutes Buch, hören Sie Musik, träumen Sie oder planen Sie Ihre kommenden Tage.

Nein sagen

Ein überzeugendes »Nein« zum richtigen Zeitpunkt kann Ihnen mehr Zeit schenken als sämtliche Effizienz-Tricks dieser Welt. Lernen Sie den Wert eines »Nein« kennen und erleben Sie, wie leicht es ist, dieses Wörtchen auszusprechen.

169. Innere Einstellung: Dauernd lasse ich mir Aufgaben aufdrücken, die ich nicht machen will. Aber wenn ich Nein sage, dann fühle ich mich schlecht.

Ein »Nein« kostet uns in vielen Fällen Überwindung. Offenbar sind wir getrieben davon, es allen immer recht zu machen, und gehen dabei oft den Weg des vermeintlich geringsten Widerstands. Wir muten uns Projekte zu, die uns nicht liegen, und nehmen Termine wahr, die uns nichts bedeuten. Wir tappen in die Harmoniefalle aus Angst, dass uns der andere nicht mehr mag, dass wir als »unkollegial« gelten und dass wir selbst nicht mehr auf Unterstützung zählen können, wenn wir jetzt nicht helfen.
Das kann passieren. Nämlich dann, wenn wir ständig nur auf unseren Vorteil bedacht sind und aus Prinzip immer »nein, nein, nein« sagen. Doch ist das bei Ihnen der Fall? Denken Sie an Ihre Kollegen: Wer wird am meisten geschätzt? Interessanterweise genießen Mitmenschen, die wohlüberlegt auch einmal »Nein« sagen, ein wesentlich höheres Ansehen als Duckmäuser, die alles mit sich machen lassen.

170. Wert eines Nein: Ein Nein ist aber doch egoistisch und verletzend und führt zu Konflikten!

Wenn es ums Neinsagen geht, spuken viele Vorurteile in unserem Kopf herum.
Vorurteil 1: »Nein sagen ist egoistisch.«
Falsch. Wer unattraktive Angebote ablehnt, hat mehr Zeit und Energie für wichtige Aktivitäten und Menschen, die ihm am Herzen liegen.

Vorurteil 2: »Ein Nein verletzt die Gefühle anderer.«
Falsch. Viel eher verletzen Sie Ihre Mitmenschen, wenn Sie sich etwas aufhalsen und das dann nachlässig, halbherzig oder gar nicht erledigen. Es ist Ironie des Schicksals, aber wenn wir versuchen, uns immer überall lieb Kind zu machen, erwecken wir am Ende den Eindruck, wir seien unzuverlässig, achtlos oder unfähig.
Vorurteil 3: »Nein-Sager sind unbeliebt.«
Falsch. Eine Studie zeigt, dass vor allem die Menschen gut ankommen, die selbstsicher auftreten (65 Prozent). Und dazu gehört Neinsagen. Ein Nein macht Sie wertvoll, weil Ihr Umfeld darauf vertrauen kann, dass Sie nur dann Ja sagen, wenn Sie auch Ja meinen.
Vorurteil 4: »Ein Nein löst Konflikte aus.«
Falsch. Meist glauben wir nur, dass der andere sauer auf die Ablehnung reagiert. In vorauseilendem Gehorsam tun wir dann unnötige Dinge. Konflikte entstehen in der Regel aus Missverständnissen – also weil Menschen nicht klar sagen, was sie wollen. Und was nicht.

171. Geben und Nehmen: Mir tun andere ja auch häufig einen Gefallen. Dann muss ich mich doch revanchieren, oder?

Viele Menschen haben es leider verlernt, Nettigkeiten einfach nur anzunehmen, sich zu freuen und danke zu sagen. Schade, denn damit machen sie dem Gebenden die ganze Freude kaputt. Nehmen Sie Geschenke und Gefälligkeiten auch einmal einfach nur an und zeigen Sie dem anderen Ihre Freude. Punkt.

172. Manipulationen erkennen: Woran merke ich, dass mich jemand manipulieren will?

Viele Menschen sind wahre Meister darin, unsere Unterstützung zu bekommen, obwohl wir sie ihnen eigentlich gar nicht geben wollten. Umgehen Sie die Fallen, die man Ihnen stellt, um ein Ja zu erpressen, und ziehen Sie sich mit einem klaren »Mit mir nicht« aus der Affäre. Die häufigsten Manipulations-Fallen sind:

- etwas schenken – in der Hoffnung auf ein »Gegengeschenk«
- die Mitleids-Tour (»Ich schaffe das einfach nicht …«, »Ich habe so wenig Geld …«)
- unter Druck setzen (»Wenn Sie das nicht tun, dann …«)
- Appell an das Ehrgefühl (»Sie als gute und zuverlässige Kollegin/Mitarbeiterin …«) oder an einen Ihnen sehr wichtigen Wert beziehungsweise eine Eigenschaft (»Sie sind doch immer so spontan, da werden Sie das sicher noch schnell regeln können …«)
- schlechtes Gewissen (»Du hast es gut, du hast einen Ehemann, der die Kinder holen kann, aber ich …«)
- kleinmachen und damit zum »Gegenbeweis« herausfordern (»Du schaffst das doch eh nicht mehr, also lass mich lieber ran …«)
- wortlos »sprechen« (vorwurfsvoller oder mitleiderregender Blick, resigniertes Schulterzucken …)
- Angst machen (Angst etwas zu verpassen, Angst vor Armut, Krankheit, Einsamkeit, Angst nicht »dazuzugehören«)

Gibt es auch bei Ihnen einen Knopf, den man nur zu drücken braucht, damit Sie funktionieren? Denken Sie einmal an Situationen zurück, in denen Sie etwas getan haben, das Sie eigentlich nicht wollten. Notieren Sie, mit welchem Kniff der oder die andere Sie dazu gebracht hat. Oft sind diese »Knöpfe« im privaten und beruflichen Alltag unterschiedlich: Für Ihre Mutter springen Sie, wenn Sie nur den Hauch eines Vorwurfs in ihrer Stimme wahrnehmen, der Chef hat Sie in der Hand, weil er immerzu auf Ihre Zuverlässigkeit hinweist. Beim nächsten Mal fragen Sie sich dann: Mache ich das jetzt, weil der Knopf gedrückt wurde, oder will ich es wirklich tun? Sie werden überrascht sein, mit wie viel Elan und Selbstvertrauen Sie plötzlich Entscheidungen fällen, ohne Angst vor Konsequenzen und ohne das ungute Gefühl, manipuliert zu werden. Und Sie werden merken, wie viel einfacher der Umgang mit anderen Menschen wird.

173. Auf Manipulationen reagieren: Wie reagiere ich am besten, wenn ich merke, dass mich jemand manipulieren will?

Überprüfen Sie zunächst, ob der andere Sie wirklich bewusst manipulieren will oder einfach zufällig den richtigen »Knopf« bei Ihnen erwischt hat (▸ Nummer 172). Denn im Alltag zeigt sich, dass die Angst vor Manipulationen ungerechtfertigt groß ist. Hören Sie auf, die Flöhe husten zu hören, gehen Sie offen auf andere Menschen zu und seien Sie kooperativ. Damit erreichen Sie oft wesentlich mehr, als wenn Sie voreilig irgendeine Abwehrtechnik einsetzen.

Sie glauben, jemand möchte Sie absichtlich manipulieren? Sprechen Sie diese Vermutung offen an: in der Ich-Form. Denn damit ist es kein Vorwurf, Gefühle sind schließlich nicht diskutierbar. Sagen Sie zu Beispiel: »Ich fühle mich jetzt unter Druck gesetzt…« Sind Sie sich Ihrer Sache nicht ganz sicher, fragen Sie nach, wie der andere seine Bemerkung gemeint hat. Bleiben Sie stets sachlich und fair, statt die Techniken des Manipulators zu übernehmen.

174. Nein sagen bei Störungen: Ich werde ständig aus der Arbeit gerissen, aber ich traue mich nicht, Nein zu sagen.

Machen Sie sich bewusst, wie viel Zeit Ihnen der Störer klaut. Zeit, die Sie sinnvoller nutzen könnten: für Aufgaben, die Sie Ihren eigenen Zielen näherbringen, zur Erholung oder zusammen mit Menschen, die Ihnen wichtig sind. Wenn Sie sich das vor Augen führen, wird Ihnen ein Nein schon leichter über die Lippen kommen. Konkrete Strategien gegen Störungen finden Sie in Tipp Nummer 154.

175. Das klare Nein: Wie kann ich unmissverständlich Nein sagen?

Letztlich ist und bleibt ein klares Nein die beste Methode, um Anfragen ein für alle Mal aus der Welt zu schaffen. Die folgenden Tipps helfen Ihnen dabei:

- Üben Sie das, damit Ihre Stimme fest klingt, und schauen Sie dem anderen dabei in die Augen. Sonst wirken Sie unsicher und signalisieren, Sie könnten doch noch »umfallen«.
- Begründen Sie Ihr Nein nicht. Denn jedes Argument kann mit Gegenargumenten zerlegt werden, sodass Sie aus der Nummer nicht mehr souverän rauskommen.
- Legen Sie sich eine Abwehrrhetorik zu, die Ihnen Zeit gibt, sich eine schlagfertige Antwort zu überlegen. In seinem Buch »Die Peperoni-Strategie« empfiehlt Autor Jens Weidner: Ergänzen Sie bei besonders dreisten Anfragen Ihr Nein mit dem Nachsatz: »Nein. Und denken Sie auch mal genau darüber nach, warum Nein!« Selbst wenn Ihnen beim besten Willen kein Argument einfällt, der andere wird so perplex sein, dass er gar nicht nachfragt.

Männer reagieren übrigens besonders sensibel, wenn sie von einer Frau ein Nein hören. Sie sind es im Beruf kaum gewöhnt.

176. Geschickt Nein sagen: Wie kann ich ein Nein so verpacken, dass es nicht als Nein aufgefasst wird?

In meinen Seminaren sagen die Teilnehmer oft: »Wenn ich Nein meine, dann sage ich das auch. Was gewinne ich denn, wenn ich um den heißen Brei herumrede?«

Stimmt, wenn wir uns nicht klar äußern, haben wir zwar im Moment Ruhe, aber wir werden dieselbe Anfrage immer wieder und wieder bekommen. Stehen Sie zu Ihren Bedürfnissen, und seien Sie ehrlich zu Ihren Mitmenschen. Das hilft langfristig am besten.

Und dennoch haben einige Menschen einfach Scheu, so »knallhart« zu sein. Deshalb hier ein paar Strategien, wie Sie geschickt und einfühlsam Nein sagen können:

- **Zeit gewinnen:** Lassen Sie sich nicht überrumpeln, sondern nehmen Sie sich Zeit zum Nachdenken. Antworten Sie zum Beispiel: »Lassen Sie mich kurz darüber nachdenken. Ich melde mich in einer Stunde bei Ihnen.« Melden Sie sich dann zuverlässig und sagen Sie ohne weitere

Begründung freundlich Nein. Die Bedenkzeit und der zuverlässige Rückruf signalisieren Ihrem Gesprächspartner, dass Sie Ihr Möglichstes getan haben.

- **Vertrösten:** Die Antwort »Das passt im Augenblick gerade überhaupt nicht« stellt viele Fragesteller zufrieden, denn sie zeigt, dass Sie gern für den anderen da sind, nur eben im Moment und für die kommenden Tage oder Wochen nicht. Falls er hartnäckig nachfragt, wann Sie denn für ihn Zeit haben, erwidern Sie: »Das kann ich momentan noch nicht abschätzen.«
- **Den anderen wertschätzen:** Sprechen Sie dem Fragesteller echte (und ernst gemeinte) Anerkennung aus: »Ich würde das sehr gern mit Ihnen machen, weil ich Sie und Ihre Arbeit sehr schätze …« Machen Sie aber deutlich, dass Sie derzeit anderweitig stark eingebunden sind und deshalb leider bei diesem Projekt nicht dabei sein können. Erklären Sie nicht, was »das andere« ist oder warum es für Sie momentan wichtiger ist. Sie landen sonst in einem Rechtfertigungs-Strudel.
- **Grundsatzerklärung:** Entscheiden Sie für häufig wiederkehrende Situationen, wie Sie prinzipiell damit umgehen wollen. Dann sind Sie gewappnet und können spontan antworten: »Das mache ich prinzipiell nicht.« In der Regel verkraften andere eine Absage besser, wenn sie sich nicht persönlich betroffen fühlen, sondern erkennen, dass diese Absage grundsätzlich gilt.
- **Dumm stellen:** Viele versuchen über indirekte Anfragen oder Jammerei Unterstützung zu bekommen. Zeigen Sie Verständnis, aber lassen Sie sich nicht unter Druck setzen. Interpretieren Sie in die Aussage des anderen nichts hinein, sondern bleiben Sie bei dem, was der Bittsteller wörtlich gesagt hat. Niemand zwingt Sie, den »Wink mit dem Zaunpfahl« zu verstehen!

Extra-Tipp: Gegen hartnäckiges Nachfragen hilft oft am besten ein herzhaftes Lachen und ein Augenzwinkern, verbunden mit der Bemerkung »Strengen Sie sich nicht an, Sie erweichen mich nicht.« Lachen nimmt der Situation die Schärfe und stellt Verbundenheit her. Und Sie ersticken damit elegant alle weiteren Versuche.

177. Anfragen umgehen: Gibt es eine Möglichkeit, solchen Anfragen von vornherein aus dem Weg zu gehen, statt sie ablehnen zu müssen?

Schaffen Sie Prinzipien, an die Sie sich konsequent halten. Wer weiß, dass Sie vor 9 Uhr nicht ans Telefon gehen, der wird später anrufen oder eine Nachricht auf dem Anrufbeantworter hinterlassen. Wer weiß, dass Sie am Wochenende das Handy ausschalten, der wird gar nicht erst versuchen, Sie mobil zu erreichen.

Sprechen Sie mit allzu fordernden Mitmenschen nicht über Ihre Freizeitgestaltung. Wer nicht weiß, dass Sie am Samstag faulenzen wollen, kann Ihnen keine Arbeit aufbrummen, »weil du da ja eh nichts zu tun hast«.

Legen Sie sich das Image zu, schlagfertig zu sein. Wer sich vor Ihrer Rhetorik fürchtet, der wird Ihnen nur selten Aufgaben aufdrücken wollen. Solche Leute suchen den Schwachen!

178. Steilvorlagen: Mein Freund sagt häufig zu mir, ich sei ja selbst schuld, wenn man mir schon wieder eine blöde Aufgabe aufgehalst hat. Wie meint er das?

Viele Menschen glauben, sie würden Nein sagen, und ärgern sich dann, wenn sie doch »über den Tisch gezogen werden«. Dabei haben sie dem Gesprächspartner das Ja selbst – quasi frei Haus – geliefert:

- »Eigentlich wollte ich heute abend pünktlich gehen …« »Eigentlich« zeigt: Hier ist noch Verhandlungsspielraum.
- »Normalerweise würde ich gerne …« Das »würde« zeigt große Unsicherheit, das »normalerweise« zeigt eindeutig: Es gibt Ausnahmen von dieser Regel.

Hören Sie sich selbst zu, wenn Sie Nein sagen. Tun Sie es wirklich, oder verderben Sie sich mit Killerphrasen den Erfolg?

179. Nein sagen üben: Kann man denn Neinsagen üben?

Ja, natürlich. Am besten üben Sie das Neinsagen in völlig unwichtigen Situationen:

- Der Metzger packt Ihnen statt der von Ihnen gewünschten 100 Gramm Wurst 117 Gramm auf die Waage und fragt: »Darf es ein bisschen mehr sein?« Nein!
- Spielen Sie in Gedanken Situationen mehrfach durch, in denen Sie Nein sagen wollen. Dann fällt es Ihnen in der Realität wesentlich leichter.
- Stellen Sie sich daheim vor den Spiegel und sagen Sie Nein. Oder gehen Sie kurz vor einem Gespräch, in dem Sie Nein sagen wollen, in den Waschraum und sagen Sie es dort zu Ihrem Spiegelbild.

Ordnung schaffen und halten

Eine gewisse Grundordnung am Arbeitsplatz und in den eigenen vier Wänden kann Produktivität, Kreativität und Zufriedenheit erhöhen. Finden Sie Ihren persönlichen Ordnungsstil und gewinnen Sie so wertvolle Lebenszeit.

180. Ordnung spart Zeit: Ich suche ständig irgendetwas. Aber fürs Aufräumen fehlt mir einfach die Zeit.

Laut amtlicher Statistik verbringen wir im Schnitt eine Stunde pro Tag mit Suchen. Wir suchen nach dem Autoschlüssel, dem Geldbeutel, dem Handy, einer Telefonnummer, der Einkaufsliste oder dem Locher. Im Laufe eines Lebens summiert sich diese Stunde pro Tag auf über 40 Monate – das ist fast zehnmal mehr, als Sie in Ihre körperliche Fitness investieren (4,4 Monate). Laut einer Studie von Yahoo Market Research verbringen Mitarbeiter, die geistige Tätigkeiten ausüben, zudem rund ein Viertel ihrer Arbeitszeit mit der Suche nach Informationen.

Deshalb führt jede zweckmäßige Bemühung, mehr Ordnung in Ihre Sachen zu bringen, unmittelbar zu einer deutlichen Zeitersparnis. Natürlich investieren Sie zunächst Zeit, um neue Strukturen zu schaffen. Aber die haben Sie sehr schnell wieder hereingeholt.

181. Ausmisten: Ich habe so viele Sachen, da schaffe ich es nicht, Ordnung zu machen oder sie zu halten.

Klamotten, Möbel, Teppiche, Fernseher, Geschirr, Bücher oder CDs – die meisten Menschen geben rund zwei bis drei Netto-Jahresgehälter für ihren Hausrat aus. Wir leben in einer Überflussgesellschaft und haben in der Regel von allem viel zu viel.

Auch in den meisten Büros türmen sich Papiere, Ordner, Zeitungen, Videokassetten sowie ausrangierte Geräte und binden damit viel Energie. Ihr erster Schritt ist deshalb, sich von überflüssigem Ballast zu befreien und Ihren Besitzstand radikal zu reduzieren. Gehen Sie dabei in kleinen Schritten vor. Ihre Sachen hatten Jahre Zeit, um von Ihren Räumlichkeiten Besitz zu ergreifen. Lassen Sie ihnen ein paar Tage, um wieder zu verschwinden.

Weniger ist mehr

Zu viel Besitz macht müde und strengt an:

- Sie sehen jeden Tag Stapel an überflüssigem Krempel.
- Sie können zwischen all dem Zeug nur schlecht Staub wischen oder putzen – das reduziert den Wohlfühlfaktor spürbar.
- »Volltischler« vertun rund 90 Minuten pro Tag mit dem Umschichten und Suchen von Papieren.
- Sie müssen die Dinge verwalten, ablegen, reinigen und reparieren.
- Sie müssen Zeit und Geld investieren, um immer neue Aufbewahrungsmöglichkeiten zu schaffen.

182. Hauruck-Aktionen: Immer wieder starte ich Hauruck-Aktionen, um auszumisten und alles zu sortieren. Aber die Unordnung bekomme ich einfach nicht in den Griff.

Unterteilen Sie Ihr Ziel »Ausmisten« in Unterziele. Der Mount Everest wird schließlich auch nicht an einem Tag erklommen. Die Teams arbeiten sich in Etappen von Zwischen-Camp zu Zwischen-Camp vor. Schlagen auch Sie solche Zwischen-Camps auf und feiern Sie Teilerfolge.

Wählen Sie in den kommenden Tagen, Wochen und Monaten einen Raum oder Abschnitt nach dem anderen und planen Sie dafür je nach Chaos-Ausmaß und Größe zwischen fünf Minuten und drei Stunden Arbeitszeit ein. Wählen Sie die »Einheit des Tages« so, dass Sie innerhalb dieses Zeitrahmens bequem fertig werden – und lassen Sie sich nicht durch Telefon oder Türklingel stören. Sie erledigen gerade eine wichtige Aufgabe!

Im Laufe der kommenden Wochen werden Sie feststellen, dass Sie immer schneller werden. Der Grund: Ihre Routine nimmt zu, und wer einmal das befreiende Gefühl des Abschieds gespürt hat, trennt sich leichter.

183. Keine Zeit zum Ausmisten: Ich würde ja gern mein Büro ausmisten, aber wann soll ich das machen?

Um dieses Problem zu lösen, haben Sie zwei Möglichkeiten:

1. Sie kommen an einem Wochenende ins Büro, wenn es ruhig ist, keiner Sie stört oder blöde Bemerkungen über Ihren neuen »Ordnungsfimmel« machen kann, oder Sie bleiben abends länger. Nehmen Sie sich für diesen Tag oder Abend eine überschaubare Einheit vor.

2. Sie nehmen sich eine Mini-Einheit nach der anderen vor, und zwar immer dann,

- wenn Sie morgens ins Büro kommen (gönnen Sie sich die ersten fünf Minuten des Arbeitstages, um sichtbar etwas zu bewegen – das gibt Ihnen Energie für den Rest des Tages);

- wenn Sie abends gehen (beschließen Sie Ihren Arbeitstag, indem Sie Ihren Papierkorb mit ein paar Abschiedsgeschenken beglücken);
- wenn Sie einen Leerlauf haben, zum Beispiel weil Sie auf einen Gesprächspartner warten;
- wenn Sie einen plaudersüchtigen Menschen am Telefon haben, den Sie trotz aller Kniffe (▸ Nummer 162) nicht abwimmeln können.

Sie werden bald sehen, diese 5-Minuten-Aktionen summieren sich und schaffen über die Wochen überraschend viel Freiraum.

184. Kreatives Chaos: Mich stört die Unordnung in meinem Büro überhaupt nicht. Im Gegenteil: Ich finde diese Atmosphäre anregend.

Viele behaupten, sie brauchten das »kreative Chaos« auf ihrem Schreibtisch oder in ihrem Haus. Wenn sie aber verzweifelt nach Schlüsseln oder Dokumenten suchen oder verdorbene Lebensmittel wegwerfen, dann ärgern auch sie sich über ihren »Saustall«. In vielen Fällen ist das vermeintliche Bedürfnis nach Unordnung nämlich nur eine Ausrede. Der wahre Grund: Diese »Chaoten« wissen nicht, wo sie anfangen sollen, sind nicht in der Lage, Unwichtiges von Wichtigem zu unterscheiden, und können sich von nichts trennen, weil sie eine hohe emotionale Bindung zu den Dingen haben. Unordnung inspiriert nicht. Top-Kreative haben das längst erkannt und umgeben sich mit einer optischen Ruhe.

185. Das magische Viereck: Wie miste ich am besten aus? Gibt es dafür eine Methode?

Suchen Sie sich eine geschlossene Einheit aus (zum Beispiel eine Schublade, ein Regalfach, eine Kiste oder eine Tasche) und räumen Sie diese vollkommen leer. Legen Sie den Inhalt auf den Fußboden oder einen Tisch. Dann nehmen Sie jedes Teil in die Hand und sortieren es in eine der vier Kategorien des magischen Vierecks:

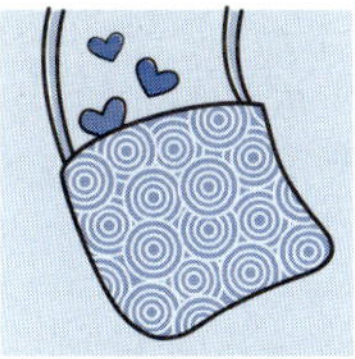

1. Wunderbar: Legen Sie in diesen Bereich nur, was Sie oft benutzen und was in einem Top-Zustand ist. Seien Sie kritisch: Es muss wirklich wunderbar sein und Ihren Alltag erleichtern oder verschönern. Oder es hat einen solchen emotionalen Wert für Sie, dass Sie genau dieses Stück behalten wollen.

2. Echter Müll: In diesen Bereich oder besser gleich in die bereitstehenden Mülltüten und Altpapierkisten sortieren Sie alles, was kaputt oder überflüssig ist. Bringen Sie die gefüllten Kisten und Müllsäcke gleich vor die Tür.

3. Weiterleiten: Alles, was zwar noch in Ordnung ist, Sie aber nicht mehr brauchen oder seit mindestens einem Jahr nicht mehr benutzt haben, legen Sie in diesen Bereich. Verschenken Sie diese Dinge an Kollegen oder verkaufen Sie sie (gegebenenfalls nach Rücksprache mit dem Chef) im Internet oder auf dem Flohmarkt.

4. Fragezeichen: Sie schwanken zwischen Behalten und Weggeben? Diese Sachen legen Sie in den Fragezeichen-Bereich. Anschließend packen Sie alles in einen Karton, den Sie mit einem Verfallsdatum (heute in einem Jahr) versehen und in den Keller oder auf den Speicher verfrachten. Nach Ablauf des Datums entscheiden Sie: behalten oder endgültig weg.

Säubern Sie die Dinge, die Sie behalten wollen, und deren Behältnis und räumen Sie alles schön systematisch wieder ein. Danach belohnen Sie sich mit einem kleinen Geschenk.

186. Info-Stapel: Bei mir türmen sich ungelesene Zeitschriften und Bücher, und das schlechte Gewissen wächst mit der Höhe des Stapels. Wie bekomme ich das in den Griff?

Entwickeln Sie auch hierfür Routinen. Schmeißen Sie die Zeitschriften weg, sobald die nächste Ausgabe in Ihrem Briefkasten oder Posteingang liegt. Sie lesen die Zeitschrift ohnehin nur selten? Kündigen Sie das Abo. Bei Bedarf finden Sie von den meisten Publikationen eine Online-Fassung im hauseigenen Archiv. Eine gute Quelle für die Artikel aus Zeitungen und Zeitschriften ist darüber hinaus die Datenbank Genios der Verlagsgruppe Handelsblatt (www.gbi.de). Hier finden Sie die kompletten Ausgaben vieler deutschsprachiger Medien gegen eine vergleichsweise geringe Recherchegebühr.

Extra-Tipp: Prüfen Sie bei Fachzeitschriften, wie wichtig deren Inhalt für Sie ist, und greifen Sie gegebenenfalls lieber zu Clippings oder Newsservices. Zusammenfassungen kompletter Bücher finden Sie unter www.getabstract.de.

187. Der perfekte Arbeitsplatz: Wie sieht ein perfekt organisierter Arbeitsplatz aus?

Ein Arbeitsplatz ist dann perfekt, wenn er Ihren Bedürfnissen 100-prozentig gerecht wird und alle benötigten Unterlagen sowie Arbeitsmittel übersichtlich angeordnet sind. Um effizienter arbeiten zu können, sollten Sie Ihren Arbeitsplatz in drei Bereiche einteilen:

1. Greifraum

2. erweiterter Greifraum

3. maximaler Greifraum

Im direkten Greifraum (Arbeitsfläche) finden Sie alles, was Sie zum Bearbeiten aktueller Aufgaben brauchen. Das sind Ihre Arbeitsunterlagen sowie Hilfsmittel wie

- Bildschirm, Tastatur und Maus,
- Telefon,
- verschiedene Stifte,
- Block oder Schmierpapier.

Im erweiterten Greifraum (Bereitstellungsfläche) finden Sie alles, was Sie schnell, aber nicht täglich zur Hand haben müssen. Regale, Hängeregister oder Rollcontainer machen Ihnen das Leben leichter.

Im maximalen Greifraum (Reservefläche) finden Sie alle Unterlagen und Arbeitsmittel, die Sie selten verwenden.

Extra-Tipp: Für Arbeitsplätze in Unternehmen gibt es zahlreiche Verordnungen und teilweise sogar Arbeitsplatz- und Ergonomie-Beauftragte. Hier können Sie sicher sein, dass Ihr Arbeitsplatz bereits optimal eingerichtet ist. Es liegt nun an Ihnen, die Elemente nicht zweckzuentfremden.

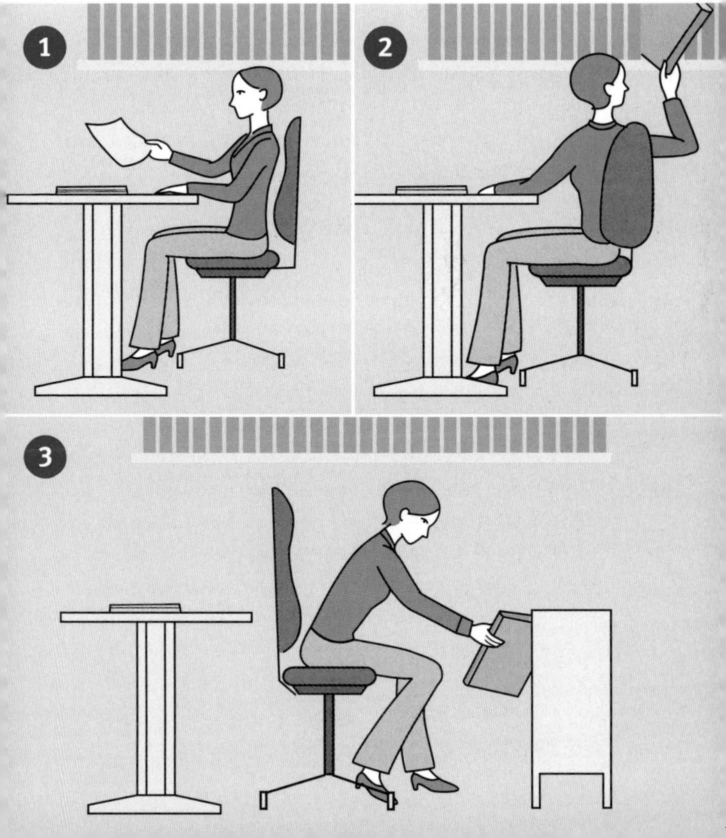

188. Leerer Schreibtisch: Ich bin »Volltischler« – und ehrlich gesagt: Ich will daran auch gar nichts ändern. Leere Schreibtische erschrecken mich.

Keine Angst, auf Ihrem Schreitisch muss keine klinische Leere herrschen. Im Gegenteil: Das Ziel Ihrer Ausmist-Aktion ist, dass Sie sich an Ihrem Schreibtisch wohlfühlen. Die oben beschriebene Organisation (▸ Nummer 187) ist eine Grundanordnung, die Sie nach Ihren persönlichen Vorlieben gestalten. Wenn Sie kinästhetisch veranlagt sind, also gerne Dinge anfassen und be-greifen, werden Sie nie ein papierloses Büro und einen komplett leeren Schreibtisch haben. Es würde Ihnen einfach etwas fehlen.

189. Individueller Ordnungsstil: Muss ich mich nach einem bestimmten Schema F richten, um perfekt organisiert zu sein?

Nein. »Perfekt« heißt schlicht und ergreifend: Perfekt für Sie. Passen Sie die Grundordnung (▸ Nummer 187) Ihren Vorlieben an. Richten Sie sich dabei nach Ihrem Typ und erlauben Sie sich, bis zu fünf weitere Gegenstände im direkten Greifraum zu platzieren.

- **Der Spartanische** wird nichts weiter auf seinen Schreibtisch stellen wollen – weniger ist bei ihm immer mehr.
- **Der Schöngeist** braucht schöne Dinge wie ein antikes Tintenfass und einen wertvollen Füllfederhalter in einer edlen Schale, einen echt silbernen Briefbeschwerer oder einen Brieföffner mit seinen Initialen um sich herum.
- **Der Atmosphärische** braucht zur Motivation auf dem Schreibtisch Fotos von seiner Familie, ein von der Tochter gemaltes Bild oder einen bunten Blumenstrauß.
- **Der Sammler** liebt das Sammelsurium von Dingen um sich herum – die Eintrittskarte von der letzten Messe in New York, den Glücksstein vom letzten Waldspaziergang, den zerbrochenen Entklammerer, weil so schöne Erinnerungen an dem »Bruch« hängen. Achtung: Beschränken auch Sie sich auf fünf Teile. Mehr führt zum Chaos.

- **Der Herumkramer** braucht ein gewisses Maß an Unordnung, um sich wohlzufühlen. Richten Sie sich deshalb frohen Herzens eine Schublade ein, in der Sie all den Krimskrams aufbewahren – Kopfwehtabletten, Pflaster, Brillenreinigungstücher, Münzen, Halsbonbons, Taschentücher etc. Der Rest des Schreibtischs kann dann leerer sein.

190. Sinnvolle Ordnungsmittel: Welche Hilfsmittel sorgen wirklich für mehr Ordnung?

Stöbern Sie in einem Bürobedarfsladen. Sie werden eine Vielzahl cleverer Helfer finden, die Ihnen die Büroorganisation erleichtern. Bei den meisten Menschen haben sich bewährt:

- ein Pult-Ordner (1–31) für die täglichen Aufgaben
- ein Pult-Ordner für Aufgaben der nächsten Monate (1–12)
- Hängeregister in verschiedenen Farben
- Ordner in verschiedenen Farben

191. Ablage: Ich brauche immer ewig, um in unserem Büro die Ablage zu erledigen. Wie kann ich das beschleunigen?

Warten Sie vor allen Dingen nicht, bis sich ein riesiger Berg aufgetürmt hat, sondern legen Sie abgeschlossene Vorgänge möglichst immer sofort ab (▸ Nummer 139). Hat sich doch einmal etwas mehr angesammelt, platzieren Sie die benötigten Order, Hängeregister etc. griffbereit auf Ihrem Schreibtisch und lassen Sie sie so lange (geöffnet) dort liegen, bis Sie alles einsortiert haben. Ein Vorsortieren ist damit in der Regel überflüssig. Nutzen Sie beim Einsortieren die wirtschaftliche Variante und legen Sie das aktuellste Dokument immer obenauf. So erhalten Sie eine chronologische Ordnung – von hinten nach vorne.

Extra-Tipp: Zwei Dinge kosten in der Praxis besonders viel Zeit – und Nerven: Ordner, die nicht richtig schließen beziehungsweise sich schwer öffnen lassen, und Locher, die keine Anlegeschiene haben und/oder nicht richtig funktionieren. Sparen Sie hier nicht an der falschen Stelle.

Ordnung halten leicht gemacht

Sie finden in Ihrem Büro nie die Sachen, die Sie gerade benötigen? Und auch zu Hause sind Sie und Ihre Lieben permanent am Suchen? Dann schaffen Sie sich Ihr eigenes System nach folgenden Regeln:

Wenig Platz

Kaufen Sie sich nur wenige Regale und Schränke. Natürlich soll alles seinen Platz finden. Zu viel Stauraum aber schreit förmlich danach, gefüllt zu werden. Dadurch sammeln Sie im Laufe der Zeit Dinge an, die Sie gar nicht brauchen. Je weniger Schränke und Regale Sie haben, desto eher müssen Sie ausmisten. Und je weniger Zeug Sie haben, desto leichter fällt das Aufräumen und Finden.

Teure Aufbewahrungsplätze

Geben Sie für Ordner, Schachteln oder Boxen ruhig etwas mehr Geld aus. Wenn Aufbewahrungsplätze wertvoll sind, dann knausern Sie automatisch mit ihnen. Ihr Unterbewusstsein zieht die Zügel an, und Sie sammeln nicht mehr jeden Mist. Teuer kann auch bedeuten, dass es einen besonderen Wert für Sie hat, weil Sie zum Beispiel eine Schachtel selbst mit Goldfolie oder den Muscheln aus dem letzten Urlaub verziert haben.

Alles an seinem Platz

Was fliegt in der Regel in der Gegend herum und wird ständig gesucht? Es sind die Dinge, die kein festes »Zuhause« haben. Richten Sie deshalb für jeden Gegenstand einen festen Platz ein. Räumen Sie Ihre Sachen in geschlossene Schränke, die Sie mit Schubladen oder kleinen Boxen übersichtlicher gestalten. Feste Plätze sparen Ihnen dreifach Zeit:

1. Beim Aufräumen müssen Sie nicht suchen, wo Sie das Teil unterbringen können – Sie wissen, wo es »wohnt«.

2. Wenn Sie etwas brauchen, genügt jetzt ein Griff in die richtige Einheit – lange Suchaktionen sind nicht mehr nötig.

3. Alle Kollegen wissen, wo was liegt, und stören Sie nicht mehr mit ständigen »Wo ist …«-Fragen.

Logische Aufbewahrungsorte

Entscheiden Sie, wo der Gegenstand am logischsten untergebracht ist: Papier und Laserkartusche direkt beim Drucker, Werbemittel bei der Assistentin etc.

Bunt und beschriftet

Gestalten Sie die Aufbewahrungsorte bunt und verzieren Sie Kisten, Schubladen oder Regalfächer mit einem Bild vom Inhalt. Farben und Bilder sprechen die rechte Gehirnhälfte an und erleichtern besonders Rechtshirnern (▸ Nummer 30) das Finden. Beschriften Sie alles deutlich lesbar.

Zufluss beschränken

Je mehr Sie in Ihr Haus oder Büro reinschleppen, desto mehr müssen Sie aufräumen und (als Müll) wieder rausschleppen. Überprüfen Sie, was Ihnen mittlerweile alles unaufgefordert ins Haus kommt, und packen Sie die Info-Flut an der Wurzel: Kündigen Sie selten genutzte Abos, schicken Sie Werbebriefe ungeöffnet mit dem Vermerk »Annahme verweigert« an den Absender zurück, lassen Sie sich aus Verteilern streichen.

Abfluss beschleunigen

Unordnung entsteht auch, weil Neues reinkommt, aber Altes nicht schnell genug wegkommt. Beobachten Sie, wo sich an Ihrem Arbeitsplatz (oder zu Hause) Dinge stauen, und schaffen Sie Abhilfe. Befreien Sie sich regelmäßig in kleinen Schritten, warten Sie nicht, bis wieder eine Hauruckaktion nötig ist.

Gewohnheiten schaffen

Sie halten spielend leicht Ordnung, wenn Sie Gewohnheiten im Umgang mit Ihrem Besitz schaffen. Erledigen Sie Tätigkeiten, die 30 Sekunden oder kürzer dauern, sofort (▸ Nummer 140) und absolvieren Sie regelmäßig den 20-Minuten-Morgenlauf (▸ Nummer 291).

192. Suchen trotz Ordnung: Ich habe toll aufgeräumt, neue Ordner gekauft und sorgfältig beschriftet, trotzdem finde ich nichts.

Haben Sie die vorangegangenen Tipps (▸ Seite 156 f.) beherzigt? Dann schauen Sie sich nochmals die Ordnerrücken an. Sind sie ansprechend gestaltet, zum Beispiel mit Bildern versehen? Vermutlich sind Sie Rechtshirner (▸ Nummer 30), und es fällt Ihnen leichter, nach Bildern zu greifen als Buchstaben zu entschlüsseln.

Bringen Sie mehr Spaß in die Ordner-Welt, indem Sie sich lustige Namen ausdenken. »Akquiseschreiben A–F« klingt nicht gerade motivierend. Schreiben Sie lieber »Hier winken neue Geschäfte«, und »Bezahl mich« statt »Rechnungen«. Büroorganisation kann Spaß machen – gönnen Sie sich den.

193. Kollegen zu Ordnung motivieren: Wie kann ich meine Kollegen motivieren, die geschaffene Ordnung einzuhalten?

Überlegen Sie gemeinsam, wie Sie das Aufräumen attraktiver gestalten können. Schließlich ist jedem im Team geholfen, wenn er weiß, wo er welchen Ordner und welche Unterlagen findet. Legen Sie zusammen ein Ordnungssystem an, das allen Spaß macht und bei dem jeder schnell findet, was er sucht.

194. Hoffnungsloser Fall: Ich habe sämtliche Bücher zum Thema »Ordnung im Büro« gelesen und alle Tricks ausprobiert – vergeblich. Ich bin wohl ein hoffnungsloser Fall ...

Frage: Wie ordentlich ist es denn schon bei Ihnen? Manchmal legen wir die Messlatte einfach zu hoch. Und dann stresst uns das Ordnunghalten. Fragen Sie doch einfach einmal Ihren Kollegen am Nachbarplatz oder einen Ihrer Freunde, wie ordentlich es bei Ihnen ist. Wenn die Antwort »superordentlich« lautet, dann können Sie sich spätestens jetzt zurücklehnen. Wenn die Antwort »Chaos« lautet, dann kann es sein, dass Sie ein Messie sind und professionelle Hilfe brauchen.

Das Messie-Syndrom

Nach Schätzungen von Selbsthilfegruppen leben in Deutschland rund 1,8 Millionen Menschen mit Messie-Syndrom. Sie häufen in einem Maß Dinge an, dass sie in ihrer Wohnung kaum noch Platz zum Leben finden. Messies sammeln einfach alles: von Autobatterien über Zeitungen bis zu leeren Joghurtbechern und Elektroschrott. Ihr Alltag wird von Chaos und Desorganisation beherrscht. Die meisten Betroffenen sind dem Deutschen Ärzteblatt zufolge zwischen 40 und 50 Jahre alt, schätzungsweise 80 Prozent sind Frauen. Unterstützung finden Messies unter anderem bei der Bundesgeschäftsstelle der Messie-Selbsthilfegruppen und der Messie-Angehörigengruppen (www.messie-selbsthilfe.de).

195. Weggeworfenes: Ich habe mich endlich von etlichen Tonnen Zeitungen, Zeitschriften Aufzeichnungen etc. getrennt. Und prompt hätte ich neulich etwas davon brauchen können …

Das sieht nach Murphys Gesetz aus: Wenn etwas schiefgehen kann, tut es das auch. Meist liegt das aber an unserer Wahrnehmung. Denn in der Regel wissen wir gar nicht mehr, was wir alles im Keller oder in den Tiefen des Büroschranks haben. Erst durch die Entrümpelungsaktion ist es Ihnen wieder ins Gedächtnis gekommen. Hätten Sie nicht aufgeräumt, hätten Sie es gar nicht gewusst! Also akzeptieren Sie diese seltenen Fälle von »Hätte ich noch brauchen können«.

196. Sammelwütiger Kollege: Mein Kollege ist ein ewiger Sammler. Mich nervt sein volles Büro-Eck von Tag zu Tag mehr.

Sie können andere Menschen zwar nicht ändern, aber Sie können ihnen Lust auf mehr Ordnung machen. Leben Sie Ihrem Kollegen einfach die Vorteile von weniger Ballast vor: Sie gehen abends früher nach Hause, weil Sie schneller und effizienter mit Ihrer Arbeit fertig werden, Sie finden den gesuchten Ordner mit einem Griff… Schenken Sie ihm bei Gelegenheit ein passendes Buch oder einen Tag mit einem professionellen Büro-Organisator. Bieten Sie an, gemeinsam auszumisten – das macht mehr Spaß.

Abläufe optimieren

Umständliche Arbeitsabläufe und Wartezeiten fressen wertvolle Zeit und zudem Geld. Ob Mitarbeiter oder Chef – optimieren Sie interne Abläufe und gewinnen Sie motivierte Leute, zufriedene Kunden und mehr Zeit.

197. Prozesse verbessern: Warum soll ich mir die Arbeit machen, komplexe oder gar unsinnige Prozesse zu verbessern? Das bringt doch eh nichts.

Es gehört in vielen Firmen zum guten Ton, über die anderen Kollegen und Abteilungen zu schimpfen sowie unfähige Chefs und unsinnige Abläufe für den eigenen Stress verantwortlich zu machen. Schade. Wer sich so im Strom der üblichen Motzereien treiben lässt, verschenkt Energie und Lebenszeit. Auch wer resigniert die Hände hebt (»Ich wüsste ja, wie alles besser wird, aber unsere unfähige Geschäftsführung schnallt das nicht…«), wird über kurz oder lang den Spaß an der Arbeit verlieren. Denn wer ist es denn, der dann Überstunden macht, weil eine wichtige Akte beim Teamleiter festhing?

Deshalb ist alles, was Sie in Ihrer Firma an Verbesserungen anregen, immer auch ein Gewinn für Sie. Welche Möglichkeiten Sie dazu haben, erfahren Sie in Nummer 200 ff.

Manchmal ist es aber sinnvoller, einen Experten von außen zu holen: Arbeitsplatz-Organisatoren und Unternehmensberater beleuchten gnadenlos die internen Schwachstellen und schlagen Lösungen vor. Die Experten sollten auch die Umsetzung begleiten, denn so manche gute »Sanierung« scheitert daran, dass die Vorschläge in einer Schublade verschwinden.

198. Grundlegende Veränderungen: In unserer Firma herrscht einfach grundsätzlich Chaos. Da müssten ganz neue Strukturen eingeführt werden, mit kleinen Änderungen ist es nicht getan.

In Seminaren höre ich oft, dass Mitarbeiter unter fehlenden Strukturen und unklaren Ansagen leiden. Weil die Chefs nicht im Seminar sitzen – hilft dagegen nur eines: Steter Tropfen höhlt den Stein. Betonen Sie immer wieder, inwiefern andere Abläufe und neue Strukturen den Alltag aller verbessern würden und wie das Unternehmen davon profitiert.

Lassen Sie Praxisberichte über Firmen kursieren, die es mit einfachen Mitteln geschafft haben, Abläufe zu verbessern, und so ihre Gewinne steigern konnten. Laden Sie einen Experten ein, der einen Vortrag über die Vorteile eines vereinfachten Unternehmensalltags hält, oder laden Sie Ihren Chef zu einem entsprechenden Kongress ein. Suchen Sie sich Verbündete, die einen positiven Einfluss auf Ihren Vorgesetzten haben und in Ihrem Sinne argumentieren. Denken Sie quer und kreativ. Bis der Anstoß von oben kommt, verbessern Sie Ihr eigenes Arbeitsumfeld und berichten darüber. Oftmals schauen sich Manager Verbesserungen erst einmal eine Zeit lang an, bevor sie bereit sind, übergreifend etwas zu verändern.

199. Unrunde Abläufe finden: Wie können wir unrunde Abläufe in unserer Firma finden?

Mit Ihren Zeitprotokollen (▸ Nummer 19) haben Sie schon einen sehr guten Überblick, wo die Arbeit an Ihrem Arbeitsplatz stockt. Schauen Sie sich Ihre Protokolle genau an:

- Welche Vorgänge nehmen Sie mehrfach zur Hand? Warum?
- Welche Aufgaben gehen Sie nur ungern an und warum?
- Was fehlt Ihnen, um die Aufgabe abzuschließen?
- Woher könnten Sie die fehlenden Ressourcen schnell und unkompliziert bekommen?
- Auf welche Informationen oder Teile warten Sie häufiger?
- Welche Abläufe könnten Sie selbst beschleunigen? Wie?
- Welchen Zeitaufwand bedeutet das für Sie?

Erfahrung

Thomas, Sachbearbeiter in einem Konzern, muss Kundenanfragen und Beschwerden mehrmals in die Hand nehmen. Warum? Thomas formuliert zunächst die Antwort (Zeitaufwand: zirka 15 Minuten). Dann geht sein Entwurf zur Teamsekretärin, die ihn dem Teamleiter zum Gegenlesen gibt. Wünscht dieser Änderungen, geht das Schreiben zurück an Thomas. Möchte er keine Änderungen, geht es an den Abteilungsleiter. Hat dieser Änderungen, geht der Entwurf wieder an Thomas und über den Teamleiter zum Abteilungsleiter. Sind endlich alle Chefs mit dem Schreiben zufrieden, prüft es die Sekretärin formal, druckt es aus und gibt es an alle Ebenen zur Unterschrift. So ist manches Kundenschreiben rund eine Woche intern »unterwegs«.

Sie haben kein Zeitprotokoll angelegt? Dann beobachten Sie sich einfach aufmerksam bei der Arbeit. Durchleuchten Sie jeden Vorgang und fragen Sie sich:

- Wie könnten wir es einfacher machen?
- Wie könnten wir den Vorgang beschleunigen?

Extra-Tipp: Machen Sie unrunde Abläufe sichtbar. Oft wissen Kollegen und Vorgesetzte nicht, wie uneffizient manches abläuft, und sind erschüttert, wenn es ihnen deutlich wird. Thomas hat beispielsweise ein detailliertes Ablaufschema erstellt und in einer Teamsitzung präsentiert. Erst herrschte ungläubige Stille, dann Gelächter. Und schnell waren sich alle einig: Hier können wir rasch und unbürokratisch etwas ändern.

200. Chefsache: Aber alleine kann ich doch an den Abläufen gar nichts ändern. Wenn meine Chefs das nicht durchboxen, habe ich keine Chance.

Betreffen die Abläufe nur Ihren Arbeitsplatz, können Sie leicht etwas ändern (▸ Nummer 139 ff.). Ansonsten sehen Sie sich einfach als Trüffelschwein oder Schatzsucher, der Möglichkeiten entdeckt, mit denen sich Ihre Firma verbessern lässt. Konzentrieren Sie sich dabei auf Ihr Aufgabengebiet, denn dort kennen Sie die Abläufe und Herausforderungen am besten. Und es gibt sicherlich keinen Chef, der zusammen mit seinem Team nicht produktiver, effektiver, effizienter, kundenfreundlicher, marktorientierter und motivierter arbeiten will. Viele Firmen haben bereits ein Betriebliches Vorschlagswesen (BVW) oder einen Kontinuierlichen Verbesserungsprozess (KVP) eingeführt. Falls nicht: Kein Problem, Verbesserungen brauchen keine Programme.

201. Ständige Verbesserung: Ich habe von einer Methode namens Kaizen gehört. Was ist das, und wie können wir es nutzen?

Es ist normal, dass es in einer Firma auch einmal »zwickt«: Der Drucker streikt, eine Werbekampagne geht in die Hose, Engpässe in der Produktion … Und weil solche Probleme immer wieder auftauchen, gibt es auch immer wieder etwas zu verändern. Diesen Weg der ständigen Veränderung beschreibt ein japanisches Managementkonzept, das immer mehr Unternehmen erobert: Kaizen. Viele der darin enthaltenen Methoden sind längst bekannt. Aber wie so oft: Wir wissen genau, was zu tun wäre, tun es aber nicht. Kaizen zielt auf die ständige Veränderung eines Unternehmens hin zum Guten: hohe Qualität, guter Preis, hohe Geschwindigkeit, hoher Gewinn etc. Dabei beschreibt Kaizen ganz genau, was es zu vermeiden gilt. Nämlich – nach der Checkliste der drei Mu – Muda (Verschwendung), Muri (Überlastung) und Mura (Abweichung). Als Abhilfe empfiehlt Kaizen die »Checkliste der 5 S«:

- Seiri = Ordnung schaffen
- Seiton = jeden Gegenstand am richtigen Ort aufbewahren
- Seiso = Sauberkeit
- Seiketsu = persönlicher Ordnungssinn
- Shitsuke = Disziplin und Selbstdisziplin

Im Gegensatz zu sprunghaften Innovationen verbessert Kaizen das Vorhandene permanent und in kleinen Schritten.

Das heißt auch, dass sich die Mitarbeiter ständig verbessern; dass also permanente Weiterbildung (fachliche, methodische und persönliche Kompetenz) das Rückgrat der Methode ist. Kaizen setzt voraus, dass die Geschäftsleitung und alle Führungskräfte ständige Verbesserungen wollen und dies zur Unternehmensphilosophie machen.

202. Kaizen in der Praxis: Wie wird Kaizen umgesetzt?

Beim Kontinuierlichen Verbesserungsprozess (KVP) ist jeder Mitarbeiter aufgerufen, seine Ideen, wie sich der eigene Arbeitsplatz und das gesamte Unternehmen verbessern ließen, einzureichen. Auf einem (simpel gestalteten) Ideenblatt werden die entsprechenden Informationen gesammelt:

- So ist die Situation heute.
- meine Idee, mein Verbesserungsvorschlag
- Dieser Vorteil entsteht dadurch.

Extra-Tipp: Viele Firmen setzen dieses Ideenblatt auch bei ihren Kunden ein, denn diese sind die besten – und günstigsten – Unternehmensberater: Sie wissen ganz genau, was sie wollen und was sie nicht wollen. Nutzen Sie dieses Füllhorn an Ideen. Es liefert auch prima Argumente für die Diskussion mit Entscheidern.

203. Ideen präsentieren: Wie sorge ich dafür, dass meine Ideen ernst genommen werden?

Sammeln Sie folgende Informationen und bereiten Sie sich auf ein Gespräch mit Ihrem Chef vor:

- Wie ist der derzeitige Arbeitsprozess entstanden oder warum machen wir es so, wie wir es machen? (Historie)
- Welche Lösungsmöglichkeiten gibt es?
- Welche Alternativen?
- Was spricht gegen eine Änderung?
- Welche Einwände könnten kommen?
- Welchen Nutzen hätte die Firma von einer Änderung?

In vielen Firmen – aber auch bei unseren eigenen Handgriffen – haben sich bestimmte Abläufe einfach eingebürgert, ohne dass jemals wieder darüber nachgedacht wurde. Sobald wir den Sinn hinterfragen, ist eine Änderung möglich.

204. Einwände: Immer wenn ich einen Vorschlag mache, kommen Einwände von allen Seiten. Wie reagiere ich darauf am geschicktesten?

Wussten Sie, dass 83 Prozent der Menschen Bewahrer sind? Sie möchten, dass alles so bleibt, wie es ist. Für immer. Folgende Strategien erleichtern Ihnen das Gespräch mit ihnen:

- Beziehen Sie »Zweifler« von Anfang an mit ein. Konfrontieren Sie sie nicht mit fertigen Lösungen, sondern lassen Sie sie selbst auf die Lösung kommen.
- Sammeln Sie Argumente, die für jeden Typ (▶ Seite 43 ff.) etwas bieten: Liefern Sie Zahlen und Fakten, Visionen, emotionale Argumente sowie Checklisten und Maßnahmenpläne.
- Formulieren Sie positiv und lösungsorientiert. Chefs hassen es, wenn Mitarbeiter mit einem »Problem« zu ihnen kommen: »Chef, wir haben das Problem, dass Kundenschreiben durch fünf Hände gehen und wir hier viel Zeit vertun.« Viel lieber bekommen sie Lösungen präsentiert: »Chef, wir haben festgestellt, dass Kundenschreiben bei uns durch fünf Hände gehen. Um die Kunden schneller zu informieren, haben wir uns überlegt …«
- Suchen Sie sich Verbündete und Mitstreiter.

205. Die Umsetzung: Wie schaffen wir es, unsere Ideen auch wirklich umzusetzen?

Leider passiert in vielen Unternehmen genau an dieser Stelle zu wenig. Da werden zwar die internen Schwachstellen erkannt, an denen unnötig viel Zeit und Energie verbraucht werden, aber dann übernimmt niemand die Initiative. Meist aus einem der folgenden Gründe:

- **Keine Zeit:** Alle stecken so in ihrer Alltags-Mühle, dass keiner Zeit hat, neue Strukturen zu bilden oder eingefahrene Prozesse abzuändern. Lösung: Ein Mitarbeiter übernimmt die Federführung – und wird während dieser Zeit von anderen Aufgaben entbunden.

- **Perfektionismus:** Da das Problem nun erkannt ist, wünschen die meisten eine bühnenreife Lösung. Doch wer nach dem Perfekten strebt, fühlt sich schnell überfordert. Man fängt gar nicht erst an, etwas zu verbessern, weil man immer weiter nach dem Optimum sucht. Lösung: Machen Sie lieber heute kleine unperfekte Schritte, um langsam besser zu werden, als auf den einen riesigen perfekten Schritt zu warten – den Sie ohnehin nicht gehen.

Methodenkoffer: Die 7-W-Checkliste

Die 7-W-Checkliste nach dem römischen Politiker und Philosophen Cicero hilft Ihnen, einen Maßnahmenplan zu Ihrer Idee zu entwickeln. Sie fasst zusammen, welche Fragen zu stellen und zu beantworten sind, und macht komplexe Projekte dadurch übersichtlich:

- Wer – Wer macht es?
- Was – Was ist zu tun?
- Warum – Warum wird es gemacht?
- Wann – Wann wird es gemacht?
- Wo – Wo soll es getan werden?
- Wie – Wie wird es gemacht?
- Wieso – Wieso wird es nicht anders gemacht?

206. Arbeitsübersichten: Ich will für alle Abläufe in unserem Unternehmen detaillierte Arbeitsübersichten erstellen, schaffe es aber nicht.

Hören Sie, wie der Perfektionist in Ihnen eine Hymne singt? Detaillierte Arbeitsübersichten kosten viel Zeit, da sie sehr aufwendig sind und der Teufel oftmals im Detail steckt. Brauchen Sie diese Übersichten denn wirklich, um Ihren Alltag besser zu bewältigen? Ganz sicher? Nein? Dann verabschieden Sie sich von dieser Idee. Ja? Dann beginnen Sie mit einer handschriftlichen Sammlung aller Arbeitsschritte, die Sie nach und nach ergänzen. Wenn Sie alles beisammen haben, übertragen Sie es in den Computer und bereiten es für alle auf.

Extra-Tipp: In vielen Firmen werden Routinearbeiten gern in Anleitungen oder Handbüchern festgehalten. Das ist sinnvoll, denn es hilft beim Delegieren und bei der Einarbeitung neuer Mitarbeiter. Allerdings müssen die Anleitungen auch regelmäßig aktualisiert werden. Überlegen Sie daher genau, für welche Vorgänge sich dieser Aufwand lohnt, und stellen Sie sicher, dass die Handbücher immer auf dem neuesten Stand sind – sonst war die ganze Mühe umsonst.

Spielregeln aufstellen

Immer wieder klagen Berufstätige, dass sie ihr Arbeitspensum nicht schaffen, weil E-Mails, Meetings und nicht selten auch das Verhalten der Kollegen unnötig viel Zeit kosten. Höchste Eisenbahn, ein paar Spielregeln einzuführen – zum Gewinn aller!

207. E-Mails: Ich werde ständig durch E-Mails aus der Arbeit gerissen. Wie kann ich dieser Sklaverei entkommen?

Längst ist der technische Segen »elektronische Post« für viele zum Fluch geworden. Denn wir spüren den Druck, jede eingehende Mail sofort zu lesen und zu beantworten. Machen Sie sich klar: E-Mails sind dazu erfunden worden, uns den Alltag zu erleichtern. Hören Sie auf, sich selbst zum Sklaven der elektronischen Post zu machen – Sie entscheiden über Ihre Zeit!

Halten Sie sich an die goldenen Regeln der elektronischen Post (► Seite 168 f.) und gehen Sie mit gutem Beispiel voran, wenn Sie selbst E-Mails verschicken. Sie werden so manch glücklichen Nachahmer finden. Und davon profitieren Sie dann sofort!

Die 11 goldenen E-Mail-Regeln

1. Sendepause: Stellen Sie die automatische Benachrichtigung über den Posteingang ab. Egal ob »pling« oder ein blinkender Umschlag – jeder Reiz stört Ihre Konzentration.

2. Entspannen Sie sich: Fragen Sie sich: Wie wichtig ist es, sekundengenau über neue Post informiert zu sein? Was passiert, wenn Sie die Mails erst nach drei Stunden lesen? Meist passiert nichts – und wenn Sie nicht am Platz wären, dann würden Sie den Eingang ja auch nicht bemerken.

3. Schluss mit Hektik: In den USA ist es üblich, eine Mail innerhalb von acht Stunden zu beantworten. In Deutschland erwartet man die Antwort am nächsten Tag. Machen Sie sich deshalb also keinen Stress damit, sofort zu antworten.

4. Feste Zeiten und Zeitspannen: Legen Sie feste Mail-Abholzeiten für sich fest.

- Erste Briefkastenleerung: morgens, nachdem Sie den ersten wichtigen Punkt auf Ihrer To-do-Liste erledigt haben
- Zweite Briefkastenleerung: kurz vor dem Mittagessen, wenn die Konzentration ohnehin schon nachlässt
- Dritte Briefkastenleerung: nach dem Mittagessen
- Vierte Briefkastenleerung: eine Stunde vor Feierabend
- Legen Sie darüber hinaus fest, wie lange Sie sich den Mails jeweils en bloc widmen wollen (zum Beispiel 20 Minuten morgens, 30 Minuten nachmittags).

5. Einmal-Aktion: Beschäftigen Sie sich mit jeder Mail nur einmal. Überlegen Sie sofort: reagieren, archivieren oder löschen.

6. Umgang mit CC-Mails: Legen Sie in Ihrer Firma oder Ihrem Team fest, wie Sie mit CC-Mails, dem größten Zeitfresser überhaupt, umgehen wollen. »Mails per cc sind in unserer Firma generell verboten.« Legen Sie »Strafen« fest: fünf Euro in die Team-Kasse, einen Umtrunk auf Kosten des Schuldigen ... Werden Sie kreativ – die meisten Problem lassen sich mit einer Prise Humor prima lösen. Die anderen ziehen nicht mit? Dann sagen Sie deutlich, dass Sie CC-Mails nicht mehr lesen. Punkt. In anderen Firmen sind leitende Angestellte und Mitarbeiter diesen »gnadenlosen Weg« bereits gegangen. Am Anfang hat es die Kollegen sehr irritiert, nun aber sind alle auf den Zug aufgesprungen. In einer Firma, in der ich eine Inhouse-Schulung abhielt, stellten die Mitarbeiter fest, dass nur 5 Prozent der CC-Mails in irgendeiner Form für den CC-Adressaten wichtig waren. 95 Prozent waren schlichtweg elektronischer Müll.

7. Fassen Sie sich kurz: Formulieren Sie Ihre Antwort kurz und bündig (maximal eine Bildschirmseite, nicht scrollen) und investieren Sie nicht mehr als zwei Minuten pro Mail. Ihr Adressat wird es zu schätzen wissen und seine Antwort ebenfalls knapp halten.

8. Nutzen Sie die Betreffzeile: Schreiben Sie Mini-Informationen direkt in die Betreffzeile und schließen Sie mit NFM (»no further message«: keine weitere Nachricht) oder EOM (»end of message«: Ende der Nachricht) ab. Dann braucht der Adressat die (leere) Mail nicht zu öffnen.

9. Längere Antworten: Eine Antwort wird länger ausfallen oder Sie benötigen dazu noch Unterlagen? Dann terminieren Sie die Antwort auf einen späteren Zeitpunkt. Vergessen Sie nicht, einen entsprechenden Hinweis in Ihren Terminkalender einzutragen oder einen Ausdruck der Mail in die Wiedervorlagemappe zu legen!

10. Anrufen: Ideen entwickeln, Konflikte lösen, verhandeln – für diese Themen sind E-Mails ungeeignet. Greifen Sie lieber zum Telefonhörer.

11. Spaß-Killer: Verzichten Sie darauf, Witze, Cartoons oder Kettenbriefe weiterzugeben – und weisen Sie die Absender entsprechender Botschaften darauf hin, dass Sie Nonsense-Mails nicht mehr erhalten wollen.

208. Meetings: Wir verbringen so viel Zeit in Meetings. Wie können wir sie effektiver und zeitsparender gestalten?

Untersuchungen führender Unternehmensberatungen zufolge sind rund 40 Prozent der Zeit, die wir in Meetings verbringen, sinnlos verbrachte Zeit. Besonders für Führungskräfte ist das dramatisch, denn sie sitzen rund 30 (mittlerer Führungskreis) bis 50 Prozent (Top-Manager) ihrer Arbeitszeit in Besprechungen.

Was für eine Chance, wertvolle Zeit zu »gewinnen«! Stellen Sie dazu gemeinsam im Team ein paar Spielregeln auf. Wenn alle diese Regeln gemeinsam ausarbeiten, dann werden sie sich auch daran halten. Sorgen Sie dafür, dass das Thema »Effektive Besprechungen – unsere Regeln« auf die Tagesordnung Ihres nächsten Meetings kommt. Sie haben keine Tagesordnung? Dann sind wir schon mitten im Thema:

- Kein Meeting ohne konkretes Ziel
- Kein Meeting ohne (kurze!) Tagesordnung
- Tagesordnung spätestens am Vortag verteilen
- Kein Meeting ohne die notwendigen Entscheider
- Exakten Anfangs- und Endtermin setzen
- Reine Info-Meetings auf 45 Minuten beschränken, Entscheidungs-Meetings auf drei Stunden
- Konferenzraum mit allen benötigten Utensilien ausstatten
- Moderator benennen, der auf Gesprächsführung und einen zielorientierten Ablauf achtet
- Pünktlich anfangen
- Zuspätkommer nicht über das bereits Gesagte informieren und andere (im Team vereinbarte) »Strafen« verhängen
- Zu Beginn Agenda vorstellen und pro Punkt die dafür vorgesehene Zeit sowie das Ziel notieren
- Keine weiteren Tagesordnungspunkte zulassen
- Vereinbarung treffen, dass unvorbereitete Agenda-Punkte und Mitarbeiter nicht toleriert werden
- Meeting-Regeln (zum Beispiel Wertschätzung, ausreden lassen, kurze Wortmeldungen) gut sichtbar aufhängen

- Veranschlagte Zeiten einhalten (Profilneurotiker freundlich abwürgen oder prinzipielle Redezeit pro Person festlegen und mit einem Countdown-Zähler akustisch abklingeln)
- Beschlüsse und damit verbundene Maßnahmen schriftlich festhalten (Wer erledigt was mit wem wie bis wann?) und Ergebnisse beim nächsten Meeting checken
- Am Ende die Themen und den Termin für die nächste Sitzung festlegen

Extra-Tipp: Sie sind früher fertig mit dem Meeting als geplant? Herzlichen Glückwunsch. Machen Sie jetzt aber nicht den Fehler, die Besprechung künstlich in die Länge zu ziehen, sondern trennen Sie sich früher. Alle Teilnehmer werden sich über die »geschenkte« Zeit freuen!

209. Pünktlichkeit: In meinem Umfeld sind viele Menschen permanent unpünktlich. Wie kann ich sie zu mehr Pünktlichkeit motivieren?

Menschen, die ständig zu spät kommen, sind nicht nur unpünktlich, sondern auch unhöflich. Schließlich signalisieren sie uns: Etwas anderes war mir gerade wichtiger. Sprechen Sie doch einmal offen aus, wie die ständigen Verspätungen auf Sie wirken: Lassen Sie die Zuspätkommer wissen, dass Sie von ihrer ständigen Unpünktlichkeit genervt sind. Vielleicht war es ihnen bislang gar nicht klar.

Möglicherweise reagiert Ihre Freundin oder der Kollege genervt, nach dem Motto: »Ich reiße mir hier ein Bein aus und schaffe es mit lediglich einer Viertelstunde Verspätung, und du moserst.« Jeder Mensch hat eine andere Vorstellung von Pünktlichkeit. Manche erscheinen immer 15 Minuten vor der angegebenen Uhrzeit bei den Gastgebern und erwarten dasselbe, wenn sie selbst einladen. In anderen Familien ist die berühmte akademische Viertelstunde vollkommen in Ordnung. Klären Sie im Kollegen- und Freundeskreis bei Bedarf die jeweilige Vorstellung von »pünktlich« und schließen Sie Kompromisse. Helfen Sie sich zusätzlich mit folgenden Kniffen:

- Vereinbaren Sie »krumme« Zeiten. Besonders rechtshirnige Menschen (► Nummer 30) merken sich solche Termine besser: Treffen in der Kneipe, 19:19 Uhr.
- »Bestrafen« Sie Bummler – indem Sie nach einer vorher vereinbarten Wartezeit einfach nach Hause gehen (»Ich warte 20 Minuten auf dich, dann gehe ich«).
- Seien Sie konsequent.

210. Mecker-Verbot: Das ständige Motzen meiner Kollegen kostet uns viel Energie – und natürlich Zeit. Wie lässt sich das ändern?

Die Chefin einer Software-Firma in Leipzig hat ein Ärger-und-Jammer-Verbot in die Arbeitsverträge ihrer 15 Mitarbeiter aufgenommen. Nörgeln darf seither nur noch, wer gleichzeitig auch einen konstruktiven Änderungsvorschlag äußert. Mit dem Mecker-Verbot seien 95 Prozent der bisherigen Themen unter den Tisch gefallen – und durch positive Gespräche ersetzt worden. Bloßes Jammern sei Energieverschwendung, meint die Gründerin, denn solange man am Ärger klebe, sei man nicht offen für andere Dinge. Manche Menschen würden sich zehn Jahre lang über ihre Arbeit ärgern, bevor sie den Job wechseln. Andere ärgern sich zehn Minuten, benutzen ihren gesunden Menschenverstand und machen sich auf die Suche.

Seit das Mecker-Verbot gilt, hat die Software-Schmiede ihren Unternehmenserfolg stetig gesteigert und macht heute knapp drei Millionen Euro Umsatz und 25 Prozent Gewinn (statt Verlust, wie vor dem Mecker-Verbot). »Bei uns wird beim Mittagessen nur noch gewitzelt und viel mehr gelacht«, erzählt die Chefin, die inzwischen Anti-Ärger-Seminare bei Porsche, der Deutschen Bank und anderen renommierten Firmen leitet. Das Ziel: die eigene Ärgerzeit halbieren. Ein Teilnehmer zum Beispiel hatte sich – alles zusammengerechnet – 4600 Stunden über seinen Chef geärgert. Die Unternehmerin fragte ihn: Hat es etwas genützt? Er sagte: Nein! Damit war für ihn die Sache erledigt.

211. Arbeitszeiten: Ein Mitglied unseres Teams kommt um 7:30 Uhr und verschwindet Punkt 17:30 Uhr wieder. Wir anderen arbeiten viel länger, und das ärgert uns.

In unserer modernen Arbeitswelt, in der Projekte unsere Arbeitszeiten regeln und nicht mehr die Stechuhr, scheint ein solches Verhalten altmodisch und seltsam. Bevor Sie jedoch über den Kollegen urteilen, sollten Sie sein Verhalten hinterfragen. In einem Führungskräfteseminar saß ein frischgebackener Teamleiter, der genau dieses Problem hatte. Allerdings zeigte sich, dass der »sperrige« Kollege sogar ein Projekt mehr betreute als die anderen Teammitglieder und 1A-Ergebnisse lieferte. Die Lösung: Die Kollegen hörten auf, wegen seiner strukturierten, effizienten Arbeitsweise anzufeinden, sondern sprachen ihm offen Lob dafür aus. Sie baten ihn, sie mit seiner Arbeits- und Organisationsweise vertraut zu machen. Der Erfolg: Die Stimmung im Team stieg, und jetzt gehen alle zu humanen Zeiten nach Hause.

212. Lobkultur: In unserem Team wird nie gelobt. Inzwischen bemüht sich kaum noch jemand, besonders schnell oder gut zu arbeiten.

Viele Chefs meinen »nicht geschimpft ist genug gelobt«. Doch nichts motiviert einen Mitarbeiter mehr als ein ernst gemeintes und durchdachtes Lob. Und damit wirkt Lob direkt als Zeit-Turbo. Denn je gezielter Menschen gelobt werden, desto besser erledigen sie die ihnen übertragenen Aufgaben und desto motivierter sind sie bei der Arbeit. Und je motivierter wir sind – desto schneller erledigen wir unsere Jobs! Damit sparen sowohl Chefs als auch Mitarbeiter wertvolle Arbeitszeit.

Wenn Ihr Chef nicht selbst auf die Idee kommt, mal zu loben – oder seine Lob-Quelle schon länger ausgetrocknet ist –, dann bitten Sie ihn freundlich um Feedback, wenn Sie eine Aufgabe erledigt haben. Gewöhnen Sie sich auch unter Kollegen an, die Arbeit des anderen anzuerkennen. Am besten, Sie etablieren in Ihrem Team eine Lobkultur. Loben Sie nach folgenden Kriterien:

- Schauen Sie die Arbeit genau an und stellen Sie konkret heraus, was gut ist. Begnügen Sie sich nicht mit einem schnellen »Das haben Sie gut gemacht«, sondern loben Sie Details: »Diese Excel-Tabelle zur Projektplanung finde ich sehr übersichtlich, weil die verschiedenen Farben die Orientierung erleichtern.«
- Überlegen Sie, was Ihnen bei einem Lob wichtig ist, damit es bei Ihnen auch wirklich »ankommt«. Jeder Mensch hat einen anderen bevorzugten Wahrnehmungskanal, über den er Informationen am besten aufnimmt. Möchten Sie ein Lob hören (nette Worte, Sektkorken knallt)? Möchten Sie es spüren (in den Arm nehmen, Schulter klopfen)? Möchten Sie es sehen (Sektflasche, Torte oder Blumenstrauß)? Oder möchten Sie es vielleicht riechen und schmecken (gemeinsames Essen)?
- Sagen Sie den anderen, wie Sie gern gelobt werden wollen, und fragen Sie auch die Kollegen. Es kann nämlich sein, dass Sie sich gegenseitig sehr wohl loben, das Lob aber einfach nicht wahrnehmen.
- Denken Sie sich Methoden aus, mit denen Sie das Loben systematisch im Team etablieren können, die alle an ihren Lob-Willen erinnern und den Lob-Erfolg sichtbar machen.

Erfahrung

In unserem Team war das Aufräumen der Teeküche ein ständiger Streitpunkt, denn man bekam nie Lob dafür. Jetzt haben wir einen wöchentlichen Wechsel eingeführt sowie ein Punktesystem. Je nachdem, wie gut aufgeräumt war, vergeben die Kollegen am Ende der Woche Smileys, die auf einer Tafel notiert werden. Dem Smiley-König winkt am Ende des Geschäftsjahres im Juli eine Einladung in den Biergarten.

Lisa aus Nürnberg

Gekonnt delegieren

Hier lernen Sie die besten Kniffe kennen, um Aufgaben richtig abzugeben – und richtig anzunehmen. Denn auch zum gekonnten Delegieren gehören immer zwei!

213. Hindernisse: Ich bin Führungskraft, aber das Delegieren gelingt mir nicht. Woran kann das liegen?

Aufgaben zu delegieren birgt viele Hürden. Und kaum ein anderes Thema ist so häufig eine »Großbaustelle« bei Führungskräften. In der Regel knabbern sie an zwei harten Nüssen:

1. Sie können nicht wirklich abgeben (▸ Nummer 214).
2. Sie sind mit dem Ergebnis nicht zufrieden (▸ Nummer 215).

214. Abgeben lernen: Wie kann ich lernen, Aufgaben wirklich abzugeben?

Damit Sie Aufgaben wirklich abgeben können (und wollen), ist es wichtig, Ihre inneren Widersacher auf Ihre Seite zu bringen. Denn die sorgen dafür,

- dass Sie Angst haben, jemand könnte es so gut wie Sie oder gar besser machen – und dann sind Sie nicht mehr wichtig;
- dass Sie es als persönliche Niederlage empfinden, wenn Sie Ihre Aufgaben nicht alle mit links schaffen und die »Hilfe« anderer in Anspruch nehmen müssen;
- dass Sie anderen keine Arbeit aufbürden wollen, die Sie selbst nicht gern machen (»Ich hasse …, da kann ich das doch keinem anderen zumuten.«);
- dass Sie generell ein Problem damit haben, um einen Gefallen zu bitten (»Ich will niemandem zur Last fallen …«).

Viele Menschen können nicht richtig loslassen. Sie sprechen zwar davon, delegieren zu wollen, aber geben bis auf Handlangerdienste nichts ab. Kompetente Führungskräfte dagegen können gut delegieren, denn sie wissen: Wer delegiert,

- zeigt, dass er dem anderen vertraut,
- demonstriert Souveränität und Stärke,
- nutzt die Talente und Stärken der anderen,

- setzt andere entsprechend ihren Arbeitspräferenzen ein,
- fördert und fordert die anderen,
- schafft sich Zeit für seine wichtigen (Chef-)Aufgaben,
- ist ein Vorbild für einen kompetenten Umgang mit sich und seinen Fähigkeiten.

215. Gewünschte Leistung: Ich bitte oft um Unterstützung, aber die anderen machen es nicht so, wie ich es will. Was soll ich tun?

Mit der Checkliste für richtiges Delegieren (▸ Seite 179 f.) erhöhen Sie die Chance, dass die anderen so arbeiten, dass Sie mit dem Ergebnis wirklich zufrieden sein können. Achten Sie beispielsweise darauf, ganz konkret zu sagen, welche Teilaufgaben zu erledigen sind und welche (Zwischen-)Ziele dabei erreicht werden sollen. Machen Sie deutlich, wie diese Aufgabe erledigt werden soll, zum Beispiel indem Sie sie gemeinsam anfangen oder dem Mitarbeiter eine Checkliste geben. Übertragen Sie in jedem Fall die Verantwortung und nicht nur die Aufgabe. Zu guter Letzt: Loben Sie gute Ergebnisse oder geben Sie konstruktives Feedback, wenn es noch nicht optimal gelaufen ist (▸ Nummer 219).

216. Delegieren umsonst: Häufig werden die Aufgaben, die ich anderen übertragen habe, gar nicht oder zu spät erledigt. Wie kann das sein?

Nicht alles, was wir vermeintlich klar aussprechen, wird tatsächlich als Aufforderung verstanden. Die Botschaft ist nämlich nicht das, was Sie sagen, sondern das, was beim anderen ankommt. Was das alles sein kann, wird durch das »Vier-Ohren-Modell« verdeutlicht. Die Aussage »Hätten wir die Rechnung beim letzten Auftrag nicht zu spät verschickt, hätten wir unser Geld vielleicht noch bekommen. Jetzt ist der Kunde pleite.« können Ihre Mitarbeiter auf vier Arten verstehen:

- »Sie unfähiger Buchhaltungs-Penner. Ihretwegen haben wir einen Haufen Geld verloren. Ich bin total enttäuscht von Ihnen!« (Beziehungs-Ohr)

- »Ja, da waren wir echt zu spät dran. Dumm gelaufen.« (Die Information kommt auf dem Sach-Ohr an.)
- »Das nächste Mal schicken Sie die Rechnung gleich raus.« (Die Information kommt auf dem Appell-Ohr an.)
- »Ich bin so ein Idiot, dass ich als Chef nicht stärker darauf geachtet habe, dass die Rechnung rechtzeitig rausgeschickt wird.« (Selbstoffenbarungs-Ohr)

Prüfen Sie genau, was Sie sagen wollen und wie Sie es am besten formulieren, denn hier liegt die Quelle vieler Missverständnisse und Konflikte. Verbessern Sie Ihre Kommunikation, indem Sie auf das Vier-Ohren-Modell achten und die Tipps 217 und 218 beherzigen.

217. Vorwürfe: Ich spreche klare Botschaften aus, zum Beispiel: »Sie räumen nie die Teeküche auf. Tun Sie das heute doch mal!« Aber das hilft nicht.

Wer Vorwürfe macht, statt konkret um Unterstützung zu bitten, stellt sich selbst ein Bein. Sie erreichen mehr, wenn Sie das, was Ihnen wichtig ist, beziehungsschonend ausdrücken und statt Vorwürfen Wünsche formulieren (VW-Regel). Statt »Immer lassen Sie Ihren Dreck in der Teeküche stehen« sagen Sie also »Ich wünsche mir, dass Sie Ihre benutzten Tassen und Teller künftig in die Spülmaschine räumen – danke.«

Machen Sie in Ihrem Team aus der VW-Regel ein Spiel. Immer wenn Ihnen jemand einen Vorwurf macht, weisen Sie ihn darauf hin. So wird allen in Fleisch und Blut übergehen, dass es nicht heißt »Du hast dich nicht an die VW-Regel gehalten«, sondern »Ich möchte, dass du mir keine Vorwürfe mehr machst, sondern mir klar und deutlich deine Wünsche sagst.«

218. Ablehnung: Was tue ich, wenn ich mit präzisem Appell und VW-Regeln nichts erreiche?

Erkundigen Sie sich bei demjenigen, der es als Einziger wissen kann: Fragen Sie den Verursacher Ihres Frustes, wie die Situation gelöst werden kann. Und zwar mit einer positiven Formulierung: »Was müsste sich ändern, damit du künftig …?«

Sie werden sich wundern, wie banal manche Hindernisse sind und wie schnell sie sich aus dem Weg räumen lassen.
Führen Sie so ein Gespräch nicht zwischen Tür und Angel und legen Sie ein konkretes Ziel fest: »Lassen Sie uns klären, wie wir die Situation so lösen, dass wir beide gut damit leben können.« Achten Sie darauf, dabei wirklich das Kernproblem anzusprechen. Ist beispielsweise die chaotische Teeküche nur der Aufhänger, und im Grunde ärgern Sie sich über etwas ganz anderes? Nervt die Kollegin Sie vielmehr mit ihren lauten Telefonaten oder reißt der Kollege immer wieder das Fenster auf, und Sie wissen nur nicht, wie Sie das ansprechen sollen?
In einem Team gibt es immer Konflikte. Und jedes Team muss für sich ausloten, wer welche Rechte und Pflichten hat. Wer schweigend duldet oder destruktiv herumkeift, der schadet der Atmosphäre im Team. Vereinbaren Sie deshalb, dass jeder einige Minuten lang seine Wünsche äußern darf, ohne dass der andere unterbricht, und hören Sie aufmerksam zu.

219. Konstruktive Kritik: Mein Kollege hat sich schon wieder nicht an meine Anweisungen gehalten. Wie formuliere ich meine Kritik so, dass sie ihn nicht völlig demotiviert?

Konstruktiv kritisieren bedeutet, dass Sie

- sachlich bleiben und nicht persönlich werden,
- das Positive sehen (was war gut?),
- positiv weiterdenken (wie könnte es noch besser werden?).

In der Praxis klingt das dann – in einem netten Tonfall – beispielsweise so: »Herr Meier, ich habe mir Ihre Auswertung für den Vorstand angeschaut, und sie ist sehr übersichtlich. Beim Punkt Investitionen ist mir deshalb aufgefallen, dass die Zahlen so nicht stimmen können. Prüfen Sie das bitte. Und künftig wäre es schön, wenn Sie die Aufstellung zum Schluss noch einmal mit Ihrem Blick fürs Detail durchgingen – dann habe ich gleich alles perfekt.« Das motiviert sicher mehr als »Jetzt haben Sie Idiot die Auswertung für den Vorstand schon wieder nicht hinbekommen«, meinen Sie nicht auch?

Delegieren – aber richtig

- ☐ **Ich habe konkret gesagt, welche (Teil-)Aufgaben zu machen sind.** Nennen Sie die Einzelschritte und das Ergebnis (Ziel), das damit erreicht werden soll.
- ☐ **Ich habe klar und als Aufforderung zum Handeln formuliert** (▶ Nummer 216). Der andere fühlt sich persönlich angesprochen und weiß, dass ich die Erfüllung der Aufgabe von ihm und keinem anderen erwarte.
- ☐ **Meine Anweisungen sind auf den jeweiligen Rollentyp abgestimmt.** Je strukturierter ein Mitarbeiter ist, desto exaktere Anweisungen für die einzelnen Arbeitsschritte braucht er, um ein gutes Ergebnis zu erzielen. Ein kreativer Kopf hingegen wird alleine mit einer Zielvorgabe einen (neuen) kreativen Weg finden und sich von genauen »Wegbeschreibungen« nur eingeschränkt fühlen. (Mehr dazu ▶ Seite 43 ff.)
- ☐ **Ich vermittle die unternehmerischen Werte und führe meine Mitarbeiter nach Werten.** Welchem höheren Ziel dient die Aufgabe, die Sie delegieren? Sorgen Sie dafür, dass der Mitarbeiter die Zusammenhänge seines Tuns versteht. Zeigen Sie deshalb auch die konkreten Werte auf, nach denen die Firma agiert (gegenseitige Achtung, Vertragstreue, Erfindungsreichtum ...).
- ☐ **Ich habe zu Beginn erklärt, wie (mit welchen Hilfsmitteln) diese Aufgabe erledigt werden kann.** Eine gute Hilfe sind leicht verständliche »Gebrauchsanweisungen« (Checklisten, Betriebshandbuch). Hilfreich ist auch, die einzelnen Schritte am Anfang gemeinsam zu machen.
- ☐ **Ich kenne die Arbeitspräferenzen meiner Leute und setze sie entsprechend ein.** Überlegen Sie genau, an wen Sie Routineaufgaben, Spezialaufträge mit hoher Verantwortung, Detailfragen, Infosammlungen oder Entscheidungen delegieren können. Systematische Umsetzer sind womöglich mit der Konzeption neuer Ideen oder langfristigem Networking komplett überfordert, weil es nicht ihrer

Präferenz (▶ Seite 43 ff.) entspricht. Ebenso stößt ein kreativer Mensch schnell an seine Lust- und damit auch Leistungsgrenzen, wenn er immer gleiche Routine-Handgriffe ausführen soll.

- ☐ **Ich habe sichergestellt, dass der Mitarbeiter wirklich und nachweislich die fachlichen Fähigkeiten hat, um die übertragene Aufgabe erfüllen zu können.** Schulen Sie ansonsten zunächst die Fachkompetenz.
- ☐ **Ich verkneife mir bissige Bemerkungen oder Tadel,** sondern kritisiere bei Bedarf konstruktiv (▶ Nummer 219).
- ☐ **Ich kontrolliere nicht,** sondern motiviere durch Vertrauen.
- ☐ **Ich gebe auch die Verantwortung ab.** Wenn Ihr Mitarbeiter weiß, dass Sie im Notfall ohnehin den Karren aus dem Dreck ziehen, dann verliert er schnell die Motivation.
- ☐ **Ich arbeite nicht nach.** Es gibt immer mehrere »gute« Lösungen. Feilen Sie ansonsten an Ihrem Briefing und lassen Sie den Mitarbeiter eine neue Version erarbeiten.
- ☐ **Ich gebe dem anderen die Chance, Erfahrungen zu machen und sich zu verbessern.** Viele Dinge müssen sich erst einmal einschleifen. Bleiben Sie geduldig.
- ☐ **Ich habe einen Vertreter für Ausfälle bestimmt.** Der »Notnagel« müssen nicht Sie sein.
- ☐ **Ich denke langfristig.** Delegieren braucht Zeit, und natürlich investieren Sie zunächst einmal Zeit, um den anderen einzuarbeiten. Diese Investition zahlt sich später aber vielfach aus.
- ☐ **Ich lobe.** Lob und positives Feedback sind die besten Motivatoren, damit Ihre Mitarbeiter am Ball bleiben. Etablieren Sie eine Lobkultur (▶ Nummer 212)

Delegieren funktioniert nach dieser Checkliste auch wunderbar im Privatleben (▶ Seite 293 ff.). Probieren Sie es aus und verändern Sie Ihre Art, Aufgaben abzugeben.

220. Klare Verhältnisse: Manchmal habe ich das Gefühl, bei uns weiß keiner so genau, wer wofür verantwortlich ist, und das kostet uns viel Zeit. Wie können wir für klaren Durchblick sorgen?

Viele Probleme im Arbeitsalltag entstehen, weil den Beteiligten ihre jeweilige Rolle im Team und ihre Verantwortung für bestimmte Tätigkeiten nicht klar sind. Sprechen Sie deshalb unbedingt alle regelmäßig anfallenden Tätigkeiten durch und machen Sie deutlich:

- Soll der Mitarbeiter bei dieser Tätigkeit prinzipiell eigenständig agieren und entscheiden? Beispiel: Die Pflege und Aktualisierung der Website übernimmt der Mitarbeiter eigenverantwortlich und denkt zum Beispiel daran, neue Termine und Produkte aufzunehmen, ohne dass Sie etwas sagen müssen.
- Darf der Mitarbeiter innerhalb eines festgelegten Rahmens Routineaufgaben erledigen? Beispiel: Bei Kundenbeschwerden kann er einen Betrag von bis zu 100 Euro sofort gutschreiben. Bei höheren Beträgen entscheiden Sie.
- Soll er lediglich eine konkrete Anweisung ausführen? Beispiel: Sie fordern den Mitarbeiter explizit auf, neue Termine und Produkte online zu stellen.
- Oder arbeiten Sie eher im Team, sodass alle gefordert sind und sich einer auf den anderen verlassen können muss? Beispiel: Kundenbeschwerden werden von allen Mitarbeitern angenommen, egal wer den Kunden ursprünglich betreut hat.

Prüfen Sie genau, wie Sie die Aufgaben verteilen, damit Sie als Chef nicht immer an alles denken müssen. Sorgen Sie für klare Zuständigkeiten, sonst fühlt sich niemand verantwortlich.

221. Aufgabenverteilung: Unsere Bürogemeinschaft hält sich mit Streitigkeiten darüber auf, wer das Klo putzt oder die Teeküche sauber macht.

Machen Sie bei ungeliebten Routinearbeiten einen genauen Einsatzplan, der besagt, wer wann für welche Arbeit zuständig ist. Jeder ist mal dran. Hängen Sie den Plan (zum Beispiel eine Aufgabentafel mit Steckkärtchen) für alle gut sichtbar auf und springen Sie nicht in die Bresche, wenn es nicht klappt. »Bestrafen« Sie Nachlässigkeit, belohnen Sie Einsatz. Noch besser ist es, wenn Sie die »Murr-Jobs« je nach Präferenz und freiwilliger Meldung verteilen. In einem Team gibt es immer Menschen, die es gern ordentlicher wollen, und solche, die den Dreck überhaupt nicht sehen. Vereinbaren Sie in diesem Fall, dass die Ordentlichen für die Ordnung zuständig sind und die andern dafür andere Aufgaben fürs Team übernehmen.

222. Delegieren ohne Weisungsbefugnis: Ich habe aber niemanden, an den ich etwas delegieren kann.

Jeder Mensch kann zumindest einen kleinen Teil seiner Aufgaben delegieren – ob an andere Personen oder an technische Helfer. So können Sie zum Beispiel das Aufaddieren langer Listen an Excel »delegieren« oder die Rechtschreibprüfung an Word. Überlegen Sie bei Ihren Aufgaben:

- Wer kann das genauso gut wie ich?
- Wer kann das besser als ich?
- Wer kann das schneller als ich?
- Wer kann das günstiger als ich?
- Wer hat an dieser Tätigkeit mehr Spaß?

Auch wenn Sie keine Weisungsbefugnis haben – überlegen Sie doch einmal, mit wem Sie welche Tätigkeiten tauschen könnten. Lassen Sie die strukturierte Kollegin Ihre detaillierten Ergebnislisten erstellen und arbeiten Sie dafür die nächste Vorstandsrede aus. Sprechen Sie langfristig auch mit Ihren Chefs darüber, wie die Aufgaben im Team am besten – nämlich passend zu den Stärken und Präferenzen der einzelnen Mitarbeiter – verteilt werden können (▸ Seite 43 ff.). Eine solche Arbeitsteilung ist nicht nur für das Unternehmen am produktivsten, sondern stellt für alle Beteiligten einen Gewinn dar.

223. Motivation: Wie kann ich andere Menschen zu mehr Leistung motivieren, damit sie mir Arbeit abnehmen und mich dadurch zeitlich entlasten?

Suchen Sie sich Ihre Delegier-Partner nach deren Präferenzen aus und vermitteln Sie ihnen eine hohe Wertschätzung. Entwickeln und etablieren Sie in Ihrem Unternehmen eine »Lobkultur«, denn nichts wirkt so motivierend auf die Mitarbeiter wie ein Lob (► Nummer 212).

224. Anweisungen empfangen: Ich weiß einfach nicht, was mein Chef will. Ständig wirft er seine Anweisungen über den Haufen, und alles, was ich dann liefere, passt ihm nicht. Was soll ich tun?

Wenn Ihr Chef nicht gut delegieren kann, dann versuchen Sie herauszufinden, warum das so ist. Gibt er unklare Anweisungen, weil er dann in letzter Sekunde selbst als »Feuerwehrmann« in die Bresche springen kann? Dann braucht er offensichtlich die Bestätigung, dass ohne ihn überhaupt nichts läuft und nur er den Laden im Griff hat. Schaffen Sie bewusst Anlässe, bei denen er den Feuerwehrmann spielen kann, und sorgen Sie bei den wirklich wichtigen Aufgaben dafür, dass er noch mit den Nebenschauplätzen beschäftigt ist. Vielleicht ist er aber auch ein Kreativer, dem die Ideen schneller kommen, als Sie sie umsetzen können. Dann sprechen Sie mit ihm ab, bei welchen Projekten er immer wieder neue Ideen einbringen kann und bei welchen Aufgaben Sie (oder das Team) die unternehmerischen Ziele nur erreichen, wenn Sie entsprechend Vorlauf und Ruhe zur Umsetzung haben. Sicher müssen Sie flexibel auf neue Herausforderungen reagieren, aber klären Sie, wo es sich wirklich um Flexibilität handelt und wo um unproduktive Sprunghaftigkeit.

Extra-Tipp: Lernen Sie, bei ständigen Umplanungen auch einmal Nein zu sagen. Machen Sie die Spielchen – sofern sie wirklich unproduktiv sind – einfach nicht mit. Denn gerade die immer netten und hilfsbereiten Kollegen werden besonders gern herumkommandiert.

Zeitmanagement für Selbstständige

Viele Selbstständige und Freiberufler vernachlässigen ihre Familie, ihre Hobbys und ihre Gesundheit, weil sie rund um die Uhr schuften. Natürlich verlangt einem ein eigenes Unternehmen viel Energie und Zeit ab. Dennoch haben Sie es in Hand, ob Sie sich für Ihre Selbstständigkeit aufarbeiten oder ob Freizeit und Spaß ebenbürtige Partner sind. Legen Sie deshalb eine klar umrissene Arbeitszeit für sich fest – auch wenn Sie im Nebenerwerb selbstständig sind. Überlegen Sie, wie lange Sie pro Woche arbeiten wollen. 30 Stunden? 40 Stunden? 50 Stunden? Sie wissen ja: Wir brauchen immer die Zeit, die wir haben (▸ Methodenkoffer, Seite 103). Legen Sie zudem unbedingt fest, welchen Umsatz und welchen Gewinn Sie mit diesem Zeitaufwand erwirtschaften wollen. Denken Sie daran: Erfolgreiche Unternehmer arbeiten nicht viel, sie arbeiten clever.

Überlegen Sie sich, wie Sie mit Ihrem gewünschten Zeitaufwand das gewünschte Betriebsergebnis erreichen können. Die meisten Unternehmer (und vor allem Gründer) glauben, sie müssten Tag und Nacht arbeiten – und sind dann doch nicht zufrieden mit dem, was unterm Strich übrig bleibt. Sie schuften 80 Stunden die Woche, schlagen sich in dieser Zeit aber häufig nur mit unwichtigen Kleinkram-Arbeiten herum, die sie langfristig überhaupt nicht weiterbringen. Die meisten Unternehmer sind deshalb gar keine Unternehmer, sondern Angestellte im eigenen Betrieb. Sie führen einfach immer und immer wieder aus, was andere (der Kunde, der Markt, die Behörden) ihnen diktieren, und reagieren, statt zu agieren. Häufig höre ich von Selbstständigen, dass sie angesichts der vielen Aufgaben, die täglich auf sie einstürzen, nicht dazu kommen, sich um das Wesentliche zu kümmern. Machen Sie Schluss mit dieser Fremdbestimmung. Erfolgreiche Unternehmer arbeiten an ihrer Firma, nicht in ihrer Firma. Besinnen Sie sich auf Ihre Rolle als Kapitän, und überlassen Sie die Arbeit des Heizers Ihren Mitarbeitern.

Achten Sie insbesondere auf folgende Punkte:

Planen Sie

Beherzigen Sie die Tipps zum Thema Zeitplanung (Tagesziele, Wochenziele) und brechen Sie Ihre Unternehmensziele auf Ihren Alltag herunter. Ohne Planung reagieren Sie immer nur auf die Dinge, die am dringlichsten erscheinen, und werden in Ihrem unternehmerischen Handeln völlig ausgebremst. Nehmen Sie sich mindestens einmal im Jahr einige Tage am Stück für Dreamdays (▸ Seite 82) und Strategieplanung frei.

Setzen Sie Prioritäten

Lernen Sie, Wichtiges von Unwichtigem zu unterscheiden und sich bewusst zuerst den wichtigen Aufgaben zu widmen.

Optimieren Sie Arbeitsabläufe

Gehen Sie wachsam durch Ihr Unternehmen und verbessern Sie konsequent Arbeitsabläufe und Zusammenarbeit. Nichts ist so gut, dass es nicht noch besser werden könnte!

Seien Sie zuverlässig

Achten Sie darauf, dass Sie versprochene Leistungen immer pünktlich und in der vereinbarten Form erbringen. Das klingt banal, aber den meisten Firmen laufen die mühsam akquirierten Kunden wieder weg – die ihre negativen Erfahrungen mit ihnen im Schnitt elfmal weitererzählen –, bloß weil Sie schlampig oder unpünktlich geliefert haben.

Sorgen Sie für eine klare Positionierung

Wenn die Kunden Sie mit einer bestimmten Leistung eindeutig in Verbindung bringen, sparen Sie sich viel Zeit für Akquise und Erläuterungen und erreichen, dass die Kunden automatisch zu Ihnen kommen.

Beschränken Sie Ihr Angebot

Die Konsumenten von heute wollen keine Riesenauswahl mehr. Im Gegenteil. Zu viel Auswahl schreckt die Kunden ab und überfordert sie.

Verzetteln Sie sich nicht.

Unternehmer sind in der Regel vielseitig begabt und können auch sehr viel. Das verführt häufig dazu, einen Bauchladen an Leistungen anzubieten, damit auch wirklich jeder irgendetwas findet. So bietet ein Trainer aus Düsseldorf beispielsweise 40 verschiedene Seminar-Themen an. Das Problem dabei: Die Kunden wollen keinen »Alleskönner«, sondern die bestmögliche Leistung für ihr Geld. Mit einem breit gefächerten Angebot erwecken Sie jedoch schnell den Eindruck, in keinem der Bereiche wirklich gut zu sein. Und das schreckt potenzielle Kunden ab.

Werden Sie zum Spezialisten

Schärfen Sie Ihre Positionierung und Ihr Angebot so, dass Ihre potenziellen Kunden Sie als Spezialisten wahrnehmen. Das erleichtert Ihnen nicht nur die Akquise, sondern bringt Sie auch in ganz andere Honorar- und Preis-Gefilde. Werden Sie Spezialist für eine bestimmte Branche (Projektleitung für Banken) oder eine Bevölkerungsgruppe (Friseurin für kleine Mädchen).

Bilden Sie sich regelmäßig weiter

Bleiben Sie am Puls der Zeit mit Ihrem Fachwissen. Auch das schlägt sich direkt in Ihrem unternehmerischen Erfolg und dem dafür notwendigen Zeitaufwand nieder.

Kopf abschalten

Achten Sie darauf, dass Sie in Ihrer Freizeit auch den »Kopf abschalten«, also wirklich voll bei Ihrer Freizeit sind – und nicht nur körperlich anwesend. Denn Erholung ist in erster Linie Kopfsache.

Lernen Sie von anderen

Nehmen Sie sich erfolgreiche Unternehmer zum Vorbild, die ihren privaten und unternehmerischen Alltag in Balance halten. Konzentrieren Sie sich auf positive Berichte. Wenn es anderen gelingt, dann gelingt es auch Ihnen. Garantiert!

Die Leistungsbereitschaft und -fähigkeit erhöhen

Wer mit Spaß arbeitet, erhöht automatisch die Qualität der Ergebnisse und reduziert die dafür notwendige Zeit. Sorgen Sie also rechtzeitig dafür, den Spaß an der Arbeit zu erhalten und mit Mini-Pausen und anderen Motivationskicks Ihre Leistungsfähigkeit zu steigern.

225. Belohnungen: Wie kann ich mich selbst zu Bestleistungen motivieren?

Bauen Sie bewusst kleine Belohnungen in Ihren Tagesablauf ein. Zum Beispiel, wenn Sie

- eine unangenehme Aufgabe erfüllt haben,
- eine langwierige Aufgabe abgeschlossen haben,
- eine lange aufgeschobene Aufgabe erledigt haben,
- eine Aufgabe schneller fertig bekommen haben als geplant,
- Ihre Tages-To-do-Liste geschafft haben,
- den Schreibtisch endlich aufgeräumt haben …

In der Regel gehen wir sofort zur Tagesordnung über und rauben uns so die Freude über unsere Leistung. Schade. Denn wenn wir diese Freude zulassen, erleben wir uns mit dem guten Gefühl, etwas geschafft zu haben. Richten Sie Ihren Fokus darauf, was Sie erreicht haben, und belohnen Sie sich dafür. So wird Ihnen alles leichter von der Hand gehen.

Belohnen Sie sich mit Dingen, die Ihnen Spaß machen. Nach größeren Erfolgen mit einem Paar neuer Schuhe, einer CD oder einer Flasche Sekt. Waren Sie schneller fertig mit einer Aufgabe als geplant, dann mit einem kleinen Espresso in der Sonne oder einer Runde Rückengymnastik am Schreibtisch.

Extra-Tipp: Sind Sie eher systematisch veranlagt, reicht Ihnen meist schon das Ergebnis als Belohnung. Zusätzliche Anerkennung brauchen Sie in der Regel nicht. Sind Sie mehr kreativ-chaotisch veranlagt und von der rechten Gehirnhälfte gesteuert (▸ Nummer 30), ziehen Sie so viel Energie aus kleinen Belohnungen, dass es sich für Sie unbedingt lohnt.

226. Positiver Stress: Unter Druck laufe ich zu Bestform auf, doch manchmal wird selbst mir bei meinem Lebenstempo schwindelig. Wie kann ich bremsen, ohne meine Power zu verlieren?

Viele Menschen brauchen den Druck sowie ein hohes Arbeits- und Lebenstempo, um wirklich leistungsfähig zu sein. Experten sprechen hier von Eustress. Dieser positive Stress regt das Immunsystem an und steigert unsere Aktivität. Wir fliegen sozusagen von Aufgabe zu Aufgabe – mit einem hohen Adrenalinspiegel und euphorischer Laune. Eustress hilft uns, Herausforderungen anzunehmen, und wir fühlen uns, als ob wir Bäume ausreißen könnten. Trotzdem sollten Sie sich regelmäßig ausklinken und zur Ruhe kommen. Denn wenn der Eustress länger anhält, wird er zu negativem Stress und zermürbt Ihren Körper. Schaffen Sie deshalb beruflich wie privat einen gesunden Ausgleich zwischen Anspannung und Entspannung. Das ist die optimale Grundlage für langfristige Höchstleistungen und Zufriedenheit.

Übrigens: Der Gegenpol zum Eustress ist der Distress. Hier stehen Sie unter permanenter Belastung und haben das Gefühl, an Ihre Grenzen zu stoßen. Sie merken den Distress zuerst psychisch: Konzentrationsstörungen, Schlafstörungen und Niedergeschlagenheit sind deutliche Zeichen. Es folgen Kopf- und Rückenschmerzen, Magenprobleme bis hin zu Infekten, Herzbeschwerden und schließlich Herzinfarkt. Vorübergehende Belastungen können wir verarbeiten. Kritisch wird es, wenn Stress zur Dauerbelastung wird.

227. Burn-out: Ich leide unter Verspannungen, Kopfschmerzen und Lustlosigkeit. Bin ich ausgebrannt?

Experten schätzen, dass rund 10 bis 15 Prozent aller Berufstätigen am Burn-out-Syndrom leiden. Gerade in Zeiten, in denen viele Menschen mehr Angst um ihren Job haben als um ihr eigenes Wohlergehen, halsen wir uns mehr auf, als wir packen können. Seit Beginn der 90er-Jahre hat sich der Anteil der Krankschreibungen mit Diagnose »Burn-out«

verdreifacht. Erschöpfung, Kraftlosigkeit, Konzentrationsschwäche, Rückenschmerzen, Schlafprobleme oder ein Hörsturz sind typische Symptome eines Burn-outs. Doch der Umkehrschluss ist nicht zulässig: Nicht jeder, der an Rückenschmerzen oder Tinnitus leidet, ist ausgebrannt. Für eine klare Diagnose gehen Sie bitte zum Arzt. Er wird Ihnen gegebenenfalls auch helfen, denn Burn-out ist heute eine anerkannte Erkrankung und kann geheilt werden.

Testen Sie sich selbst

Die totale Erschöpfung geht mit zahlreichen psychosomatischen Beschwerden einher, die meist in folgender Reihenfolge auftreten:

- Großer Ehrgeiz: Die eigenen Bedürfnisse werden zum Wohle eines Zieles vernachlässigt.
- Misserfolge werden verdrängt, die Anstrengung erhöht: Die Folge sind Überarbeitung, Erschöpfung, reduzierte Leistungsfähigkeit.
- Innere Verhärtung: Intoleranz auch gegenüber den Menschen, die einem nahe stehen. Man wird zum Einzelgänger.
- Im Privatleben häufen sich die Probleme: Sinnkrise, eventuell Suizidneigung.

Prüfen Sie, ob einige der Symptome auf Sie zutreffen, und unternehmen Sie etwas dagegen: Ruhepausen, Lachen, Freizeitunternehmungen, positive Momente. Alles, was Sie dabei unterstützt, besser mit Stress umzugehen, hilft vorzubeugen.

228. Erholungszeiten: Wie kann ich Momente der Entspannung in meinen Alltag einbauen?

Pausen und Erholungszeiten sind das A und O, wenn wir über einen längeren Zeitraum leistungsfähig sein wollen. Planen Sie deshalb in mehreren Abstufungen Auszeiten in Ihren Tages- und Wochenablauf ein:

1. Planen Sie mindestens einen freien Tag pro Woche oder ein freies Wochenende, an dem Sie nur tun, was Sie wollen oder was Ihre Familie will. Feiern Sie den Sonntag wieder einmal als den Ruhe-Tag, als der er ursprünglich gedacht war, und zelebrieren Sie ihn: schönes Frühstück an einem schön gedeckten Tisch, einen Ausflug mit Freunden oder der Familie oder einen faulen Tag im Schwimmbad. Lassen Sie an diesem Tag die Unordnung im Haus Unordnung sein. Sie läuft Ihnen schon nicht davon, keine Angst.
2. Planen Sie pro Woche zwei freie Abende ein, an denen Sie Sport treiben oder nur »herumhängen«. Keine Zeit dazu? Dann bitte zurück zu Nummer 94.
3. Krönen Sie Ihre Tage zusätzlich mit Mini-Auszeiten (▸ Nummer 87).

229. Momente des Glücks: Wie kann ich Auszeiten und Glücksmomente schaffen?

Das einfachste Mittel, um Glücksmomente und Auszeiten zu gewinnen, ist, die eigene Einstellung zu überprüfen. Viel zu häufig achten wir nur auf das Negative und steigern uns in unseren Frust hinein. Beginnen Sie mit Ihrer Einstellung und definieren Sie Alltagssituationen doch einfach einmal um:

- Stau während der Rush-Hour? Lehnen Sie sich zurück und genießen Sie das Nichtstun. Hören Sie gemütlich Radio.
- Lange Schlange an der Kantinenkasse? Nutzen Sie die Zeit für ein Kompliment an Kollegen, einen netten Smalltalk (über positive Themen!), oder träumen Sie.
- Der Regen auf dem Weg zum Büro ruiniert Make-up und Frisur? Lachen Sie dem Regen ins Gesicht und zeigen Sie den Kollegen, dass Sie eine Naturschönheit sind.
- Hausarbeit am Wochenende? Genießen Sie sie als gemeinsame Zeit mit der Familie, in der jeder seine Ecke auf Vordermann bringt, und unternehmen Sie anschließend etwas Schönes.

Fangen Sie heute an, kleine Highlights bewusst wahrzunehmen. Das kostet keine Zeit, und der Effekt ist verblüffend.

Tanken Sie Energie

Sie können viel Kraft aus Ihrem Alltag schöpfen, indem Sie regelmäßig und voller Genuss Mini-Pausen einbauen. Finden Sie Ihre ganz persönlichen Kraft-Pakete, hier schon mal ein paar Anregungen:

- Genießen Sie einen Schokoriegel in der Sonne.
- Atmen Sie am offenen Fenster zehnmal tief ein und aus.
- Trinken Sie in kleinen Schlucken eine Tasse Tee.
- Erlauben Sie sich mal einen Wutanfall und schreien Sie los.
- Sagen Sie sich positive Sätze (»Das schaffe ich schon«).
- Gehen Sie nach dem Mittagessen zehn Minuten spazieren.
- Stehen Sie alle 90 Minuten vom Schreibtisch auf, strecken und dehnen Sie sich.
- Wenn Sie müde oder unkonzentriert werden, schließen Sie die Augen und stellen Sie sich so intensiv wie möglich die Farbe Rot vor. Rot wirkt direkt auf unser Energiezentrum, aktiviert und regt an.
- Klopfen Sie mehrmals am Tag 30 bis 60 Sekunden auf Ihre Thymusdrüse. Das stärkt Ihre Abwehrkräfte und Ihr Herz-Kreislauf-System. Außerdem wirkt es entspannend.

- Machen Sie einen Powernap. Ein Schläfchen von 10 bis maximal 30 Minuten steigert die Leistungsbereitschaft sowie die körperliche und geistige Fitness um 35 Prozent.
- Lernen Sie meditieren oder eine Entspannungsübung, die Sie sitzend am Schreibtisch durchführen können.

230. Motivations-Kicks: Gibt es auch schnelle Motivations-Kicks, die sofort helfen, um in Topform zu kommen?

Bewegung ist der beste Gute-Laune-Bringer. Legen Sie eine schnelle Musik auf, zu der Sie zum Beispiel Cross Crawls (linken Ellenbogen an rechtes Knie, rechten Ellenbogen an linkes Knie; immer im Wechsel) machen. Wenn Sie dabei nicht gesehen werden wollen, machen Sie die Cross Crawls unbeobachtet im Waschraum. Ebenfalls ein guter Trick: Grinsen Sie sich im Spiegel an. Das schüttet Endorphine aus – und Sie fühlen sich gleich beschwingter.

Extra-Tipp: Legen Sie sich einen Motivations-Trigger zu. Das ist ein Ausruf, der Sie in eine gute Grundstimmung versetzt. Achten Sie einmal darauf, was Sie sagen, bevor Sie etwas Schönes tun. Manche Menschen sagen zum Beispiel: »Packen wir es!«, »Und los!«, »Auf geht's!« oder »Go for it!«. Setzten Sie Ihren persönlichen Ausruf gezielt ein, um sich auch bei weniger schönen Aktivitäten in Stimmung zu bringen. Probieren Sie es aus, es funktioniert!

231. Entschleunigen: Ich habe das Gefühl, alles rast nur noch an mir vorbei, und ich finde gar keine Ruhe mehr.

Sorgen Sie immer wieder für »zeitlose« Momente in Ihrem Leben und besiegen Sie so die Hetzkrankheit. Richten Sie uhrlose Tage ein. Lassen Sie sich von anderen Menschen an Termine erinnern oder richten Sie sich nach den Klängen einer Kirchturmuhr. Auch der Kauf einer Uhr ohne Ziffern und ohne Sekundenzeiger (eventuell sogar ohne Minutenzeiger) stoppt das sekundengenaue Planen und Kontrollieren.

Schauen Sie die Dinge um sich herum bewusst fünf Sekunden lang an. Wissenschaftler haben entdeckt, dass dieses verlängerte und bewusste Schauen die Lebensfreude und die Lebensqualität spürbar steigert. Machen Sie darüber hinaus Schluss mit Multitasking (mehrere Tätigkeiten gleichzeitig machen). Genießen Sie jeden Moment und auch jeden

Handgriff bei Routinetätigkeiten ganz bewusst und gehen Sie nicht sofort zur Tagesordnung über. Manche Menschen lieben zum Beispiel Bügeln, weil es für sie so meditativ ist. Schaffen auch Sie sich Ihre Alltags-Meditationen.

232. Sich verwöhnen: Ich fühle mich schlapp und bekomme deshalb meinen Alltag nicht mehr geregelt. Wie kann ich mir Energie holen?

Stress zehrt an unseren Energiereserven, und je weniger Vitalstoffe wir haben, desto gestresster fühlen wir uns. Brechen Sie aus dem Teufelskreis aus und verwöhnen Sie Ihren Körper mit Dingen, die ihm guttun:

- Achten Sie auf ausgewogene Ernährung mit viel Obst und Gemüse. Im hektischen Alltag fällt das gesunde Essen leicht unter den Tisch, und nicht jeder hat Lust, vorgekochtes Essen ins Büro zu schleppen. Aber gehen Sie es entspannt an: Hören Sie auf, sich zu knechten, und fragen Sie sich in der Kantine oder am Imbissstand einfach: »Was von den hier liegenden Sachen kann meinem Körper jetzt wertvolle Energie schenken?« Freuen Sie sich, wenn Sie zumindest an jedem zweiten Tag mit Genuss »gesund« essen.
- Nehmen Sie sich frisch geschnittene Gemüsesticks und eine Dip-Sauce mit an den Arbeitsplatz. Dafür investieren Sie morgens vielleicht 10 Minuten, sparen sich aber den täglichen Gang zum Süßigkeitenautomaten und zum Arzt, weil Sie zum Beispiel von Erkältungen eher verschont bleiben.
- Trinken mindestens drei Liter Wasser pro Tag, jede halbe Stunde ein Glas. Das steigert die Konzentrationsfähigkeit.
- Schlafen Sie ausreichend (▸ Seite 196 f.).
- Lachen Sie viel! Konzentrieren Sie sich auf die positiven Momente und Erlebnisse in Ihrem Leben.
- Pflegen Sie berufliche und private Beziehungen zu anderen positiven Menschen.
- Machen Sie regelmäßig einen Gesundheitscheck beim Arzt oder Heilpraktiker. Oft fühlen wir uns schlapp und ausgebrannt, weil uns wichtige Vitamine oder Mineralien fehlen.

233. Alkohol: Wein oder Bier – das brauche ich abends einfach, um runterzukommen. Dagegen ist doch nichts einzuwenden, oder?

Alkohol ist ein Zell- und Nervengift. Es fährt unseren Stoffwechsel herunter, und dieses Gefühl mögen viele Menschen besonders am Abend gern. Nach dem Genuss einiger Gläser ist alles so herrlich leicht, und die Sorgen verlieren ihren Schrecken. Ob »Genusstrinker«, »Belohnungstrinker« oder »Etappentrinker« – Sie schlafen schneller ein, bekommen aber in der zweiten Nachthälfte die Quittung dafür: Sie liegen wach oder schlafen nur unruhig, der Körper kann sich nicht erholen. Am nächsten Tag grüßen ein dumpfer Kopf und Magenschmerzen, und nur der Griff zur Tablette macht Sie wieder einsatzfähig. Die bessere Lösung: Finden Sie heraus, was genau Sie stresst, und arbeiten Sie an der Ursache (▸ Nummer 21). Versuchen Sie, sich den Zusammenhang zwischen Stress und Trinken bewusst zu machen und zu entkoppeln. Viele Menschen berichten, ihnen habe dabei die Kinesiologie oder das gezielte Behandeln des Suchtpunktes auf dem Meridian geholfen. Kontaktieren Sie einen Spezialisten!

Achtung: Auch hier gilt: Steter Tropfen höhlt den Stein. Wer regelmäßig (jeden Abend!) Alkohol trinkt, wird bereits nach wenigen Jahren mit Gedächtnislücken und Formulierungsschwierigkeiten zu kämpfen haben.

234. Der optimale Start: Ich fühle mich schon morgens gestresst, wenn ich mich schnell fertig mache und ohne Frühstück aus dem Haus hetze. Was kann ich dagegen tun?

Das Einfachste wäre natürlich, Sie würden einfach eine halbe Stunde früher aufstehen – aber das wissen Sie sicher selbst. Hier ein paar Anregungen, wie Sie es ruhiger angehen lassen können und dennoch lange schlafen:

- Richten Sie abends alles her, was Sie morgens brauchen: Kleidung herauslegen, Frühstück vorbereiten, Aktenmappe oder Handtasche packen, Fahrkarte oder Autoschlüssel bereitlegen … Das gilt besonders, wenn Sie Kinder haben, mit denen Sie zu einer bestimmten Uhrzeit losmüssen.

- Versuchen Sie Ihren Wecker auf einen Zeitpunkt zu stellen, zu dem Sie eine Leichtschlaf- oder Traumphase (REM) haben. Dann sind Sie sofort hellwach und schinden nicht wertvolle Minuten, um länger liegen bleiben zu können. Die erste REM-Phase haben wir 60 Minuten nach dem Einschlafen, die weiteren im 90-Minuten-Takt. Stellen Sie Ihren Wecker also so, dass er fünfeinhalb, sieben oder achteinhalb Stunden nach dem Zubettgehen klingelt. Ihr Leichtschlaffenster finden Sie ganz einfach mit einem kleinen Schlafcomputer. Den »Sleeptracker« tragen Sie wie eine Armbanduhr und programmieren lediglich die Zeit ein, zu der Sie aufstehen wollen. Er registriert Ihre Leichtschlaf- und Tiefschlafphasen und weckt Sie entsprechend.

235. Hetz-Vokabeln: Eigentlich plane ich genügend Zeit ein, trotzdem fühle ich mich permanent getrieben. Was mache ich falsch?

Streichen Sie – nicht nur morgens – alle Hetz-Vokabeln aus Ihrem Sprachschatz: schnell, geschwind, kurz, sofort etc. Formulieren Sie Ihre Sätze neu. Statt zu sagen »Jetzt stürze ich noch schnell einen Kaffee runter, weil ich sonst zu nichts zu gebrauchen bin«, sagen Sie lieber »Jetzt trinke ich in Ruhe noch 3 Minuten lang meinen Kaffee, und dann gehe ich gemütlich aus dem Haus«. Spüren Sie den Unterschied? Stress kann man sich im wahrsten Sinne des Wortes auch einreden.

236. Morgenmuffel: Ich mag morgens einfach nicht aufstehen, da kann ich tun, was ich will.

Finden Sie heraus, warum Sie morgens nicht aus den Federn kommen. Verwenden Sie dazu die Kernproblem-Kaskade (► Nummer 21). Gegen kurzzeitige Schlafstörungen helfen natürliche Mittel wie Baldrian oder Hopfen. Auch homöopathische Mittel wie Coffea (gegen Gedankenflut) bringen einen natürlich erholsamen Schlaf.

20 Tipps für eine gute Nacht

Ein erholsamer Schlaf ist der beste Stress-Killer, den es gibt. Achten Sie also darauf, dass alle Rahmenbedingungen stimmen, und holen Sie sich jede Nacht eine geballte Ladung Energie.

1. Der **Raum,** in dem Sie schlafen, sollte der ruhigste im Haus sein.

2. Die optimale **Temperatur** zum Schlafen liegt zwischen 16 und 18 Grad Celsius.

3. **Lüften** Sie vor dem Zubettgehen einmal kräftig durch.

4. Gestalten Sie Ihr Schlafzimmer so, dass es ein behaglicher **Zufluchtsort** ist: ein Ort, an dem Sie sich wohlfühlen und entspannen können. Verbannen Sie Unordnung und den Computer aus dem Blickfeld. Haben Sie dafür keinen eigenen Raum, dann richten Sie Ihr Zimmer so ein (zum Beispiel mit einem Vorhang), dass Arbeiten und Schlafen optisch voneinander getrennt sind.

5. Schlafen Sie im **Dunkeln,** denn nur dann schüttet Ihr Körper Melatonin aus – den Schlafstoff.

6. Kaufen Sie sich eine **Matratze,** auf der Sie (nicht der Verkäufer!) wirklich gut liegen.

7. Benutzen Sie nur ein kleines, flaches **Kopfkissen.**

8. Das Bett ist zum Schlafen da. Wenn Sie im Bett essen, fernsehen oder gar arbeiten, verbindet Ihr Gehirn mit der **Schlafstätte** »Aktivität«. Bringen Sie hingegen »Bett« mit Ruhe und Entspannung in Verbindung, wird Ihr Gehirn sich daran erinnern, und der Körper reagiert mit Entspannung.

9. Sorgen Sie für **Stille**. Der Partner schnarcht? Richten Sie zwei Schlafzimmer ein oder kaufen Sie eine Schlafcouch, damit einer von Ihnen im Wohnzimmer schlafen kann. Zur Not helfen Ohrstöpsel.

10. Schaffen Sie sich Ihr persönliches **Einschlafritual:** ein Glas Milch trinken, ein bestimmtes Lied hören, Tagebuch schreiben ...

11. Vermeiden Sie aufregende Filme am späten Abend.

12. Ein voller, aber auch ein leerer **Magen** schläft nicht gut. Essen Sie nach 21 Uhr nichts Schweres, Fettes oder Scharfes mehr.

13. Trinken Sie abends **keinen Alkohol.** Auch **Kaffee,** schwarzer und grüner **Tee** sowie **Cola** wirken anregend. Wer empfindlich ist, sollte ab 16 Uhr dankend ablehnen.

14. **Zigaretten** wirken ebenfalls aufputschend.

15. Folgen Sie den **Signalen Ihres Körpers,** wenn er sagt: »Ich bin müde und will schlafen.«

16. Leben Sie einen **geregelten Schlaf-Wach-Rhythmus.** Gehen Sie abends möglichst immer zur gleichen Zeit ins Bett (auch am Wochenende) und stehen Sie morgens immer zur gleichen Zeit auf (unabhängig vom Zeitpunkt des Einschlafens).

17. Treiben Sie **Sport.** Durch die Bewegung fühlen Sie sich abends erschöpfter, Ihr Kreislauf verbessert sich, das Immunsystem wird angeregt und Ihre Muskeln trainiert, was beispielsweise Rückenproblemen vorbeugen kann.

18. Wer gestresst ist, kann abends meistens nicht abschalten. Machen Sie deshalb eine **bewusste Pause.** Finden Sie heraus, was genau Sie stresst, und überlegen Sie, wie Sie es grundsätzlich ändern können.

19. Haben Sie **Schmerzen,** die abends und nachts schlimmer werden? Gehen Sie mit diesen Beschwerden zum Arzt. Tun Sie sie nicht als Kinkerlitzchen ab, schließlich halten diese Beschwerden Sie vom Schlafen ab.

20. Schon am Vorabend sollten Sie alles für den **Morgen vorbereiten,** sodass Sie das Haus am nächsten Tag ohne viel Nachdenken verlassen können. Dann schlafen Sie auch entspannt ein.

237. Ausreichend Schlaf: Warum fühle ich mich morgens immer so müde?

Etwa die Hälfte aller Deutschen schläft nicht gut genug. Und: Wir wissen gar nicht mehr, wie es ist, ausgeschlafen zu sein, weil wir viel zu oft die Nacht zum Tage machen. Im Schnitt brauchen wir 7,3 Stunden Schlaf, um fit zu sein, bekommen in der Regel aber viel weniger. Die Folgen sind fatal: Menschen, die zum Beispiel 17 Stunden nicht geschlafen haben (das entspricht einem Tag von 6 Uhr morgens bis 23 Uhr abends), schneiden in Leistungstest so schlecht ab, als hätten sie 0,5 Promille Alkohol im Blut.

Finden Sie Ihre optimale Schlafdauer heraus, indem Sie Ihre Schlafzeit einige Tage lang bewusst zwischen 6 und 8 Stunden enden lassen. Beobachten Sie, wie Sie sich jeweils fühlen.

238. Arbeitsplatzgestaltung: Nach wenigen Stunden im Büro fühle ich mich schon total ausgepowert. Welche Gründe kann das haben?

Wir verbringen einen Großteil unseres Lebens am Arbeitsplatz, und doch widmen wir seinem Ambiente so wenig Aufmerksamkeit. Das Fraunhofer-Institut für Arbeitswirtschaft und Organisation (IAO) in Stuttgart fand heraus, dass es einen unmittelbaren Zusammenhang zwischen Leistungsvermögen und der Gestaltung des Arbeitsplatzes gibt. Viele Büros »bestechen« jedoch durch eine unfreundliche, kalte, stickige Atmosphäre – kein Wunder also, wenn hier die Leistung auf der Strecke bleibt.

Die besten Arbeitsergebnisse erzielen Sie, wenn Ihr Arbeitsplatz folgende Kriterien erfüllt:

- **Lage:** Sitzen Sie lieber in der Sonne oder im Schatten? Es gibt Menschen, die laufen in einem Süd-Zimmer zur Höchstform auf, andere lieben ein Nord-Zimmer. Stehen Sie zu Ihrer Vorliebe – vielleicht ist ein Wechsel möglich.
- **Farben:** Farben wirken auf unsere Stimmung. Dabei geht es nicht nur um die objektive Wirkung der Farben, sondern auch um unsere Vorlieben. Wenn Sie keine besondere

Rücksicht auf ein Corporate Design nehmen müssen oder sogar absolute Freiheit haben, dann nutzen Sie die Kraft der Farben: Pastelltöne und gedeckte Variationen von Rosé schaffen eine kreative und weibliche Atmosphäre. Vor allem für kreative Berufsgruppen sind sie optimal. Helle Blautöne wirken klar, vertrauenerweckend und seriös. Freundliches Gelb, Weiß und Hellgrün fördern die Kommunikation in Arbeitsräumen, weil sie Freundlichkeit und Offenheit signalisieren. Orange steigert die Motivation und beschert ein hohes Durchhaltevermögen.

- **Beleuchtung:** Bis zu 90 Prozent aller Informationen nehmen wir über das Auge auf. Gute Beleuchtung unterstützt uns bei unseren Tätigkeiten, trägt zum Wohlbefinden bei und mindert Unfallgefahren. Schlechte Beleuchtung hingegen erleben wir als Belästigung, Störung und Behinderung der Arbeit. Lichtmangel wirkt einschläfernd, führt zu Augenbrennen, Kopfschmerzen und Unwohlsein.
- **Temperatur:** Wer viel sitzt, sollte eine Raumtemperatur von mindestens 19 Grad haben, bei überwiegend nicht sitzenden Tätigkeiten reichen 17 Grad. In Verkaufsräumen sind 19 Grad ideal, für Pausenräume 21 Grad.
- **Ergonomie:** Achten Sie vor allem auf folgende Richtwerte, um ermüdungsarm arbeiten zu können: Ihr Stuhl sollte auf Ihre Körpergröße und Bedürfnisse abgestimmt sein. Stellen Sie ihn so ein, dass Sie im Sitzen mit den Fußsohlen vollständig den Boden berühren. Der Kniebeugungswinkel sollte 90 Grad betragen. Ihr Schreibtisch hat dann die richtige Höhe, wenn Sie die Unterarme mit einem Winkel von 90 Grad darauf abstützen können. Sie sitzen gut, wenn Sie die mittlere Tastaturreihe bequem mit senkrechten Oberarmen und waagrechten Unterarmen erreichen. Achten Sie auf ein Material, das nicht kalt ist (kein Glas oder Metall). Sitzen Sie bei Bildschirmarbeit nie mit Blick zum Fenster oder mit dem Fenster im Rücken. Die oberste lesbare Zeile sollte nicht oberhalb des horizontalen Blickwinkels liegen. Sehentfernung: mindestens 50 Zentimeter.

Schluss mit Selbstsabotage

Sie wissen mittlerweile, wie Sie sich, Ihre Aufgaben und Ihre Zeit besser organisieren können und haben zahlreiche Hilfsmittel kennengelernt, mit denen Sie Ihren Alltag besser in den Griff bekommen. Aber die besten Vorsätze nützen Ihnen nichts, wenn Sie sich selbst daran hindern, sie zu verwirklichen. Enttarnen Sie Ihre inneren Saboteure und legen Sie ihnen das Handwerk!

Der innere Schweinehund

Immer wieder stoßen wir in unserem Alltag an unsichtbare Grenzen, die uns davon abhalten, die Möglichkeiten, die uns das Leben bietet, auszuschöpfen. Und die Grenzbeamten heißen: innere Schweinehunde.

239. Ihr größter Feind: Ich habe so viele Pläne, und kaum einen setze ich wirklich um. Wie schafft es mein innerer Schweinehund, mich immer wieder davon abzubringen?

Er ruft Ihnen zu, stehenzubleiben und in Ihre Komfortzone zurückzukehren. Er flüstert Ihnen ins Ohr »Lass doch, das ist zu mühsam«, »Das eilt nicht«, »Vorsicht, das kann gefährlich werden«. Je nach Ihrer Persönlichkeit arbeitet der Schweinehund mit unterschiedlichen Tricks. Hier die Top Ten:

- Platz 10: Faulheit (»Nur nicht anstrengen!«)
- Platz 9: Komfortzone beachten (»Sicherheit geht vor.«)
- Platz 8: Andere Baustelle (»Da bin ich nicht zuständig.«)
- Platz 7: Verharmlosen (»Alles nicht so wild ...«)
- Platz 6: Aufschieben
- Platz 5: Konjunktiv und Killerphrasen (»Eigentlich könnte ich mehr Sport machen.«)
- Platz 4: Pflichterfüllung (»Sorry, ich muss auf diesen wichtigen Termin.«)
- Platz 3: Moralvorstellungen der Gesellschaft (»Das tut man nicht!«)
- Platz 2: Rücksicht auf andere
- Platz 1: Entmutigung (»Das schaffst du eh nicht!«)

Das größte Betätigungsfeld des inneren Schweinehundes sind die Bereiche Ernährung, Gesundheit und Sport. Im beruflichen Bereich besetzt er gern die Felder Zeitplanung, Aufräumen und Entscheidungen fällen. Er äußert sich immer dann, wenn es darum geht, etwas Neues zu lernen, neue Projekte anzupacken oder etwas im Leben zu verändern. Und er jault sogar auf, wenn wir mal »nichts« tun und faulenzen wollen.

240. Den inneren Schweinehund bekämpfen: Wie kann ich den inneren Schweinehund überwinden?

Der Schlüssel zum Sieg über den inneren Schweinehund ist, ihn anzunehmen. Ja, Sie haben richtig gelesen. Bekämpfen Sie ihn nicht, sondern nehmen Sie ihn an. Denn er ist ein Teil unserer Persönlichkeit und macht somit auch unseren Charme aus.

> »Solange wir einen Teil von uns bekämpfen, bekämpfen wir uns selbst. Erst wenn wir es schaffen, diesen Teil anzunehmen und zu integrieren, kommen wir weiter!«
>
> Marco von Münchhausen | deutscher Bestsellerautor

241. Anti-Schweinehund-Strategie: Wie überzeuge ich meinen inneren Schweinehund davon, dass eine Sache gut für mich ist?

Im Prinzip will Ihr innerer Schweinehund nur das Beste für Sie: keinen Stress, wenig Arbeit, wenig Veränderung. Doch leider kann er nicht in die Zukunft blicken und nicht abstrakt denken. Er versteht beispielsweise nicht, dass mehr Sport langfristig dazu führt, dass Sie sich fitter fühlen und mehr Energie haben. Erklären Sie ihm deshalb, warum Sie etwas tun und was der Gewinn für Sie (und damit auch für ihn) ist. Räumen Sie ihm in Ihrem Leben eine Nische ein, in der er sich austoben darf – ähnlich wie ein Hund im Wohnzimmer auf der Couch liegen darf, aber nicht im Bett. Achten Sie aber darauf, dass er diese Grenzen einhält. So darf Ihr innerer Schweinehund, der sich gegen das Aufräumen sträubt, eine Schublade in der Küche (im Büro, im Kleiderschrank …) haben, in der totales Chaos herrscht. Das befriedigt ihn, und er lässt Sie in Ruhe die anderen Schubladen in Ordnung halten.

Extra-Tipp: Streichen Sie darüber hinaus alle negativen Glaubenssätze aus Ihrem Sprachschatz und verabschieden Sie sich von negativen Formulierungen sowie Killerphrasen.

Aufschieberitis

Aufschieberitis ist die Demotivations-Seuche unserer Gesellschaft schlechthin. Fast jeder von uns kennt dieses Gefühl, dass man dringend etwas tun müsste, aber sich einfach nicht aufraffen kann. Erfahren Sie, warum das so ist und mit welchen Mitteln Sie der Aufschieberitis ein Schnippchen schlagen können.

242. Auf- und Verschieben: Wichtige Aufgaben schiebe ich immer wieder endlos vor mir her, obwohl mir klar ist, dass ich mir damit unnötig selbst Stress bereite.

In vielen Fällen wissen wir ganz genau, was wichtig wäre, tun aber lieber alles andere. Und je länger wir uns vor der Tätigkeit drücken, desto mehr hassen wir uns und desto abschreckender erscheint uns der Job. Dabei hat die Aufschieberitis selten etwas mit tatsächlichem Zeitmangel zu tun. Entscheiden Sie sich deshalb dazu, Dinge lieber bewusst zu verschieben, als sie aufzuschieben. Werfen Sie ruhig Ihre Tages- und Wochenpläne über den Haufen – aber nur, wenn etwas wirklich Wichtiges dazwischenkommt.
Wer aufschiebt, der wartet ab, ohne zu entscheiden, der vertagt auf »irgendwann«, der hat immer Ausreden parat und sucht die Schuld bei den anderen oder den äußeren Umständen. Wer verschiebt, der trifft klare Entscheidungen, geht zielorientiert vor und übernimmt Verantwortung für sein Tun. Er weiß, dass er sein Leben selbst in der Hand hat.

243. Aufschieberitis-Situationen: Häufig lassen sich die Aufgaben nicht verschieben – aber anpacken will ich sie auch nicht. Was dann?

Erkennen Sie, wann Sie sich auf diese Weise blockieren – das ist bereits der erste Schritt zur Besserung. Was schieben Sie gern auf? Meist sind es unangenehme Dinge, die jetzt einfach noch nicht dringend sind – aber wichtig!

- Die Vorsorge beim Zahnarzt – bis der Zahn wehtut.
- Den Anruf beim Klempner, weil der Wasserhahn tropft – bis die Wasserrechnung kommt.
- Das Berichtschreiben – bis der Abgabetermin unmittelbar vor der Tür steht.

Beobachten Sie sich bei der Arbeit und in der Freizeit: Welche Tätigkeiten packen Sie nicht oder nur ungern an? Welche Entscheidungen fällen Sie ungern? Wann oder wo hapert es an der Durchführung? Wenn Sie das wissen, haben Sie den ersten Schritt gemacht, um diese Widerstände anzugehen.

244. Unangenehme Aufgaben: Es gibt Aufgaben, die mir einfach keinen Spaß machen, und die bleiben regelmäßig liegen. Was soll ich tun?

Setzen Sie sich das Ziel, jeden Tag gleich in der Früh einige Minuten lang

- etwas Unangenehmes zu tun (unerfreulicher Anruf, Ablage, etwas Aufgeschobenes);
- einen Beitrag zu einem längerfristigen Projekt zu leisten;
- einen dringenden Aufgabenpunkt zu erledigen.

Tun Sie darüber hinaus jeden Tag etwas,

- das Ihnen Freude bereitet;
- das Sie Ihren persönlichen Zielen spürbar näherbringt;
- das Ihnen einen Ausgleich verschafft (ein Berufstätiger sucht den Ausgleich in der Familie, beim Sport o. Ä.; eine Hausfrau sucht den Ausgleich eher in geistigen Tätigkeiten).

Selbstmanagement hat viel mit einer positiven Lebenseinstellung zu tun. Schaffen und erhalten Sie sich diese positive Sicht auf die Dinge, indem Sie regelmäßig schöne Aufgaben in Ihre Tage einbauen und sich darüber freuen.

245. Aufschieberitis-Typen: Bei mir schlägt die Aufschieberitis unabhängig von bestimmten Situationen zu. Was kann ich tun?

Unsere speziellen Gründe dafür, Dinge aufzuschieben, sind auch eine Frage des Typs:

Der Perfektionist

- Motto: »Entweder richtig oder gar nicht.«
- Beispiel: Die Unordnung im Haus wird immer schlimmer, weil Sie nicht die Zeit finden, alles in einem Rutsch picobello aufzuräumen.
- Besserung: Unterteilen Sie Ihre Projekte in Etappen mit jeweils festgelegten Terminen.

Der Last-Minute-Worker

- Motto: »Unter Druck arbeite ich am besten.«
- Beispiel: Erst wenn die Schwiegermutter fast schon vor der Tür steht, bringen Sie Ihr Haus über Nacht auf Hochglanz.
- Besserung: Überlisten Sie sich, indem Sie das entscheidende Datum um einige Tage vorverlegen.

Der Grübler

- Motto: »Vielleicht ist das gar nicht das Richtige für mich …«
- Beispiel: Sie wissen nicht, wann der optimale Zeitpunkt ist, um anzufangen, oder welches die optimale Art ist – und vor lauter Nachdenken fangen Sie überhaupt nicht an.
- Besserung: Es gibt keine Garantie dafür, dass Ihre Entscheidung – rückblickend betrachtet – die absolut richtige war. Also tun Sie es einfach.

Der Überflieger

- Motto: »Das mache ich mit links.«
- Beispiel: Sie wissen, wie es geht, und fangen auch vieles an – aber mittendrin verlässt Sie plötzlich die Lust. Sollen doch die anderen …
- Besserung: Verbinden Sie Arbeit und Spaß, etwa mit einer Arbeits-Party – erst mit Freunden entrümpeln, dann feiern.

Der Verweigerer

- Motto: »Warum ausgerechnet ich?«
- Beispiel: Wenn Sie diese Arbeit erledigen, haben Sie das Gefühl, sich zu unterwerfen oder zu erniedrigen. Deshalb machen Sie einen großen Bogen darum.
- Besserung: Konzentrieren Sie sich auf den Nutzen, den Sie aus einer Tätigkeit ziehen können – unabhängig davon, wie andere profitieren.

Der Kümmerer

- Motto: »Das muss unbedingt heute noch erledigt werden.«
- Beispiel: Sie machen es allen recht, übernehmen jeden Job – und lassen die eigenen Tätigkciten liegen.
- Besserung: Ändern Sie Ihr Pflichtbewusstsein von »Sofort handeln« in »Sofort entscheiden«. Setzen Sie Prioritäten.

246. Aufschieberitis als Strafe: Ich merke, dass ich oft Aufgaben nicht erledige, weil ich auf andere sauer bin und sie damit bestrafen will. Wie kann ich mit dem Ärger konstruktiver umgehen?

Es ist verständlich, dass wir in eine Boykott-Haltung verfallen, wenn wir uns über andere ärgern: »Jetzt schon gar nicht!« Doch wem schaden Sie letztendlich damit, dass Sie Arbeiten länger liegen lassen? In vielen Fällen sich selbst. Sie haben nämlich die unerledigten Aufgaben ständig im Hinterkopf und baden womöglich tagelang in Selbstmitleid oder in dem Bewusstsein »Alle anderen bekommen nichts auf die Reihe, und ich, die ich so versiert bin und niemals Fehler mache, darf es ausbaden.« Schade um Ihre Zeit und Ihre Energie. Hinzu kommt, dass Verspätungen eindeutig Ihnen angelastet werden – und da hilft es Ihnen auch nicht, dass Sie Unterlagen beispielsweise selbst viel zu spät erhalten hatten. Hören Sie auf, wie ein Kind zu schmollen, und packen Sie das Problem bei der Wurzel:

- Sprechen Sie Bummler an, dass dieses das letzte Mal war, dass Sie in Nachtschichten Arbeiten fertig machen, nur weil andere nicht pünktlich geliefert haben. Und halten Sie sich auch daran.
- Der Kollege heimst immer den Ruhm für Ihre Arbeit ein? Kommunizieren Sie deutlich Ihren Anteil am Erfolg gegenüber Kollegen und Vorgesetzten.
- Die Kollegin ist befördert worden, obwohl die Beförderung Ihnen »zugestanden« hätte? Klären Sie mit Ihrem Vorgesetzten, welche Leistung er von Ihnen erwartet, damit Sie als Nächste befördert werden.

Erfahrung

Claudia ist Team-Chefin von 3 Mitarbeitern. Sie fühlte sich von ihnen nicht gut genug unterstützt, entdeckte häufig Fehler in ihren Arbeiten und korrigierte die dann spätnachts und am Wochenende. Das ärgerte sie derart, dass sie ihren Mitarbeitern Informationen vorenthielt und – so entdeckte sie im Coaching – deren Arbeit erschwerte, indem sie bestimmte Dinge einfach liegen ließ. Nach außen präsentierte sie sich als aufopferungsvolle Chefin, die voll hinter ihren Leuten steht. Eines Tages zitierte ihr Chef sie zu sich und gab ihr klar zu verstehen, dass ihr Team ständig Aufgaben verbummelte und Termine nicht einhielt. Er gab ihr vier Wochen, um die Truppe auf Vordermann zu bringen, ansonsten drohe die Kündigung. Sie begann das Coaching mit Schuldzuweisungen an ihre Mitarbeiter, bis ihr das eigentliche Problem klar wurde.

247. Gegenmaßnahmen: Wie bekämpfe ich Aufschieberitis konkret?

Aufschieberitis ist ganz leicht in den Griff zu bekommen, wenn Sie Ihre Lieblingssituationen und Ihre Grundmotive erkannt haben (▸ Nummer 243). Mit folgenden Taktiken schlagen Sie gleich mehrere Fliegen mit einer Klappe:

Beginnen Sie jeden Tag mit etwas »Unangenehmem«

Setzen Sie zum Beispiel eine Aufgabe, die Sie schon lange aufgeschoben haben, auf Platz 1 Ihrer To-do-Liste. Und erledigen Sie sie dann einfach, ohne nochmals drüber nachzudenken. Sie werden sehen, es war nur halb so schlimm und ging vermutlich schneller als gedacht.

Unterteilen Sie unangenehme Aufgaben

Schreiben Sie sich einen Maßnahmenplan oder eine Checkliste mit einzelnen überschaubaren Etappen und gehen Sie dann einfach – ohne weiter nachzudenken – jeden Tag einen kleinen Schritt.

Erkennen Sie Ihre Ängste

Was steckt hinter dem permanenten Aufschieben? Angst vor einem Anpfiff? Angst vor Zurückweisung? Machen Sie sich klar, was das Schlimmste ist, das Ihnen passieren kann, wenn Sie die Aufgabe erledigen – und überlegen Sie sich dann, was das Gute daran ist. Stellen Sie sich vor, wie (gut) Sie sich danach fühlen werden!

Ermitteln Sie den Zeitbedarf

Sie schieben Routinearbeiten wie zum Beispiel Spülmaschine ausräumen immer auf? Stoppen Sie doch einmal, wie lange Sie für diese Handgriffe brauchen, und freuen Sie sich über den Aha-Effekt: Es dauert ja nur 4 Minuten.

Tun Sie es einfach

Sie spüren, wie angesichts einer Aufgabe die Unlust in Ihnen aufsteigt? Suchen Sie sich ein überschaubares Zwischenergebnis und fangen Sie ohne weiteres Zögern an. Denn »keine Lust«, »Ich bin nicht in Stimmung«, »Oh, ich sollte lieber erst aufräumen« – diese inneren Stimmen verschwinden ganz schnell, wenn Sie einfach loslegen.

Harmoniefalle

Streben nach Harmonie als Selbstsabotage? Ja, denn wir übernehmen Aufgaben, die wir nicht mögen, oder helfen Menschen aus reinem Pflichtgefühl. Der Effekt: Die Zeit, die wir hier investieren, fehlt uns für die wirklich wichtigen Aufgaben und Mitmenschen.

248. Innere Stärke: Ich traue mich einfach nicht, Nein zu sagen. Tue ich es dann doch einmal, zittere ich innerlich, und die Sache geht mir wochenlang nach. Was kann ich tun?

Es kostet Sie viel Energie und Nerven, Dinge durchzusetzen, die Ihnen wichtig sind. Und vieles bleibt bei Ihnen deshalb auf der Strecke, weil Sie nicht die Kraft dafür aufbringen können. Entwickeln Sie Ihre innere Stärke mit folgendem Schnell-Programm:

1. Entwickeln Sie klare Lebensziele und entdecken Sie, was Ihre Leidenschaft entfacht. Richten Sie Ihren Blick in die Zukunft und setzen Sie Ihren Traum Schritt für Schritt in die Wirklichkeit um.
2. Kündigen Sie Ihrem inneren Nörgler. »Das schaffst du nie.« »Das ist ja wieder mal typisch für dich Versager.« Diese und ähnliche Sätze haben wir in unserer Kindheit oft gehört, und jetzt hören wir sie von unserer inneren Stimme. Beobachten Sie, wann solche Aussagen in Ihnen hochkommen, und sagen Sie »Stopp«. Verkehren Sie den Satz ins Positive, zum Beispiel so: »Ja, das schaffe ich« oder »Lieber unperfekt begonnen als perfekt gezögert«.
3. Machen Sie sich Komplimente, wenn Sie etwas gut gemacht haben. Belohnen Sie sich (▸ Nummer 225).

249. Grenzen setzen: Ständig wollen andere etwas von meiner Zeit abhaben. Wie kann ich mich besser abgrenzen?

Ihnen rennen die Menschen im wahrsten Sinne des Wortes die Bude ein und fordern alles von Ihnen. Und Sie? Sehen Sie tatenlos zu, obwohl Ihnen längst klar ist, dass es Ihnen nicht guttut, wenn Sie immer nur Ja und Amen sagen? Dann entlarven Sie Ihre inneren Widersacher, die Ihnen das Leben schwer machen. Ist es der Wunsch, perfekt zu sein? Leiden Sie am Helfersyndrom? Schlüpfen Sie immer wieder in die Opferrolle? Oder tun Sie es, »weil man das halt so tut«? Hinterfragen Sie Ihre bisherige Reaktion:

- Wer sagt, dass Sie so sein sollen?
- Für wen gilt das? Wann gilt das, und welche Ausnahmen gibt es?
- Wem nützt es, wenn Sie so sind?
- Was passiert, wenn Sie die »Regeln« einmal brechen?
- Was wären die Konsequenzen, und wie schlimm wären sie tatsächlich für Sie?

Viele Ihrer Ängste fallen nun vielleicht in sich zusammen und verlieren ihren Schrecken. Dadurch können Sie selbstbewusster entscheiden und neue Grenzen setzen.
Extra-Tipp: Sorgen Sie dafür, dass Ihr Umfeld auch über die eigene Firma hinaus Ihren Wert erkennt und Sie viel Anerkennung und Wertschätzung erhalten. Testen Sie beispielsweise immer wieder einmal Ihren Marktwert. Denn wenn Sie wissen, dass Sie auch außerhalb Ihrer Firma gute Chancen hätten, dann fällt Ihnen das Grenzenziehen im Job sicher leichter.

250. Angst vor Kritik: Ich habe Angst davor, dass andere mich kritisieren, wenn ich das tue, was ich für richtig halte.

Viele Menschen haben Angst, kritisiert zu werden. Denn in der Regel wollen wir allseits beliebt sein. Kritik erscheint uns als Zeichen dafür, dass man uns nicht mehr mag. Fragen Sie sich das nächste Mal, wenn Sie vorschnell gegen Ihr Bauchgefühl handeln würden: »Was genau empfinde ich als schlimm, wenn der andere eine andere Auffassung von bestimmten Dingen oder Situationen hat?« Machen Sie sich bewusst: Wir müssen nicht immer der gleichen Meinung sein, um gemeinsam gut leben und arbeiten zu können. Im Gegenteil: Wenn wir immer der gleichen Meinung wären, dann wären Langeweile und Stillstand die Folge.
Beziehen Sie Kritik nicht auf sich persönlich, sondern unterscheiden Sie zwischen der Sachebene und der persönlichen Ebene. Wie können Sie fachlich davon profitieren? Wann ist die Methode »Beim linken Ohr rein, beim rechten wieder raus« die beste? Und wo steckt hinter vermeintlicher Kritik ein Kompliment?
Mag sein, dass es den Kollegen nicht gefällt, dass Sie heute Abend allein zum Sport gehen statt mit ihnen zum Bowlen. Das ist deren Meinung, und vielleicht steckt hinter dem Vorwurf ja gar keine Kritik, sondern echtes Bedauern darüber, dass Sie nicht dabei sind. Vielleicht wäre es ihnen einfach nur

unangenehm, zugeben zu müssen: »Schade, dass du nicht dabei bist.« Da könnten Sie ja auf Ideen kommen.

251. Angst vor Konflikten: Ich scheue mich vor Konflikten und mache deshalb mehr, als mir guttut. Was kann ich hier tun?

Konflikte, die unter der Oberfläche schwelen, kosten uns viel Energie. Die meisten lösen sich jedoch in Wohlgefallen auf, wenn man den anderen darauf anspricht. Denn entweder ist ihm gar nicht aufgefallen, dass man einen Konflikt miteinander hatte, oder er hat auch darunter gelitten und bewundert nun Ihren Mut, das Problem aus der Welt zu schaffen.
Extra-Tipp: Erlauben Sie sich hin und wieder auch ein reinigendes Gewitter. Achten Sie jedoch darauf, sich nicht gegenseitig zu verletzen, und bleiben Sie bei der Sache.

252. Innere Glaubenssätze: Immer wenn ich mich durchzusetzen versuche, sagt mir meine innere Stimme: »Das kannst du doch nicht tun!«

Unsere Eltern, Verwandten und Bekannten, die Schule und unsere Freunde haben unsere Vorstellung davon geprägt, »wie wir zu sein haben«. Diese Erlebnisse und Erfahrungen prägen uns auch heute noch, denn egal wie alt wir sind – unbewusst befolgen wir nach wie vor die damaligen Ge- und Verbote.
Hatten wir Eltern, die uns unterstützt und gefördert haben (»Diese chaotische Zeichnung gefällt mir.« »Lass dich nicht unnötig hetzen.«), sind solche »Erblasten« hilfreich. Doch meist bekommen wir von anderen Sätze zu hören, die uns kleinmachen und eher blockieren als motivieren. Die gute Nachricht: Wir stehen unserem Erbe nicht machtlos gegenüber. Wir können mit unserem Erwachsenen-Ich entscheiden, ob eine solche Botschaft für uns heute noch sinnvoll ist oder ob wir ohne sie besser dran wären. Unbrauchbare Antreiber und Blockaden können Sie gezielt aufstöbern und dann auflösen (▸ Nummer 253).

253. Glaubenssätze auflösen: Wer erfolgreich sein will, der muss eben hart dafür arbeiten. Oder etwa nicht?

So sind wir erzogen: Arbeit muss wehtun, sie darf keinen Spaß machen, nur wer hart arbeitet, hat sich etwas verdient. Das sind alte Glaubenssätze, die uns unsere Eltern, Großeltern oder Lehrer mit auf den Weg gegeben haben. Sie bestimmen noch heute, wie wir uns verhalten, und können sogar massive körperliche Beschwerden auslösen.

Machen Sie sich die Mühe, alle Glaubenssätze aufzuschreiben, die bis heute in Ihrem Kopf herumspuken – und lösen Sie sie einfach auf. Nehmen Sie dazu einen der Glaubenssätze und formulieren Sie ihn in eine positive Aussage um. Feilen Sie so lange an Ihrer Formulierung, bis Sie ihre motivierende Kraft spüren:

- Arbeit muss wehtun. ▸ Ich arbeite voller Freude und Leidenschaft und genieße den Erfolg, den ich damit habe.
- Wer rastet, der rostet. ▸ Ich kann gut abschalten und erlebe die erfrischende Energie, die mich wohlbehalten durch mein Leben bringt.

Sagen Sie diese neuen Sätze immer wieder (am besten täglich) laut vor sich hin – besonders in Situationen, in denen Ihnen anfangs immer noch die negativen Botschaften einfallen. Sie werden sehen, nach einiger Zeit klappt das super.

Erfahrung

Die häufigsten Glaubenssätze, die uns in der Kindheit mitgegeben werden, sind »Sei stark«, »Sei perfekt«, »Streng dich an«, »Sei schnell«, »Mach's allen recht«. In einem Seminar sammelten wir zudem folgende Glaubenssätze: Ordnung ist das halbe Leben! – Nur Schlampen trinken Bier! – Sex macht keinen Spaß! – Du schaffst das nicht! – Mit 60 gehörst du zum alten Eisen, da braucht dich keiner mehr! – Sie werden mit 40 Jahren einen steifen Nacken haben.

260. Anerkennung anderer: Für das, was ich tue, werde ich nie gelobt. Das demotiviert mich so, dass darunter mittlerweile meine Leistung leidet.

Viele Menschen brauchen Motivation von außen in Form von Lob oder Geschenken. Leider ist es in unserer Gesellschaft jedoch nicht üblich, viel zu loben. Etablieren Sie deshalb eine Lobkultur in Ihrer Firma oder Familie (▸ Nummer 212) und lernen Sie, sich selbst zu motivieren:

- Loben Sie sich nach jeder guten Leistung selbst. Sagen Sie laut: »Susanne (oder wie Sie sich nennen), das hast du wirklich gut gemacht. Ich bin stolz auf dich!«
- Belohnen Sie sich mit Aufmerksamkeiten (▸ Nummer 225).
- Leben Sie Ihre Talente so gut wie möglich aus.
- Führen Sie ein Tagebuch, in dem Sie Ihre großen und kleinen Leistungen sowie das Lob, das Sie erhalten haben, festhalten (oder zum Beispiel E-Mails einkleben).
- Machen Sie sich jeden Tag bewusst, was in Ihrem Leben alles positiv ist. Denken Sie vor allem an die vermeintlich selbstverständlichen Dinge (»Ich bin gesund«, »Meine Kinder sind gesund«, »Ich kann ohne Geldsorgen einkaufen«). Wir betrachten im Alltag viel zu viel als selbstverständlich und regen uns dann über Nebensächlichkeiten auf (»In der S-Bahn hat mir einer den Platz weggenommen«).
- Bedanken Sie sich jeden Tag dafür, dass es Ihnen so gut geht.
- Planen Sie jede Woche mindestens ein »Highlight« ein, das Ihnen Spaß macht (mit den Kindern Schwimmen gehen, Schokolade auf der sonnigen Parkbank).

261. Hilfe annehmen: Ich habe das Gefühl, immer alles selbst machen zu müssen, obwohl ich Hilfe suchen könnte. Wie werde ich dieses Gefühl los?

Meist steckt ein starker Glaubenssatz oder »Antreiber« dahinter, der dafür sorgt, dass Sie Hilfe nicht annehmen können. Finden Sie Ihre Antreiber und negativen Glaubenssätze heraus (▸ Nummer 252) und legen Sie sie dann bewusst ab (▸ Nummer 253).

262. Negativ-Formulierungen: Ich fühle mich durch die Aufgaben, die ich erledigen muss, ständig unter Druck gesetzt. Wie werde ich gelassener?

Wenn Sie von »müssen« sprechen, ist ein starkes Gefühl der Fremdbestimmtheit programmiert. Und weil wir uns gegen Fremdbestimmung wehren (▸ Nummer 255), wollen wir am liebsten gar nichts mehr tun. Streichen Sie also das Wort »muss« aus Ihrem Sprachschatz und ersetzen Sie es durch »Ich will«, »Ich darf« und »Ich möchte«. Spüren Sie der Wirkung nach, die Sie erleben, wenn Sie sagen »Jetzt muss ich noch den Kunden Meier anrufen«, und vergleichen Sie sie mit der Wirkung von »Jetzt will ich noch den Kunden Meier anrufen«. Das Gleiche gilt für Freizeitbeschäftigungen, die uns eigentlich guttun, zu denen wir uns aber immer wieder »peitschen«. Prüfen Sie vor allem, ob Sie wirklich müssen. Überlegen Sie, ob Sie die Aufgabe nicht vielleicht delegieren, zurück-delegieren oder streichen können (▸ Nummer 100). Sie »müssen« tatsächlich? In diesem Fall sagen Sie sich: »Ich will diese Aufgabe jetzt erledigen, dann ist sie vom Tisch, und ich fühle mich gut.« Danach tun Sie es einfach und freuen sich über sich!

Entscheidungsschwäche

Tag für Tag vergeuden wir wertvolle Zeit – weil wir uns nicht entscheiden können. Entlarven Sie Ihre persönlichen Entscheidungs-Hürden und machen Sie Schluss mit dem ewigen »Vielleicht«.

263. Entscheidungen fällen: Ich vertue immer so viel Zeit damit, Entscheidungen zu treffen. Warum fällt mir das so schwer?

Warum wir uns schwertun, Entscheidungen zu treffen, hängt von mehreren Faktoren ab:

1. In vielen Fällen können wir nicht (schnell) entscheiden, weil wir uns nicht klar gemacht haben, was uns im Leben

268. Kopf und Bauch: Was ist besser – Bauch- oder Kopfentscheidungen?

Je nachdem, wie Sie »ticken«, entscheiden Sie eher mit dem Bauch oder dem Kopf. Das ist Ihre Präferenz. Versuchen Sie immer mal wieder, auch mit Ihrer nicht präferierten Seite zu entscheiden. Wenn Sie also eher kopflastig sind, fragen Sie einmal Ihren Bauch oder setzen Sie entsprechende Techniken ein. Vertrauen Sie eher auf Ihren Bauch, dann suchen Sie bewusst mit dem Kopf nach Entscheidungen. Dieser Wechsel trainiert Ihr Gehirn, und Sie werden damit schnell zum Entscheidungs-Meister.

Extra-Tipp: Menschen, die sehr entscheidungsunfreudig sind, können sich auch mit homöopathischen Bachblüten helfen. Fragen Sie Ihren Heilpraktiker danach.

Perfektionismus

Perfekt zu sein ist ein schöner Motivator. Aber perfekt zu sein ist auch ein großer Zeitfresser, der vielen Menschen das Leben schwer macht. Erfahren Sie, was hinter dem Wunsch steckt, alles 1 A machen zu wollen, und gelangen Sie zu einem entspannten Umgang damit.

269. Nicht gut genug: Ich werde mit meinen Aufgaben oft nicht fertig. Dabei will ich doch bloß alles ordentlich machen.

Perfektionismus ist ein großer Antreiber und Motivator, Dinge richtig gut zu machen. Und je nach Beruf werden Sie auch genau dafür bezahlt, bis ins letzte Detail alles korrekt zu erledigen (zum Beispiel als Buchhalter, Chirurg etc.). Perfektion hat ihren ganz eigenen Sinn und kann sogar zu einem Markenzeichen werden: Handwerker, die »perfekt« arbeiten, nehmen wir lieber als einen Schlamper. Und nicht umsonst sind Produkte aus Deutschland international sehr begehrt, weil das Label »Made in Germany« für Qualität steht.

In vielen Bereichen ist es also sehr sinnvoll, perfekt zu sein. Aber es gibt eben auch jede Menge Gebiete, in denen Perfektionismus nicht benötigt, ja noch nicht einmal erwünscht ist:

- Die auf Hochglanz polierte Wohnung ist ungemütlich.
- Der perfekt inszenierte Vortrag, in dem jede Pointe ausgefeilt, jede Geste einstudiert, jede Stimm-Modulation gezielt gesetzt ist, wirkt leblos und unpersönlich.
- Das bis ins letzte Detail perfekt arrangierte Candlelight-Dinner ist ein Stimmungskiller.

Ein Hauch von Unperfektheit macht

- Menschen liebenswert,
- Unternehmen menschlich,
- Wohnungen und Büros gemütlich,
- das Zusammenleben deutlich einfacher.

Halten Sie deshalb, bevor Sie eine Aufgabe beginnen, immer wieder kurz inne und fragen Sie sich: Ist es wirklich sinnvoll oder erstrebenswert, diese Aufgabe bis ins letzte Detail perfekt zu erledigen?

270. Perfektionismus erkennen: Aber wie lässt sich denn unterscheiden, was gesunde Genauigkeit und was übertriebener Perfektionismus ist?

Menschen, die an Perfektionismus leiden,

- konzentrieren sich zu sehr auf Details,
- wollen alle Hintergrundinformationen und Einzelheiten genau wissen,
- wollen immer alles besonders gründlich machen,
- neigen dazu, Aufgaben überzuerfüllen,
- stellen Perfektion ohne Rücksicht auf Zeitaufwand (und Kosten) über alles andere,
- sind oft zwanghaft leistungsbetont,
- tendieren dazu, sich stets zu rechtfertigen,
- streben nach Anerkennung für eine absolut fehlerfreie Leistung,
- verlangen von anderen Menschen das gleiche Verhalten,
- sehen am Ende nur das, was zur Perfektion noch fehlt,

- weichen einer bestimmten Situation (Prüfung, Präsentation etc.) aus, wenn sie das Gefühl haben, nicht perfekt genug zu sein.

Wer ständig danach strebt, alle Aufgaben zu 100 Prozent zu erfüllen, katapultiert sich in eine unendliche Stress-Spirale und vergeudet letzten Endes eine Unmenge Zeit. Perfektionismus führt dazu, dass Sie zu viel Zeit für eine bestimmte Arbeit aufwenden und damit Ihre Zeit-Balance ins Ungleichgewicht bringen. Andererseits planen Sie als Perfektionist den Weg zu Ihren Zielen vermutlich hervorragend und organisieren jeden Schritt sehr genau.

271. Strategien gegen Perfektionismus: Wie kann ich lernen, weniger perfekt sein zu wollen?

Die gute Botschaft: Wir sind dem Antreiber »Sei perfekt!« (▸ Nummer 252) nicht auf Gedeih und Verderb ausgeliefert. Wer ihn bei sich enttarnt hat, kann das eigene Verhalten ändern. Dazu haben Sie folgende Möglichkeiten:

1. Bewusster Ausstieg: Steigen Sie immer wieder bewusst aus dem Antreiberverhalten aus.

2. Erlaubnis geben: Geben Sie sich die Erlaubnis, so zu sein wie Sie sind. Sagen Sie sich immer wieder:

- Du bist gut genug, so wie du bist.
- Du darfst Fehler machen.
- Du darfst mit anderen nachsichtig sein, wenn sie Fehler machen.
- Du brauchst dich nicht ständig zu rechtfertigen.

Sagen Sie sich diese Sätze abends vor dem Einschlafen oder morgens direkt nach dem Aufwachen vor. Eine weitere Möglichkeit: Sie notieren die Erlaubnis auf einem Blatt Papier und hängen sie dorthin, wo Sie sie im Lauf des Tages sehen.

3. Erwartungen klären: Prüfen Sie genau, ob das, was Sie von sich erwarten, tatsächlich mit dem übereinstimmt, was die anderen von Ihnen erwarten.

4. Übertragbarkeit überprüfen: Klären Sie, ob Sie das, was Sie von sich selbst erwarten, auch von anderen (Team- oder

Gruppenmitgliedern, Mitarbeitern, Kollegen, Klassenkameraden ...) erwarten können. Falls nicht, akzeptieren Sie deren Standard – auch wenn es Ihnen schwerfällt.

5. Konsequenzen prüfen: Machen Sie sich klar, welche sachlichen und persönlichen Auswirkungen ein von Ihnen begangener Fehler tatsächlich hätte.

6. Perfektionismus bewusst einsetzen: Setzen Sie Perfektionismus bewusst ein – wenn es wirklich wichtig ist und von den anderen geschätzt wird (▸ Nummer 269).

Seien Sie geduldig mit sich. Ihr Antreiber hatte jahrelang die Möglichkeit, jeden Winkel Ihres Gehirns zu okkupieren – lassen Sie sich Zeit, ihn umzuprogrammieren.

Sich verzetteln

Sie wollen nur schnell etwas erledigen. Und Stunden später stellen Sie fest: Ich habe mich total verzettelt. Das kann manchmal Spaß machen, meist aber bedeutet es Stress. Schluss damit. Erkennen Sie Ihre persönlichen Verzettelungs-Fallen und entschärfen Sie sie.

272. Ursachen: Ich kämpfe in der Arbeit häufig damit, dass ich mich heillos verzettele. Warum passiert mir das?

Die Gefahr, sich bei Aufgaben zu verzetteln, lauert überall: Im Beruf verzetteln wir uns bei der Erledigung von Aufgaben, im Privatleben kommen wir schnell einmal vom Hundertsten ins Tausendste, und Unternehmen verzetteln sich nicht selten mit einer Vielzahl von Produkten (▸ Seite 186). Der Grund dafür ist, dass wir

- uns schnell für neue Dinge begeistern (besonders wenn wir auf die eigentliche Aufgabe keine Lust haben),
- uns nicht entscheiden können, was wir wirklich wollen,
- den Sinn und Zweck des eigentlichen Vorhabens aus dem Auge verloren haben.

Sich zu verzetteln macht auf Dauer unzufrieden und ist ermüdend. Es hinterlässt am Ende des Tages das ungute Gefühl, man hätte bei effektiverer Arbeit schon zwei Stunden früher fertig sein und sich entspannt etwas Schönem widmen können. Nehmen Sie sich deshalb bei Ihren Aufgaben vor, dass Sie sich unter keinen Umständen (!) davon abhalten lassen, und schotten Sie sich ab.
Verzetteln hat viel mit Spontaneität zu tun. Machen Sie sich klar, dass Sie, wenn Sie diese Tätigkeit jetzt stringent durchziehen, danach ganz viel Zeit für Spontanes haben werden.

273. Tricks gegen Verzetteln: Welche Tricks bewahren mich davor, mich zu verzetteln?

Nutzen Sie eine der folgenden Strategien, um der Verzettelungs-Falle zu entgehen:

- Überlegen Sie sich, wie viel Zeit Sie in die Reisekostenabrechnung, die Excel-Tabelle, die neue Präsentation oder in das Protokoll der letzten Teamsitzung investieren wollen. Stellen Sie sich einen Wecker und hören Sie konsequent auf, wenn er klingelt. Alleine das Ticken treibt Sie schon an, und Sie werden immer häufiger innerhalb der von Ihnen vorher festgesetzten Zeit fertig.
- Wenn Ihnen mitten bei der Arbeit an einer Aufgabe eine neue Idee kommt, der Sie jetzt unbedingt nachgehen müssen: Überprüfen Sie, ob sie wirklich so bedeutend ist. Besinnen Sie sich auf die wichtigen Dinge, die Sie an diesem Tag erledigen wollen. Malen Sie sich das Ergebnis und Ihr gutes Gefühl aus, wenn Sie Ihre Aufgabe wie geplant durchgezogen haben. Die Idee erscheint Ihnen immer noch wichtig? Dann notieren Sie sie und planen Sie ein Zeitfenster ein, um ihr nachzugehen.

Extra-Tipp: Sie haben heute nichts wirklich Wichtiges vor und genügend Spielraum, um sich so richtig schön zu verzetteln? Ja, dann viel Spaß dabei. Achten Sie nur darauf, die einzelnen Spontanaufgaben auch fertig zu machen. Dann fühlen Sie sich erfolgreich, effizient und gut.

Den privaten Alltag organisieren

Das Privatleben und einen Haushalt zu organisieren erfordert die Führungsqualitäten eines Unternehmenschefs. Je mehr »Mitarbeiter« (Partner, Kinder) Sie haben, desto mehr Aufgaben haben Sie zu bewältigen. Machen Sie sich das Leben leichter – mit den gleichen Instrumenten wie in Ihrem Job.

282. Termine der Kinder: Mich stressen die vielen Fahrdienste und Termine meiner Kinder. Was soll ich tun?

Nehmen Sie auch die Aktivitäten Ihrer Kinder unter die Lupe und reduzieren Sie ihre Freizeitverpflichtungen. Der Großteil unserer Grundschulkinder klagt bereits über Kopf- und Rückenschmerzen – die ersten Anzeichen für Stress! Zwei Nachmittagstermine pro Woche sind genug, sagen Experten.

283. Trödeln: Mein Kind trödelt immer so. Wie kann ich es zur Eile antreiben?

Führen Sie in Ihrer Familie Routinen ein. Denn alles, was immer nach dem gleichen Schema abläuft, hilft Kindern, ohne Diskussion bestimmte Tätigkeiten zu erledigen, zum Beispiel am Morgen: anziehen, frühstücken, Zähne putzen, Schuhe an, Jacke an und los geht's.
Sagen Sie rechtzeitig Bescheid (einige Minuten vorher): »Wir haben jetzt noch zehn Minuten Zeit, und dann gehen wir!« Solche klaren Ansagen helfen Kindern. Gehen Sie dann aber auch wirklich, sonst torpedieren Sie Ihre eigenen Worte.
Extra-Tipp: Sorgen Sie immer wieder für Phasen, in denen Ihr Kind bewusst trödeln darf. Trödeln ist eine Gabe, die wir Erwachsenen leider verlernt haben. Nehmen Sie sich Ihr Kind zum Vorbild und vertrödeln Sie mal wieder ein komplettes Wochenende – ganz ohne schlechtes Gewissen.

284. Hausaufgaben: Meine Kinder brauchen immer ewig, bis sie ihre Hausaufgaben gemacht haben. Wie kann ich das beschleunigen?

Hausaufgaben sind dazu da, dass die Kinder den in der Schule erlernten Stoff üben und vertiefen. Und sie dienen dazu, dass die Kinder selbstständiges Arbeiten lernen. Das können sie aber nur, wenn sie sich für die Hausaufgaben auch selbst verantwortlich fühlen. In dem Moment, in dem die Eltern die Verantwortung übernehmen, schaltet das Kind innerlich ab – und Sie kämpfen gegen Desinteresse und Langsamkeit.

Übertragen Sie Ihrem Kind wieder die Verantwortung. Beschäftigen Sie sich während der Hausaufgabenzeit mit eigenen Aufgaben und regen Sie sich nicht auf. Schauen Sie Ihrem Kind nicht ständig über die Schulter, seien Sie lediglich für Rückfragen da. Beantworten Sie jedoch nicht alle Fragen, sondern ermuntern Sie das Kind nachzudenken, wie es die Lösung selbst finden könnte.
Legen Sie klare Regeln fest: Erst wenn alle Hausaufgaben erledigt sind, kann das Kind zum Spielen. Meist sorgt das für einen automatischen »Turbo«. Sollte Ihr Kind jedoch fachlich oder methodisch von den Aufgaben überfordert sein, dann klären Sie das bitte mit dem Lehrer und suchen Sie gemeinsam nach Lösungen.

285. Computer-Nutzung: Meine Kinder sitzen jeden Tag stundenlang vor dem Computer, und ständig gibt es deswegen Streit. Wie löse ich das Problem?

Es gibt Programme, bei denen eine individuelle Nutzungszeit pro Person und Tag eingestellt werden kann – für den PC und zusätzlich für das Internet. Ist dieses Zeitkontingent abgelaufen, fährt der Rechner (nach einer Vorwarnung) automatisch herunter und kann an diesem Tag von der entsprechenden Person auch nicht mehr in Betrieb genommen werden. Fündig werden Sie über Suchmaschinen, oder Sie fragen im Fachhandel danach. Diese Software ist übrigens auch ein guter Tipp für Erwachsene, die sich gern im Internet verzetteln.

286. Zeitfresser Fernsehen: Ich will mir nur kurz die Nachrichten anschauen – und schon ist es wieder Mitternacht. Wie schaffe ich es, den Fernseher wirklich abzuschalten?

Ja, Nachrichten sind eine »Einstiegsdroge«. Die Frage aber ist: Was bringt Ihnen der Fernsehabend? Können Sie sich dabei gut entspannen? Dann Schluss mit dem schlechten Gewissen. Genießen Sie es. Sie haben nichts davon? Dann könnte es sein, dass Sie Ihre Freizeitplanung überdenken sollten.

Erfahrung

Ich habe aufgehört, Nachrichten zu schauen, als ich mir nach langer Zeit einmal wieder ein Video ansehen wollte, das ich selbst aufgenommen hatte. Kassette rein, Fernseher an – und da kamen gerade die Nachrichten. Ich dachte mir, die schaue ich noch schnell an: Unruhen im Gazastreifen, Probleme im Iran, Steuererhöhungen. Als die Nachrichten vorbei waren, wollte ich das Video starten. Doch es lief schon! Ich hatte mir Nachrichten von vor 2 Jahren angeschaut und es nicht gemerkt. Jetzt weiß ich, dass ich nichts verpasse, wenn ich die Nachrichten nicht anschaue, und bin kuriert.

Helmut aus Berlin

Ordnung schaffen

Ein schönes Heim ist ein guter Ort, um Kraft zu tanken. Allerdings nur, wenn das Aufräumen nicht zum Stress wird. Holen Sie sich Anregungen, wie Sie hier eine gesunde Balance finden können.

287. Ordnungsgrad: Mich stört die Unordnung zu Hause, aber ich schaffe es nicht, alles ständig aufzuräumen.

Wie sauber und ordentlich soll es bei Ihnen zu Hause sein? Wir alle mögen es gern schön, aber bedenken Sie, dass Sie in Ihren vier Wänden wohnen und nicht in einer Möbelausstellung. Hängen Sie die Messlatte, wie ordentlich es sein soll, gelegentlich etwas tiefer, wenn Sie anderen Aktivitäten in Ihrem Leben gerade Vorrang geben wollen. Der Wunsch, ein perfektes Zuhause zu haben, eine perfekte Partnerin oder ein perfekter Partner zu sein und auch noch Erfolg im Beruf zu haben – wer das alles stemmen will, der wird immer in Action sein müssen. Wollen Sie das?

288. Möglichst perfekt: Ich verbringe so viel Zeit mit dem Haushalt, dass ich ganz erschöpft bin und das schöne Zuhause gar nicht genießen kann.

Feiern Sie Ihre Erfolge bewusst, belohnen Sie sich und etablieren Sie eine Lobkultur in der Familie (▸ Nummer 212). Oder kann es sein, dass Ihr Perfektionismus Ihnen das Leben schwer macht? Dann schütteln Sie den Widersacher ab (▸ Nummer 271) und lernen Sie von Pareto (▸ Nummer 104).
Manchmal verzetteln wir uns auch in einer Aufgabe, weil wir hier die Bestätigung suchen, die uns woanders fehlt. Haben Sie Betätigungsfelder außerhalb Ihres Heims, in denen Sie als Person geschätzt werden? Falls nicht, suchen Sie sich eine (ehrenamtliche) Tätigkeit, bei der Sie Anerkennung und Wertschätzung erhalten.

289. Ausmisten: Im Büro ist es ordentlich, aber Wohn-, Kinder- und Schlafzimmer sind ein einziges Chaos. Wie soll ich das in den Griff bekommen?

Misten Sie in den eigenen vier Wänden regelmäßig aus (▸ Nummer 181 ff.) und schaffen Sie Strukturen, mit denen alle Familienmitglieder gut klarkommen.

290. Ordnungsstrukturen: Wie sehen Strukturen aus, mit denen alle klarkommen?

1. Weisen Sie jedem Ding ein eigenes »Zuhause« zu (alles an seinem Platz).
2. Ordnen Sie Ihre Sachen logisch (Sporthandtücher in den Schrank zu den Sporttaschen).
3. Beschriften Sie die Fächer, Schubladen oder Kisten (zum Beispiel in der Garderobe für Mützen und Handschuhe mit »Ronja« und »Raffael«) oder kleben Sie Bilder vom Inhalt oder Eigentümer auf.
4. Gestalten Sie die Aufbewahrungseinheiten bunt.
5. Investieren Sie in wertvolle Einheiten oder verzieren Sie Kästchen mit Goldfolie. Denn: Je wertvoller die Einheit, desto mehr sträuben wir uns unbewusst dagegen, sie zuzumüllen.

6. Je kleiner die Kinder sind, desto bunter und bildhafter darf es sein. Denn mit solchen Strukturen kann auch ein Vierjähriger problemlos sein Zimmer (allein) aufräumen.

291. 20-Minuten-Morgenlauf: Wie schaffe ich es, dass ich abends, wenn ich heimkomme, nicht überall erst einmal Unordnung beseitigen muss?

Absolvieren Sie jeden Tag den 20-Minuten-Morgenlauf, bevor Sie andere Aufgaben anpacken oder das Haus verlassen. Dieser Turbo-Kurzaufräumer hilft Ihnen, mit wenigen

Methodenkoffer: Der 20-Minuten-Morgenlauf

Grundregeln:

- Nehmen Sie sich für jeden Raum Ihrer Wohnung maximal fünf Minuten Zeit.
- Größere Aufgaben nehmen Sie erst später in Angriff, sonst verzetteln Sie sich. Vertrösten Sie den Perfektionisten in Ihnen auf später, dann darf er sich austoben!
- Arbeiten Sie »von oben nach unten« oder von »vorne nach hinten« (vom Eingang weg in die Wohnung hinein – nach dem Motto: Was sieht ein Besucher zuerst?).
- Die Küche gehört nicht zum 20-Minuten-Morgenlauf und bekommt zusätzliche 10 bis 15 Minuten.

Ablauf:

- Räumen Sie alles Herumliegende (Spielsachen, Kleidung) in die Schränke oder Kisten. Hängen Sie Handtücher auf, werfen Sie Abfall weg, sammeln Sie Schmutzwäsche ein und schütteln Sie die Betten auf.
- Wischen Sie verschmutzte Tische oder Waschbecken feucht ab.
- Putzen Sie nicht zu gründlich. Wenn Sie sehen, dass der Boden gewischt oder die Dusche entkalkt werden muss, notieren Sie das auf Ihrer To-do-Liste und versehen es mit einem passenden Termin.

Handgriffen den ordentlichen Zustand Ihres Heims herzustellen, und verschafft Ihnen so einen guten Start in den Tag. Planen Sie dazu 20 Minuten in der Früh ein, bevor Sie das Haus verlassen, und wirbeln Sie kurz durch jeden Raum.
Der 20-Minuten-Morgenlauf reicht völlig aus, um Ihr Haus optisch ordentlich wirken zu lassen, und geht umso schneller, je besser die Grundordnung ist. Sie können so einen Haushalt lange auf Sparflamme in Schuss halten. Verzichten Sie also nicht auf Ihren 20-Minutenlauf und verschieben Sie lieber andere Aktivitäten auf später. Übrigens: Musik, eine Stepeinlage an der Treppe oder Orangenduft aus einer Aromalampe lassen das Aufräumen leichter von der Hand gehen und heben die Stimmung.
Probieren Sie es einfach einmal aus. Viele meiner Seminarteilnehmer möchten auf den 20-Minuten-Morgenlauf nicht mehr verzichten, weil er ihnen das gute Gefühl vermittelt, dass sie abends ein aufgeräumtes Haus willkommen heißt.
Extra-Tipp: Ist Ihnen ein 20-Minuten-Block zu lang, erledigen Sie die wichtigsten Handgriffe einfach in den Zimmern, in denen Sie sich während des morgendlichen Fertigmachens ohnehin aufhalten: Nach dem Aufstehen machen Sie sofort das Bett und hängen nicht benötigte Kleidung auf; nach der Morgentoilette räumen Sie drei Minuten im Bad auf; sind die Kinder angezogen, verschwinden Kleidung und Spielzeug im Schrank, bevor Sie gemeinsam in die Küche gehen.

292. Störungen: Ich werde nie mit der Hausarbeit fertig, weil ich ständig gestört werde. Wie vermeide ich das?

Besonders im privaten Alltag helfen Routinen, die anfallenden Aufgaben ohne ungewollte Unterbrechungen zu erledigen. Richten Sie beispielsweise einen festen Putz-, Wasch- und Einkaufstag ein und lassen Sie Kleinkinder während dieser Zeit von anderen betreuen. Ein weiterer Vorteil: Sie können sich selbst besser gegen Störungen wappnen – schließlich erledigen Sie gerade eine wichtige wöchentliche Aufgabe!

Im Team arbeiten und leben

Eine Familie funktioniert wie ein kleines Team – ein oder zwei Chefs und ein paar Mitarbeiter. Nutzen Sie die Kniffe aus dem Arbeitsleben, um auch Ihr privates Team bestmöglich zu organisieren und einzusetzen.

293. Aufgaben gerecht verteilen: Wie können wir die Aufgaben, die im Haushalt anfallen, ohne Streit verteilen?

Meist entsteht Streit im privaten Alltag, weil an den Frauen die ewig wiederkehrenden Haushaltspflichten hängen bleiben. Beenden Sie den Streit in drei Schritten:

1. Berufen Sie eine Familienkonferenz ein und lassen Sie jedes Familienmitglied notieren, was es bereits für die Familie tut. Welche Aufgaben übernehmen die Kinder, welche Ihr Partner? Wichtig: Listen Sie alle Tätigkeiten auf, die Ihrer Familie zugute kommen. Also auch Winterreifen wechseln, Rasen mähen, Reisen aussuchen und buchen, Computer installieren etc. Viele Familien erkennen an dieser Stelle, welche Fülle an Aufgaben die Mütter in der Regel bereits stemmen – und die Mütter erkennen, dass auch die anderen etwas tun. Allein diese Erkenntnis entlastet schon enorm und ist die Basis für Verbesserungen.
2. Jedes Familienmitglied darf nun sagen, welche Aufgaben es gern ab sofort eigenverantwortlich übernimmt. Notieren Sie diese Aufgaben zum Beispiel auf einer zentral aufgehängten Aufgaben-Tafel.
3. Verteilen Sie jetzt weitere Aufgaben. Berücksichtigen Sie aber bitte, wie viel Zeit den einzelnen Familienmitgliedern dafür überhaupt zur Verfügung steht, wer also wie oft und wie lange überhaupt zu Hause ist. Achten Sie auch darauf, sinnvolle Aufgaben zu delegieren. Meist dürfen die Kinder nur »Idioten-Jobs« übernehmen, wie abspülen oder Müll hinaustragen. Kein Wunder, dass hier die Motivation schnell auf der Strecke bleibt.

294. Motivation erhalten: Wir hatten die Aufgaben schon mal verteilt – nur hält sich keiner dran. Wie können wir die Erledigung garantieren?

Vor allem: Bleiben Sie konsequent. Werfen Sie die neue Arbeitsteilung nicht gleich wieder über den Haufen, wenn die ersten Schwierigkeiten auftauchen. In der Regel übernehmen ganz schnell wieder die Mütter – mit einem vorwurfsvollen Blick – die Aufgaben. Und was lernen die anderen daraus? »Wenn ich es nicht tue, erledigt es sich von selbst.« Damit schießen Sie sich also ein klassisches Eigentor.

Verändern Sie lieber Kleinigkeiten im Arbeitsablauf und führen Sie vor allem für die Murr-Jobs ein rollierendes System ein. Dann ist zum Beispiel jeder in der Familie einen Tag lang mit Tisch abräumen, eine Woche mit Müll rausbringen und einen Monat lang mit Auto putzen dran.

295. Kinder und Alltagsaufgaben: Ab welchem Alter können Kinder helfen?

Kinder können helfen, sobald sie aktiv am Familienleben teilnehmen. Ein 18-monatiger Knirps kann schon Plastikteller und -becher zum Tisch tragen und damit den Tisch decken. Das mag Ihnen jetzt nicht als große Hilfe erscheinen – aber Sie legen damit den Grundstein dafür, dass Ihr Kind es als normal empfindet, wenn alle helfen und jeder seinen Beitrag leistet. Eltern, die ihre Kinder jahrelang verhätscheln und bedienen, brauchen sich nicht zu wundern, wenn sie nur Meuterei ernten, sobald sie um Hilfe bitten. Genießen Sie die Alltagsarbeiten einfach als gemeinsame Zeit. Und das so früh wie möglich.

296. Mit den Aufgaben wachsen: Welche Aufgaben können Kinder in welchem Alter übernehmen?

Kleinkinder können

- leichtere Dinge holen und wegbringen,
- Samen in die Erde streuen,

- sich (teilweise) selbst anziehen,
- einfache Botschaften ausrichten.

Kinder ab 6 Jahren können

- ihr Zimmer aufräumen und das Bett machen (gegebenenfalls mit Checkliste),
- das Waschbecken putzen,
- Treppen fegen,
- kleinere Einkäufe erledigen,
- Haustiere füttern und den Stall säubern,
- die Spülmaschine ausräumen.

Kinder ab 12 Jahren können für komplette Bereiche zuständig sein:

- eine einfache Mahlzeit zubereiten,
- Wäsche in die Maschine und den Trockner füllen,
- einkaufen gehen.

297. Übersicht schaffen: Und wie sollen wir uns merken, wer gerade mit welcher Aufgabe dran ist?

Wer jeweils gerade für welchen Job zuständig ist, können Sie wunderbar mit einer Stecktafel zeigen. Besorgen Sie sich eine entsprechende Tafel im Fachhandel oder werden Sie selbst kreativ. Nehmen Sie dazu ein Holzbrett und notieren Sie untereinander alle Namen. Schlagen Sie neben jeden Namen mehrere Nägel. Basteln Sie kleine Hängeschildchen in verschiedenen Farben (oder nehmen Sie farbige und beschriftbare Schlüsselanhänger aus Plastik). Notieren Sie zum Beispiel auf allen roten die täglichen Aufgaben, auf allen gelben die wöchentlichen und auf allen grünen die monatlichen Aktivitäten, die zu erledigen sind. Verteilen Sie nun in der Familienkonferenz die Aufgaben der ersten Woche.

Nun hängt zum Beispiel das Schildchen »Müll raus« eine Woche lang beim Sohn. Nach Ablauf seiner Woche darf er das Schildchen nehmen und zur nächsten Person auf der Tafel hängen. Damit garantieren Sie, dass jeder weiß, welche Aufgaben er aktuell zu erledigen hat. Und das Weiterhängen des Schildchens ist eine zusätzliche Belohnung!

298. Vertreter bestimmen: Und wenn der, der die Aufgaben machen soll, krank ist oder es einfach nicht tut?

Bestimmen Sie bei allen wichtigen Aufgaben einen Vertreter. Der Notnagel müssen nicht Mama oder Papa sein. Bleiben Sie konsequent. Wenn der Zuständige nicht kann, dann muss die Vertretung ran – egal aus welchem Grund. Sollte es hier zu Streit kommen, dann mischen Sie sich nicht ein.

Unterschiedliche Denkweisen

Berücksichtigen Sie bei der Organisation Ihres Familienalltags auch die unterschiedlichen Denkweisen der einzelnen Mitglieder. Kinder beispielsweise denken überwiegend ganzheitlich in Bildern und können deshalb wesentlich besser Ordnung halten, wenn Sie ihnen diese Aufgabe mit Farben und Bildern erleichtern. Interessanterweise finden sich oft auch Partner mit unterschiedlichen Hirndominanzen zusammen. Und da passiert es leicht, dass die »Pedanterie« des einen und das »Chaos« des anderen für Zündstoff sorgen.

299. Delegieren: Ich werde mit dem Aufräumen alleine nicht fertig, und niemand hilft mir. Wie kann ich das ändern?

Haben Sie Ihren Partner oder Ihre Kinder wirklich schon um Unterstützung gebeten? Mit einer klaren Bitte? Frauen tendieren dazu, »zwischen den Zeilen« zu sprechen – und Männer verstehen diese Botschaften leider nicht. Meist sagen Frauen Sätze wie: »Oh, der Boden müsste mal wieder dringend gesaugt werden.« Und hoffen dann, dass der Mann oder die Kinder den Wink mit dem Zaunpfahl verstehen und zum Staubsauger greifen. Das tun sie aber nicht. In keiner Familie!

Sprechen Sie Ihre Bitte klar und konkret aus: »Ich wünsche mir, dass du das Wohnzimmer saugst. Danke!« Drosseln Sie jedoch Ihr Tempo ein wenig. Meist bitten die Haushaltsvorstände um einen Handgriff, und wenn dieser dann nicht schnell genug ausgeführt wird, nehmen sie den Staubsauger doch wieder selbst in die Hand – und die Stimmung ist verdorben. Achten Sie zudem darauf, nicht in Vorwürfen zu sprechen (»Nie tust du …«). Das fordert zum Widerspruch heraus und endet nicht selten in unschönen Diskussionen.

Extra-Tipp: Solange Sie die anderen bedienen und hinter ihnen herräumen, wird sich nichts ändern. Bitten Sie also um Unterstützung und bleiben Sie hart. Nutzen Sie die Anregungen, wie Chefs besser delegieren (▸ Nummer 213 ff.), und verbessern Sie damit das Teamwork in der Familie.

300. Putzhilfe: Wie kann ich meinen Partner davon überzeugen, dass wir uns eine Putzfrau nehmen?

Sprechen Sie deutlich an, dass Sie gern Unterstützung von Dritten hätten, und führen Sie die Vorteile auf:

- Wir streiten uns nicht mehr ständig darüber, wer putzt.
- Wir sind unter der Woche entspannter, weil es sauber ist, wenn wir von der Arbeit kommen.
- Wir erziehen uns selbst zur Ordnung, weil vor dem Eintreffen der Putzfrau alles herumliegende Zeug aufgeräumt werden muss.
- Weil regelmäßig aufgeräumt wird, ist es jeweils nicht mehr viel Arbeit, und wir haben eine höhere Grundordnung.
- Wir gewinnen mehr Freizeit für gemeinsame Unternehmungen.
- Wir haben den Rücken für unsere wichtigen Aufgaben frei.
- Es hebt das Selbstbewusstsein, weil wir delegieren können.

Fragen Sie dann konkret, welche Gründe in den Augen des anderen gegen eine Putzfrau sprechen, und suchen Sie gezielt und kreativ nach Lösungen.

- Zu teuer: Mit wem können wir diese Leistung tauschen? Wo können wir zusätzliches Geld verdienen?
- Will keinen Fremden im Haus haben: Wen kennen wir, den wir engagieren könnten, beziehungsweise wer kann uns jemanden aus seinem Bekanntenkreis empfehlen?

Ist-Analyse

Als Beispiel für Ihre Ist-Analyse finden Sie hier das Tagesprotokoll von Sandra (36), Kundenbetreuerin und Kauffrau bei einem Mode-Label,

Zeit	Tätigkeit	Störungen/Zeitdiebe	Ich fühle mich …
-6.00	schlafen		
6.15	Wecker klingelt: aufstehen, duschen	Duschhandtücher alle weg, nass in den Keller, neue holen	unausgeschlafen, bibber; gestern zu viel Wein – mein Schädel!
6.30	anziehen		
6.45	Laura wecken, Frühstück richten		
7.00	frühstücken, Tag mit Laura besprechen	Henkel von meiner Lieblingstasse bricht ab (schon 3-mal geklebt), Kaffee überall in Küche	Ruhe mit Laura genossen; genervt wg. Tasse. Wäre lieber wieder ins Bett.
7.15	Abfahrt, nehme Laura bis zum Bus mit, ich per Auto weiter ins Büro		
7.30			
7.45	Auto fahren, viel Verkehr	Stau wie immer, ist aber einkalkuliert. Denke über Weihnachtsgeschenke nach.	entspannt
8.00			
8.15	Ankunft Büro	telefoniere mit Mutter	Mutter nervt mit Frage nach neuem Freund!
8.30	Kaffee machen, PC hochfahren, ratschen mit Kolleginnen, Jutta erzählt von ihrer Knie-OP	Jutta ratscht zu lange, kann sie nicht unterbrechen, ohne unhöflich zu sein	
8.45			
9.00	E-Mails checken		müde, ohne Elan
9.15	Meeting	viele Kollegen zu spät im Meeting wg. Verkehr	genervt, die sollten früher los, mache ich ja auch!
9.30			
9.45		Mensch, die kommen heute gar nicht mehr zu Potte! Ich muss für einen Top-Kunden ein Angebot bis mittags fertig haben, und die labern hier nur rum.	zunehmend genervt, Magen tut weh, Hunger
10.00			
10.15			
10.30			
10.45			
11.00	Meeting Ende, schnell an den Schreibtisch, Angebot erstellen	Preise für einige Teile der neuen Kollektion fehlen, erreiche Kollegen nicht, finde Rundmail nicht, ständig klingelt das Telefon	Herzklopfen, Hektik: Soll ich es unfertig rausschicken? Niemals!
11.15			
11.30	Schränke durchsucht nach aktueller Liste. Nichts.		
11.45			
12.00	Ich suche immer noch …	Telefon, Telefon, Telefon	Warum können wir hier nie Ordnung halten? Immer muss ich suchen …
12.15	Alle gehen zu Mittag – ich nicht.		
12.30	Suche immer noch; Kollege hat geholfen.		
[illegible]	[illegible]	[illegible]	[illegible]

alleinerziehend, eine Tochter (8). Sandras Zeitaufwand zum Ausfüllen: zirka 10 Minuten am Tag.

14.[illegible]0	[illegible]	[illegible]	[illegible]
14.45	Angebot überarbeiten		
15.00		Telefon Buchhaltung wg. letzter Reisekostenabrechnung, ich soll vorbeikommen	
15.15	Gang zur Buchhaltung		Bewegung tut gut, und kann dabei Blick in Büro von Karl werfen. :-)
15.30	Wieder am Platz.		
15.45	Wo war ich? Ach ja, Angebot machen …		
16.00			
16.15	Angebot fertig, faxen.		
16.30	Computer aus, Abfahrt.		Müde, mir graut vor dem Supermarkt.
16.45	letzter Blick auf Unerledigtes		
17.00	unterwegs im Supermarkt	Kein Einkaufszettel. Was brauchen wir noch alles?	
17.15	einkaufen für abends		
17.30	Paket fürs Patenkind zur Post bringen		
17.45	wieder daheim, Abendessen kochen		müde
18.00	Laura kommt heim von Freundin,		
18.15	schlecht gelaunt, Stress in der Schule		
18.30	Abendessen machen	Butter ist alle, und Milch für morgen habe ich auch vergessen.	ja mei, das kann passieren, entspannt (1. Glas Rotwein)
18.45	Essen		
19.00	ratschen mit Laura		
19.15	zusammen Küche aufräumen	Telefon, wir gehen aber nicht hin!	gut, entspannt
19.30	aufräumen, Küche putzen		
19.45	Wohnzimmer aufräumen		
20.00	Tagesschau		
20.30	Wäsche waschen, trocknen, legen vor dem TV	wollte eigentlich früh ins Bett, aber netter Film	müde, nachdenklich
21.00	fernsehen		
21.30	Uaarrrg, die Weihnachts-Fotos sind noch nicht ausgesucht! Mache ich jetzt am Laptop.	Gilt Weihnachten als Störung? Nee, mag ich ja ganz gern.	müde
22.00			
22.30			
23.00	Gute Nacht!	Gedankenkarussell: Was will ich morgen alles schaffen?	hellwach, Mist, bin ich blöd … schnarch
24.00			

Auswertung des Zeitprotokolls (privat)

Tätigkeit im privaten Alltag	Stunden pro Woche ca.	Urteil
Aktivitäten mit Kindern	5	☹ zu wenig
Badezimmer etc. putzen	0,5	☺
Bügeln	3	☹ zu viel
Einkaufen/ div. Erledigungen	3	☺
Essen (ohne Kantine mittags)	6,5	☹ zu wenig
Fußböden saugen/wischen	0,5	☺
Garten/Außenarbeiten	–	–
Hausaufgabenhilfe/-kontrolle	2	☺
Hol- und Bringzeiten Kinder	–	–
Kinder zu Bett bringen	–	–
Kinderpflege	–	–
Kochen incl. Vorbereiten	2	☹ zu wenig
Küche aufräumen	6	☹ zu viel
Übrige Wohnung aufräumen	3	☹ zu viel
Wäsche waschen etc.	2	☺
Organisation Kinderbetreuung	1	☺
Pflege von Eltern o. Ä.	–	–
Reparaturen	–	–
Fitness/Sport	3	☺
Treffen mit Freunden	6	☹ zu wenig
Fernsehen (oft nebenbei)	17	?
Summe verplante Zeit privat	**60,5**	

Auswertung des Zeitprotokolls (beruflich)

Tätigkeit im Beruf	Stunden pro Woche ca.	Urteil
E-Mails checken und beantworten	7,5	☹
Mit Kunden telefonieren	7,5	☺
Sachen und Infos suchen	7,25	☹☹
Angebote erstellen	6	☺
Meetings	3	☹
Aufträge bearbeiten	3	☺
Plausch mit Kollegen	2	☺
Fahrten zum Kunden	1,5	☺
Diverser Kleinkram	1,5	☺
Persönliche Zeit (Toilette ...)	0,75	☺
Summe Arbeitszeit	40	☹
Wegezeiten Beruf	10	☹
Pausenzeiten Beruf (Mittag)	3	☺
Summe verplante Zeit durch Beruf	**53**	

Übersicht

Summe verplante Zeit privat	60,5
Summe verplante Zeit durch Beruf	53,0
Schlafen	50,0
Summe verplante Zeit gesamt	163,5
Stundenzahl pro Woche	168,0
Bleibt eine unverplante Zeit von ...	**4,5 Stunden**

Werte und Lebensmotive

Lesen Sie die folgenden Begriffe durch. Welche sprechen Sie an? Wählen Sie 14 Begriffe aus.

Beziehung	Status
Ehre	Gerechtigkeit
Ordnung	Sparen
Macht	Freiheit
Neugier	Anerkennung
Familie	Lust
Erfolg	Genuss
Wahrheit	Schönheit
Spaß	Stabilität
Reichtum	Harmonie
Herausforderung	Ruhm
Freude	Idealismus
Sicherheit	Abenteuer
Unabhängigkeit	körperliche Aktivität
Hingabe	Hilfsbereitschaft
Wettbewerb	Essen

Wählen Sie daraus nun die sieben Begriffe aus, die Ihnen am wichtigsten sind, und übertragen Sie sie in die folgenden Zeilen:

____

____

____

____

____

Suchen Sie sich davon die drei aus, die ein warmes Gefühl in Ihrem Bauch hervorrufen, und bringen Sie sie in eine Rangfolge.

1. ____________________
2. ____________________
3. ____________________

Welche Rolle spielen diese Motive derzeit in Ihrem Leben? Und was können Sie tun, um Ihnen zukünftig mehr Gewicht zu verleihen?

Rechts- oder Linkshirner?

Brauchen Sie das kreative Chaos, um zu Höchstform aufzulaufen? Oder arbeiten Sie nur zielstrebig und effektiv, wenn um Sie herum »Ordnung« herrscht? Finden Sie heraus, welcher Organisations-Typ Sie sind und wie Sie Ihren Alltag vereinfachen können.

1. Auf welche Art eignen Sie sich Wissen lieber an?

○ Indem Sie beobachten und selbst ausprobieren (zum Beispiel in Workshops).

□ Indem Sie viel lesen und alles Schriftliche zu dem Thema sammeln.

2. Sind Sie eher romantisch?

○ Ja □ Nein

3. Wenn Sie von Erlebnissen oder von anderen Menschen erzählen,

□ dann nennen Sie meist Zahlen und Fakten.

○ dann schildern Sie Gefühle, Gerüche und andere Eindrücke.

4. Wenn Sie ein Projekt oder eine Arbeit planen,

○ dann tun Sie das eher in groben Zügen.

□ dann tun Sie das bis ins Detail.

5. Wenn Sie etwas in »Ordnung« bringen,

□ dann achten Sie penibel auf die richtige Reihenfolge.

○ dann ist »Fertigwerden« wichtiger als das »Wie«.

6. Bevor Sie eine Entscheidung treffen,

□ versuchen Sie erst alle Tatsachen und Umstände zu erfassen.

○ denken Sie nicht groß nach und folgen Ihrem Instinkt.

7. Bezeichnen Sie sich eher als

○ spontan? □ überlegt?

8. Wenn andere Menschen zu Ihnen etwas Unfreundliches sagen,

○ dann haben Sie »nahe am Wasser gebaut« und fühlen sich schnell verletzt.

□ trifft Sie das kaum.

9. Wenn Sie Termine oder Verabredungen haben, dann kommen Sie in der Regel

□ pünktlich. ○ zu spät.

Auswertung

Mehr □: Sie sind ein Linkshirner.
Sie vertrauen auf Fakten, Daten und praktischen Nutzen und treffen Entscheidungen nach gründlichem Überlegen. Damit denken und handeln Sie so wie die meisten Menschen in der westlichen Zivilisation. Sie arbeiten gern in einer aufgeräumten Umgebung. Sie lieben Listen und Pläne und erledigen Aufgaben gewissenhaft und mit Spaß Schritt für Schritt nach Prioritäten. Sie tun sich leicht, Routinen aufzustellen und einzuhalten, und Sie sind in der Regel pünktlich bei Verabredungen und Abgabeterminen.
Extra-Tipp für Linkshirner: Zu viel Planung kann Sie hemmen – und das kostet dann wieder wertvolle Lebenszeit. Befreien Sie sich von der Diktatur Ihrer Vorgaben. Lassen Sie sich Zeit. Üben Sie Entspannungstechniken und genießen Sie Ihre Freizeit.

Mehr ○: Sie sind ein Rechtshirner.
Sie vertrauen auf Ihren Instinkt und treffen Entscheidungen aus dem Bauch heraus. Im Alltag besteht deshalb Ihre »Planung« aus gefühlsmäßigen Eingebungen und kreativen Ansätzen. Zeit- und Lebenspläne machen Sie selten mit Zettel und Stift, lieber erinnert eine bunte Collage diverser Post-its an Termine, Aktivitäten und Erledigungen. Sie können sich nicht gut organisieren. Sie bezeichnen sich gern selbst als »Chaoten«, arbeiten am liebsten an mehreren Aufgaben gleichzeitig, begeistern sich schnell für neue Ideen und können schlecht Prioritäten setzen. Sie leben spontan und kommen meist zu spät zu Verabredungen oder verbummeln Abgabetermine.
Extra-Tipp für Rechtshirner: Bringen Sie bewusst Ordnung in Ihr Leben – auf eine spielerische und kreative Art. Das muss nicht einmal zu Lasten Ihrer künstlerischen Ader gehen. Im Gegenteil. Entdecken Sie beispielsweise die Mind-Map für Ihre Tagesplanung (▸ Seite 118 f.) und erleben Sie, wie Sie mit Farben und neuem Equipment spielerisch Ihr Chaos zügeln können (▸ Nummer 136).

Gleichstand von □ und ○
Sie haben das große Los gezogen! Denn Ihnen gelingt es, die Vorteile beider Gehirnhälften miteinander zu kombinieren. Sie vereinen Ordnung und Logik (der linken Hemisphäre) mit Kreativität und Intuition (rechts) und können so die optimale Lösung finden.
Extra-Tipp für Ganzhirner: Nutzen Sie jeweils die Hirnhälfte, die Ihnen den größeren Nutzen verspricht. Wägen Sie ab, ob Ihnen in der konkreten Situation eher Spontaneität oder Routinen weiterhelfen.

Wichtiger Hinweis

Die Beiträge in diesem Buch sind sorgfältig recherchiert und entsprechen dem aktuellen Stand. Abweichungen, beispielsweise durch seit Drucklegung geänderte Preise, Gebühren, WWW-Adressen etc., sind nicht auszuschließen. Weder Autorin noch Verlag können für eventuelle Nachteile oder Schäden, die aus den im Buch gegebenen praktischen Hinweisen resultieren, eine Haftung übernehmen. Die hin und wieder erscheinende männliche Form ist, wenn nicht anders präzisiert, als geschlechtsneutraler Kollektivbegriff für Frauen und Männer gemeint.

Die Autorin **Cordula Nussbaum,** freiberufliche Wirtschafts- und Marketingjournalistin, berät seit Jahren in Seminaren und im persönlichen Coaching zu den Themen (Selbst-)Marketing, Karriereplanung, Work-Life-Balance sowie Zeit- und Selbstmanagement. Sie ist bekannt durch zahlreiche Vorträge, Presseveröffentlichungen sowie Auftritte in Funk und Fernsehen. Bei GU ist von ihr auch der erfolgreiche Ratgeber »Familien-Alltag sicher im Griff« erschienen. Sie ist verheiratet und hat zwei Kinder.

GRÄFE UND UNZER VERLAG,
Redaktion Leben & Lernen
Grillparzerstr. 12
81675 München

Leitende Redaktion:
Anita Zellner

Redaktion: Sabine Schlimm

Lektorat: Andreas Kobschätzky

Korrektorat: Ursula Heller

Umschlaggestaltung:
independent Medien-Design

Innenlayout: Martin Knipping

Herstellung: Renate Hutt

Satz: Knipping Werbung GmbH, Berg / Starnberg

Repro: Penta Repro, München

Druck und Bindung:
Druckerei L. Auer, Donauwörth

Bildnachweis: Titelillustration: Wai/Die Illustratoren Corinna Hein; Seite 119: Sabine Schlimm; Seite 43: Abdruck mit freundlicher Genehmigung von TMSDI Ltd. York/GB.; alle übrigen: Daniela Kropf

Umwelthinweis
Dieses Buch wurde auf chlorfrei gebleichtem Papier gedruckt. Um Rohstoffe zu sparen, haben wir auf Folienverpackung verzichtet.

ISBN 978-3-8338-0703-9
1. Auflage 2007

GRÄFE UND UNZER

100 JAHRE GANSKE VERLAGSGRUPPE

Ein Unternehmen der
GANSKE VERLAGSGRUPPE